U0504291

本书为 2015 年司法部法治建设与法学理论研究科研项目成果

伴侣
家庭类型化
立法研究

刘　蓓◎著

中国社会科学出版社

图书在版编目(CIP)数据

伴侣家庭类型化立法研究 / 刘蓓著 . —北京:中国社会科学出版社,2019.6
ISBN 978-7-5203-5036-5

Ⅰ.①伴… Ⅱ.①刘… Ⅲ.①亲属法-立法-研究-中国 Ⅳ.①D923.904

中国版本图书馆 CIP 数据核字(2019)第 195870 号

出 版 人	赵剑英
责任编辑	梁剑琴
责任校对	夏慧萍
责任印制	郝美娜

出　　版	中国社会科学出版社
社　　址	北京鼓楼西大街甲 158 号
邮　　编	100720
网　　址	http://www.csspw.cn
发 行 部	010-84083685
门 市 部	010-84029450
经　　销	新华书店及其他书店

印刷装订	北京市十月印刷有限公司
版　　次	2019 年 6 月第 1 版
印　　次	2019 年 6 月第 1 次印刷

开　　本	710×1000　1/16
印　　张	16.5
插　　页	2
字　　数	276 千字
定　　价	98.00 元

凡购买中国社会科学出版社图书,如有质量问题请与本社营销中心联系调换
电话:010-84083683
版权所有　侵权必究

谨以此书献给我的导师：
孙学致教授、李洪祥教授
在我的学术生命里融汇着诸位导师的心血

序　一

刘蓓的专著即将出版，作为她的导师，我为她高兴。

刘蓓在吉林大学法学院求学十余载，从本科、硕士到博士，不仅接受了一套完整的专业训练，也经历了一段由单纯的学生到成熟的教授的人生历程。在我带的博士生中，她的理论基础虽不是最强的一个，但是她论文的理论创新性是最突出的一个；因为在职读博，她不是与我见面最多的一个，但她是追着我讨论问题次数最多的一个；她既做人母还要讲课、做科研，但她做论文花费的时间和投入的精力仍是最多的一个。如今，我欣慰地看到，刘蓓通过撰写专著的经历，完成了她人生一次真正的超越。

刘蓓对婚姻法的研究肇始于硕士学位论文，大学任教后，一直从事婚姻法的教学和科研，取得了一定的前期成果，这为她撰写专著打下了很好的基础。选择伴侣家庭这个在婚姻法领域最具挑战性的课题，是长期婚姻法研究培养出来的理论敏感性决定的。在全球范围内，伴侣家庭是后现代婚姻家庭现象，在中国，甚至是一个长期敏感的话题。但是，中国社会中伴侣家庭的现象确实客观存在，当刘蓓把有关资料放在我面前的时候，我深感震惊，就像面对撒哈拉沙漠，面积广大却研究者罕至。要走进去、走出来，首要工作当然是要在法律规范的层面上厘清伴侣家庭的概念和外延。在大量阅读文献、系统研究世界各国伴侣家庭立法以及贯通梳理我国家庭发展史的基础上，刘蓓运用体系分析方法，为伴侣家庭建构了同居家庭、同性伴侣家庭、老年搭伴式伴侣家庭等位阶概念体系，并进行了规范的理论表述，为进一步在立法论层面上锁定立法对象，建构立法逻辑，制定基础规则，建立了一种理论可能。她提出的家事契约，也为当前调整伴侣家庭关系提供了一个可选思路。这一研究，犹如要在无人之境插上第一块让后来者能走进去的路标，其理论意义是毋庸置疑的。

毫无疑问，刘蓓的研究仍有继续拓展、拓深的空间，我期待她可以在日后继续完成对伴侣家庭法律规制的相关系列研究。例如，关于我国伴侣家庭的社会学意义上的调研、描述和数据统计，裁判大数据分析，新型伴侣家庭与传统婚姻（家庭）的比较等。刘蓓是一位聪敏好学、意志坚韧的青年学者，专著撰写过程中，我目睹了一位青年学者的艰辛成长，她曾一度身体暴瘦，健康状态欠佳，仍能坚持笔耕不辍，我为她能有如此治学精神而欣慰，也期待她在今后的研学中取得长足发展。

　　是为序。

吉林大学法学院教授，博士生导师

孙学致

2018 年 10 月于吉林大学法学院

序　二

　　刘蓓是吉林大学法学院培养出来的优秀青年学子，也是吉林省婚姻家庭法学研究会的常务理事。于本人刘蓓是学生，也是婚姻家庭法研究领域的优秀青年后辈。刘蓓立足婚姻家庭法研究十余载，对于伴侣家庭研究亦有五载。所以该同志对于该问题的研究基本上可以说是全面、深刻的。伴侣家庭位阶概念体系厘定与规范研究，选题契合婚姻家庭法世界性发展脉搏，于国内同样具有较大的理论与实践价值。成果采用体系研究方法介入研究对象，方法创新，角度新颖。并且对伴侣家庭做了深刻、系统的比较法研究，形成的资料具有重要资料价值，例如成果最后的世界伴侣家庭立法概况一览表、四种伴侣家庭位阶概念体系类型谱。最后对我国如何通过立法调整家庭伴侣关系进行了具体设计，该成果具有较大创新。专著表明作者对本课题的研究历史与现状的了解已经达到了相当的程度，具有综合分析能力，并且具有一定的理论和方法上的创新。作者具有较为坚实宽广的理论基础和较为系统性的专门知识，科学研究能力已见成熟。

　　近年，我国婚姻家庭形态确实出现一些新的变化，这一变化符合世界婚姻家庭发展变化的大趋势，异性同居家庭、同性家庭，还有一些结伴养老的家庭、单户家庭等都在不同程度地增多。该成果针对这一现象，在家庭内涵的论证中，不仅通观全世界的理论与实践动向，同时回顾我国在家庭史方面的发展与更迭，从而实现对我国家庭概念从古到今连贯性的观察。成果对家庭历史变化的纵线梳理，符合近年理论界开始"论家庭"的研究风向，也符合习近平同志重家齐家的倡导，成果将有助益于加强对"家庭"单位的国家、社会管理与控制。该研究从历史和现实、国外和国内两层维度对婚姻之外的伴侣家庭立法问题作出了系统性的研究，提出了在我国《民法典》当中专门规定伴侣家庭的立法建议，是在该领域内相关问题理论研究的一次提升。总体上，专著具有非常重要的理论意义和现实意义。

该成果的基本观点与我国部分婚姻家庭法学界立法层专家主张较为一致，中国政法大学的夏吟兰教授更是曾在中国婚姻家庭法学研究会2017年年会的总结报告中，提及"类婚姻"法律调整问题。本书中关于"类婚姻"的论述较为详细、完整，对于该类型伴侣家庭的法律调整立法建议对未来立法具备重要参考价值。

该成果在研究过程中，作者也多次与我交流、探讨相关问题。本人提出关于新型伴侣家庭是否为"新型"；"类婚姻"在我国法律调整的必要性，需要从社会、文化、经济、政治等方面全面分析。我期待作者对于后一个问题的论述可将来另做成果加以深入研究，在伴侣家庭法律规制问题研究上达成系列化，并日臻完善，为我国婚姻家庭领域的法治建设作出更大贡献。

故此作序，以示寄望。

吉林大学法学院教授，博士生导师
中国婚姻家庭法学研究会副会长
吉林省婚姻家庭法学研究会会长
李洪祥
2018 年 10 月于吉林大学法学院

摘　要

　　世界范围内的"家庭革命"同"去婚姻化趋势"呈现了愈加迅猛的变化势头，那些人们观念中似乎已经固化不变的传统婚姻家庭模式不断地受到各种新生婚姻家庭模式的挑战和冲击，从而开始变得多元化。世界各国身处婚姻、家庭变革的洪流，纷纷在法律上作出回应，"伴侣家庭"作为更高位阶的概念在婚姻家庭法的研究和立法中渐渐浮出水面。面对这一复杂现象，各国在理论研究、立法和司法实践过程中差异纷呈，有的保守，有的冒进，有的迟疑，都在摸着石头过河。

　　在这样的背景下，国内外关于伴侣家庭立法的研究多局限在局部单种类的伴侣制度和局部相互关系上，均是"点、点—点"层面的研究，没有达到"由点及面、由面及体"的统筹立法构造层面。我国对于"伴侣家庭"的研究还处于起步阶段，立法空白与典型案例稀少，但伴侣家庭范畴下的各种社会现象早已暗流涌动，大量矛盾纠纷无处化解，面向伴侣家庭的立法应当提上日程。尽管我们在这方面尚处于起步阶段，但恰恰有后发优势，可以站在巨人的肩膀上，充分利用各国立法已经取得的既有成果，避开国外"头痛医头，脚痛医脚"的教训，在全面综合、评价、借鉴的基础上，进行伴侣家庭法类型化立法体系的整体规划和构建。

　　本书以规划构建伴侣家庭的类型化立法体系为目标。基本研究思路大致分为四部分：第一部分是关于立法调整对象即伴侣家庭的由来、概念、类型、位阶概念体系的证立（第1—2章）；第二部分是对域外有关伴侣家庭类型化立法经验的整理、评价和借鉴（第3章）；第三部分是关于我国伴侣家庭类型化立法体系及主要立法内容的初步规划与设计（第4—5章）。

　　在这四个部分的研究中，笔者初步完成了以下理论梳理和观点证成：

　　1. 伴侣家庭是人类婚姻家庭源变到现代，已经客观存在的社会历史现象。这种现象不仅在国外已然成形，在中国也成为无法回避的现实。在婚姻家庭法理论上应当确立"伴侣家庭"这一概念，对伴侣家庭范畴下的各种家庭形态进行法律调整已成必然，所以有必要将伴侣家庭有效类型化后，以体系研究方法发现伴侣家庭类型化位阶概念体系。

2. 考察世界范围内伴侣家庭的类型，通过体系研究方法可归纳为四种法律调整类型谱。类型谱中每一支系的末端模式为实践中需要法律调整的模式（其他概念为体系研究方法中必需的学理概念，需要参见书中结构图）：第一种，伴侣家庭下属类型仅有婚姻。第二种，与第一阶段核心区别是"模式多元化"。需要法律调整的模式有：婚姻、事实婚姻替代模式（事实伴侣家庭）、异性同居、同性婚姻替代模式（民事结合或登记伴侣家庭）、同性同居、涉中性人家庭、非性联系家庭。第三种，与第二阶段核心区别是"同性婚姻合法化"。需要法律调整的模式有：婚姻、事实婚姻、同性婚姻、涉中性人婚姻、异性同居、同性同居、涉中性人同居、非性联系家庭。第四种，与第三阶段核心区别是"各种模式趋同化"（除了非性联系家庭外）。需要法律调整的模式与第三阶段完全相同。

3. 四种类型谱的关系，总体上属于递进式的发展，由此可为我国伴侣家庭类型化立法提供立法进路的参考指引。准确定位自身立法发展阶段，明确现阶段立法任务，并且预见下一阶段立法挑战：第一种，特征为单一，只有婚姻一种。第二种，特征为保守。实践中部分国家法律调整存在类型缺失状况。体系结构比较完整的代表是匈牙利。我国处于从第一类型谱向第二类型谱过渡阶段，目前我国大陆地区对事实婚姻、异性同居的法律调整严重不足，对同性婚姻替代模式、同性同居、涉中性人家庭、非性联系家庭法律调整完全空白。第三种，特征为立法条件不成熟，但以"政治正确"为推力使同性婚姻合法。要经历几重矛盾的考验，才慢慢实现同性婚姻合法化条件成熟。第四种，特征为立法条件成熟。是立法"技术正确"的成熟阶段。家庭功能除感情功能，大部分被社会化。事实婚姻、同居、婚姻趋同。婚姻看似又成为伴侣家庭下属单一模式。看起来与第一种类型谱相似，但婚姻家庭早已完成了自身的螺旋式上升的发展进化。

4. 从立法名称、立法模式、登记、调整主体、权利义务关系、法律适用、冲突法以及立法进程等方面，对国外伴侣家庭类型化立法的经验进行总结。

5. 依据第二种类型谱和国外类型化立法经验，我国"伴侣家庭"制度体系设计应遵循以下思路：①设立登记伴侣家庭法适用于异性、同性伴侣，作为事实婚姻和同性婚姻的替代制度，权利、义务配置几乎等于婚姻，立法可参照婚姻制度构架与法条设计。登记伴侣家庭法在登记问题上以登记为主、不登记为辅。同性伴侣在收养子女方面需谨慎。②设立同居家庭法适用于异性同居、同性同居，尊重同居伴侣适度自由原则，给予底线规制，权利、义务配置少于婚姻。具体设计分为关系成立、法律效力、关系终止三部分。同居伴侣制度在登记问题上，以不登记为主，可以将同居协议备案或公证。不强制登记，但要承担不登记带来的相应风险。③涉中性人家庭可学习国外实践，参照同性家庭做制度安排。④非"性"联系家庭，不宜与有"性联系"的伴侣家庭混同，但也要给予该种共同生活类型基本的法律保障，主要应该以认可签订合法契约方式调整。⑤立法过渡阶段鼓励新型伴侣们签订伴侣契约。制订范式合同，探索范式合同推广途径。⑥走循序渐进的立法进程。同性问题在国际上涉及人权冷战问题，不适宜同性婚姻合法化，更不适宜对现实问题不回应。国内经济文化由于幅员辽阔而差异悬殊，考察大众接纳度时不能单纯地采取高值、低值或平均值。目前大面积同性伴侣家庭制度合法化并不适宜，可效仿国外选择上海或深圳一个区做试点，对现实需求做回应。⑦值我国民法典编纂之际，可选择在民法典的"婚姻家庭编"中设专章对伴侣家庭类型化法律规制做回应，也可制定单行法。做好与民法典各部分的融合与衔接。

基于个人研究能力局限与研究内容及体系庞杂，难免在研究中出现诸多错漏。而且由于篇幅限制，研究过程中对以往研究相对较为充实的单项伴侣家庭的社会学研究，包括数据、调研等相对压缩了分量，没有作为研究重点。期望本书可以接受国内外师友的批评、指正，进而完善该研究及后续研究，从而为立法层将来对伴侣家庭问题做出回应时做理论上的储存、铺垫，通过体系建构使类型化法律制度间相互关联明朗，协助检查法律制度间矛盾，使新型"伴侣家庭"启动类型化立法时，制度体系清明，立法进程平稳，避免走西方伴侣家庭类型化制度体系筹不利的老路。

关键词：伴侣家庭；婚姻法；登记伴侣家庭法；同居家庭法

目　　录

绪　　论

一　研究背景和意义

（一）研究背景

党的十八届四中全会对关于全方面进一步推进"依法治国"作出了非常重要的战略性部署。积极运用"法治思维"与"法治方式"，已然成为深化改革、稳步发展、融合矛盾、保持稳定在能力层面的诉求。我国正面向"法治中国"的光明蓝图，期盼使社会彰显更加公平正义的未来，坚持中国特色社会主义道路。与此同时，世界范围内的"家庭革命"同"去婚姻化趋势"呈现了愈加迅猛的变化势头，那些人们观念中似乎已经固化不变的传统婚姻家庭模式不断地受到各种新生家庭模式的挑战和冲击，家庭模式从而变得开始多元化，这终将会对那些与婚姻家庭相关的法律、经济、文化、道德，甚至政治产生一些新的价值判断。

从婚姻家庭史的角度看新型婚姻家庭模式与我国主流婚姻家庭模式的辩证关系时，我国的婚姻家庭发展变化主要有两个特征：第一，对传统的因袭性；第二，形式的多元性。婚姻家庭的发展脉络必然是一面秉承历时性，一面兼收时代的特殊性。而婚姻家庭与婚姻家庭法一直走在辩证演进的路上。[1] 所以，婚姻法的发展与完善，必须以婚姻家庭的发展规律为基础。

西方婚姻家庭的发展变化经历了从"个人本位"出发去挣脱婚姻家庭到"反思主义"回归家庭的反复。[2] 西方在婚姻家庭观上的变化轨迹也让立法者们深刻体察到婚姻家庭随同经济基础变化而"变化"的本质，

---

[1]　刘蓓：《论契约要素扩张态下婚姻法与契约法链结的困境与突破》，《求索》2013年第1期。

[2]　［法］让-克洛德·布洛涅：《西方婚姻史》，赵克非译，中国人民大学出版社2008年版，第53页。

婚姻家庭领域的变化又对婚姻家庭法有影响与传递，所以婚姻家庭法时常具有滞后性的特点。

笔者在撰写本书时期望以宏观的"法治中国"整体视角，以婚姻家庭发展的规律为起点，进而科学地完善与发展婚姻家庭法，规范各种新型的伴侣家庭关系，让人们可以"各安其所"，进一步实现法治国家的目标。这正如同古罗马大法学家乌尔比安所言："法的准则是，诚实生活，不犯他人，各得其所。"研究中应注意避免有失偏颇地片面维护小概率人群权益，而无视对我国时下国情的全盘性考虑。

（二）研究意义

1. 理论价值

本书以体系化法学研究方法作为主要研究工具，去发现和整理既存的"伴侣家庭"的类型化制度体系，为后续相关的研究提供一个可参照、可批判的坐标系，使伴侣家庭类型化制度体系的理论和立法研究具有一种预判性、整体性的体系角度的框架感。部分新型伴侣家庭入法规范或许时机尚未完全成熟，但这也并不妨害笔者预先做理论上的探讨、铺垫与储备，以显化相关法律的自创性进程，与世界范围内其他相关研究做有益的学术互动，以从容应对不久的将来或可出现的问题。

2. 应用价值

第一，分层次、有条理地救济各种类型伴侣家庭相关法律主体的权益，包括日常家事代理、扶养、探病探监、代做医疗决定、医疗保险、休假、购物和旅行优惠、调动、移民、向法院和有关机关寻求救助的权利，在共同财产、有限制的分别财产制、税务、住房和家具用品优先购买权，对共同居住房屋的优先承租权、家事劳动成为沉没资本的受补偿权、关系解除时的经济帮助请求权、伴侣死亡时的析产请求权、遗产酌给请求权、受遗赠权、子女监护权、部分伴侣领养子女权、第三人的合法权利、对外效力、诉讼地位等方面。法律如果可以明确这些权利及相关问题，相关主体就可以享有该享有的法律权利，履行该履行的法律义务，也可以进一步解决涉及各类伴侣家庭对内和对外的侵权问题。以上这些法定或意定权利在法律上之保护限度，需要逐一进行严谨探讨。第二，让处在婚姻家庭变革期的人们感受到冰冷的法律散发着"法治"温度。第三，使市民社会秩序和谐稳定。新型伴侣家庭关系已成为与"婚姻"类似的、事实的伴侣家庭关系，法律有必要构筑新型伴侣家庭自己的法律通道，使其关系的发生、发展、变更和消灭有秩序开展。在"大概率价值观"的社会中，新型伴侣家庭尽管是"小概率"群体，学者们也应尽早研究、把握其发展规律，让"小概率"群体不影响、阻碍"法治中国"与"和谐社会"的建立。第四，使"伴侣家庭"类型化制度体系明晰，婚姻家庭法的发展完善研究可以遵循一定逻辑科学进行。给"去婚姻化"变革社会中的"婚姻"，提供一个缓冲与过渡地带，可以更有效地促进婚姻、类婚姻与婚姻家庭法几方的和谐演进。第五，带动国内相关法律立法的完善，譬如刑法、社保法和公司法等。如猥亵客体已纳入男性，或将来强奸客体也会囊括男性，这些法律完善将进一步促使我国特色社会主义法律体系成熟稳定，促推法治中国的制度现代化进程。第六，本书对提升国内外相关法律间沟通对话的能力将产生不可埋没的价值，更好解决婚姻冲突法问题。①

二　国内外研究现状综述

实践中新型伴侣家庭模式多元化，而在理论上关于各种新型模式相互间的关系模糊，研究相对滞后、空白；"小概率"群体强烈追求"平权婚姻"；立法层在多支型的岔路端犹疑不定。诸如此类问题皆因在婚姻家庭法中一项基础性理论研究尚待完成，或者说做得不透彻、不完整、不明确。这项根本性的工作就是从理论上梳理清楚伴侣家庭制度类型化位阶概念体系。这个工作不完成，必然导致各种伴侣家庭制度关系不明确，从而无法科学统筹、设计各种伴侣家庭制度。

（一）国内相关研究综述

目前在国内，大多数家事法研究者都意识到伴侣家庭模式领域的新变化，伴侣家庭新模式法律规制问题是学术研究的热点之一，婚姻法学界对该问题的已有研究成果多集于新型伴侣家庭模式本身。并且在该问题上学者们可以取得共识的是，伴侣家庭模式不止婚姻一种。学者们就单个伴侣家庭模式本身进行最大化的挖掘与阐释，这是研究深刻性的要求；对事实婚姻的研究一般集中在相对承认问题上（夏吟兰、杨大文等）。非婚同居问题是学者讨论比较多的阵地（杨立新、陈苇、何丽新、吴国平、张民安、周应江、刘红芬、孟令志等）。同性关系法律规制在我国是比较前

---

① 刘蓓：《伴侣家庭位阶概念体系厘定与规范》，《社会科学战线》2017 年第 1 期。

沿性问题，但不乏学者进行深入研究（蒋月、马忆南、王歌雅、李霞、李银河、熊金才、欧阳军等）。有学者把两种模式同时谈论的，如有把事实婚姻与同居同时讨论的（何丽新），有把同居和同性结合模式同时进行探讨的（王齐亮、王薇），有把婚姻外结合模式进行总结，分别阐析的（王礼仁）。有学者坚持一夫一妻制是人类社会的文明，其他结合模式入法规制需谨慎（薛宁兰、李洪祥等）。

在新伴侣家庭模式名称创新问题上，杨立新教授最早在 2003 年、2004 年于《检察日报》上分别发表《立法不应绕开准婚姻关系》《对同居的准婚姻关系我为什么主张立法规制》，2005 年发表《论准婚姻关系》。此后在同居法律规制问题上引用"准婚姻"一词的文章开始涌现。还有陈祥民在《反思与构建——试论不完全婚姻制度的建立及其意义》一文中阐释了"不完全婚姻制度"。陈珠在《未婚同居关系中的女性权益法律保障探究》一文中提及"类婚姻法的未婚同居法"，就是认为非婚同居法是"类婚姻法"。笔者发现在一些文章中对同居法的描述也出现过"类似婚姻法"的提法。但是这与本书要研究的"类婚姻"结合模式的内涵是完全不同的，所以"类婚姻"概念的归纳与总结的意义也是不一样的。

另外，不得不提到王薇的专著《非婚同居法律制度比较研究》，她认为同居包括婚姻和非婚两种。非婚同居包括异性同居、同性同居，也就是说同居包括婚姻、异性同居、同性同居。书中对同居模式进行了深入全面的研究，资料翔实，论证充分，对同性婚姻也有少部分涉猎。但笔者发现由于对伴侣家庭类型化位阶概念体系没有梳理清楚和结合模式称谓没有整合统一的前提下，讨论非婚同居问题时会出现一些逻辑上的问题。但不可否认的是，王薇在做非婚同居问题研究时，正在不自觉地接近和发现伴侣家庭类型化位阶概念体系，但最终这一问题还是被淹没在同居问题本身的研究中。

前人在相关领域已经提供了较为深厚的理论基础，但依然无法回避一些问题，譬如非婚同居是否包括同性同居？同性同居、民事结合、同性婚姻又是什么关系？如果按照目前学者们各自为政的研究：非婚同居包括同性同居（王薇），而同性同居和同性婚姻是同位概念（王礼仁）。那么，同性同居是应放在同居制度中规定，还是应放在同性家庭制度中规定？同性婚姻应该放在婚姻制度中规范，还是应该在同性家庭制度中规范？同居制度与民事结合又是什么关系？基本上目前学者关于非婚伴侣家庭的规制结论，主要是提出设立单独的某一种民事结合或者同居制度。民事结合主要适用于同性伴侣。同居制度主要适用于异性伴侣。那事实婚姻又该如何调整？无论单独设立哪一种，都过于片面。必须从全盘角度考虑和解决问题。

在家庭结合新模式问题中尚没有研究者运用体系化研究方法。体系化的研究视角不仅需要研究者们对于每一种结合模式各个击破，还需要观察不同类型伴侣家庭模式之间的关系，以避免研究者们在婚姻、事实婚姻、非婚同居、同性婚姻、同性同居等概念与制度的立法上，出现交叠与混乱的"各自为政"现象。体系化的研究方法可以归纳出婚姻的上位概念"伴侣家庭"，使各种新型、传统家庭结合模式按照统一的逻辑，在一定的体系中被整合归纳并和谐存在。

（二）国外相关研究综述

国外对婚姻家庭新结合模式法律规制的研究起步较早，对于婚姻外的那些结合模式研究得就更为深入、全面。相关研究大致集中在几个方面：对婚姻家庭发展史的研究即从历史纵向梳理出婚姻家庭发展谱系图（巴霍芬、路易斯·亨利·摩尔根、卡尔·海因里希·马克思、弗里德里希·冯·恩格斯）、对婚姻家庭变革研究（A. J. M. 米尔恩、安东尼·吉登斯、F. R. 艾洛特等）、对同居问题研究［基尔南（Kiernan）、米雷耶·德韦尔—富尔戈德、野野山久也、佩特·沙切维奇等］、对同性问题研究（M. 克斯特儿、菲利普·阿里耶斯、安德烈·贝金等）。

在以上研究中不乏对家庭结合模式相互关系的研究。如2003年版美国《家庭法》教材进行了结构上的调整，在结婚一章之前增加了一章"友谊、类似婚姻的关系和非正式婚姻"。[①] "友谊、类似婚姻之关系与非正式婚姻"包括：合同同居、登记伴侣家庭、非正式婚姻与婚前契约等部分。有英国学者认为，家庭的纽带包括血缘、婚姻和同居关系。[②] 德国学者认为异性伴侣关系包括婚姻、非婚同居关系。[③] 挪威有学者认为同居者应当被解释为生活在稳定的类似婚姻关系中的个人。

有部分国家在研究伴侣家庭问题时，关注点不止于以性为连接的伴侣家庭，同时关注共同居住者的法律问题，比如美国夏威夷州的《互惠

---

① Sanford N. Katz, *Family Law in America*, Oxford：Oxford University Press, 2003, p. 119.

② Fances Burton, *Famili Law*, London：Cavendish Pulishing Limited, 2003, p. 8.

③ ［德］迪特尔·施瓦布：《德国家庭法》，王葆莳译，法律出版社2010年版，第2页。

法》调整对象包括同性伴侣、部分异性伴侣、共同生活的母亲和成年儿子（或孙子）。英国在1991年提出的《同居（合同强制执行）法案》中"共同居住者"包括朋友、亲属或伴侣。该法案是第一个针对同居者的立法尝试，失败了，但关于"共同居住者的财产问题"项目，英国法律委员会从1993年至2002年花了十年时间研究，最后认为无法在普通法框架下提出实质性法律改革建议。我们认为这是对家庭成员体系分类没有搞清楚的前提下，做了无用功。因为同居者的财产情况类似于婚姻，同属于伴侣家庭，而有性联系的伴侣家庭的财产问题是不能够和非性联系共居者混同的，这是伴侣家庭研究不成熟的典型体现。

国外在婚姻之外的伴侣家庭模式立法比较成熟，但各国事实状态上的"伴侣家庭"类型化概念位阶体系构造存在巨大差异。各国法律系统的进化阶段与相应的时间、空间、政治、经济等方面力量有着天然的联系，这必然就会使各国"伴侣家庭"位阶概念类型谱有地域性差异。当然这也和人类社会正处于婚姻家庭发展的迷途期有关，整个世界事实上都在摸着石头过河。

世界上多数国家婚姻之外的"伴侣家庭"模式主要分为"异性共居家庭""同性家庭"以及部分少数派模式类型。在名称上，这几类伴侣家庭的称谓在国外可谓是林林总总、种类繁多，虽然有翻译的原因，但主要原因还是不同的名字蕴含着各国自身的价值判断与价值选择。比如"异性共居家庭"在国外被称为非婚伴侣、生活伙伴、契约同居、事实伴侣、法定同居等。"同性家庭"被称为同性婚姻、终身伴侣、民事结合等。也有的国家将异性和同性在非婚前提下的伴侣家庭合称为公民互助契约、家庭伴侣、同居婚姻等。

国外虽然立法上较我国成熟，但在相关理论研究上与我国有同样的特点，国外学者很少会选择体系化方法工具去归结和发现"伴侣家庭"类型化制度体系。立法者在处理相关问题时同样是"头痛医头，脚痛医脚"的作风。对于新问题的处理在探索期间有的施出"保守的制动器"，有的则施出"自由的加速器"。正是因为在理论上缺乏从体系角度梳理伴侣家庭类型化位阶概念体系，很多国家会出现在立法上的迟疑与反复。

如2015年3月30日，日本涩谷区政府通过了《推动男女平等及尊重多样化社会条例》，从而承认同性伴侣的"民事伴侣关系"，等同于婚姻关系，保证了同性恋伴侣的权利，如医院探视权与公寓租住权等。同年 10 月 28 日起可以领取"伴侣证书"。这是亚洲首次承认同性伴侣权利。但目前 LGBT①法律专家正准备向日本首相及法务大臣提交同性婚姻法案。如果专家们通过伴侣家庭位阶概念体系类型谱研究遥望走同性婚姻这种类型谱路径，会导致婚姻异化速度过快，并不利于婚姻、家庭的平稳发展，或许会慎重提起同性婚姻法案。

又如美国各州在同性婚姻和同性民事结合模式选择上一直不统一，摸索的路上激进派会选择同性婚姻模式，保守派会选择民事结合模式。当然在美国同性问题还纠缠着浓重的宗教、政治因素。2015 年 6 月 26 日，美国最高法院裁定了同性婚姻合法。美国的同性婚姻在非常大的政治因素的追击下跟跄合法化，美国同性婚姻合法化"事件"必然对世界上其他国家的同性婚姻、同性同居的立法走向和节奏产生重大影响。

虽然各国立法模式各异，有的甚至立法过程中矛盾重重，但无可否认的是，国外在新型伴侣家庭法律规范方面有很多成熟的案例，为我国提供了可参考模仿的对象。

综上，国内外绝大多数相关研究均局限在"伴侣家庭"下属各层级局部概念及局部相互关系的理论研究，处于"点"式或"点—点"式层面研究，我们必须推动相关领域研究进入"由点及面"与"由面及体"层面的研究，从而对伴侣家庭类型化法律调整进行通盘统筹与设计。

三　理论基础

（一）法人文主义思想

古希腊智者普罗塔克拉说过："人是万物的尺度。"俄国思想家别尔嘉那夫言："人文主义，顾名思义，就是推崇人，把人摆在中心的地位，加以拔高、肯定和揭示。"以人自身为中心的，把人作为认识客观世界的出发点，这种模式在古希腊思想中已有所体现，但直到文艺复兴时期，才又焕发出勃勃生机。文艺复兴的思想主流通常被称为"人文主义"（Humanism）。人文主义一词可以用来指代一种建立在人类高贵品性基础上的伦理，并转用于研究和行动。它奠定个人和集体道德的基础，建立法律，创

---

① LGBT 是女同性恋（Lesbians）、男同性恋（Gays）、双性恋者（Bisexuals）与跨性别性（Transgender）的英文首字母缩写字。

建经济，引发政治制度，培育艺术和文学。① 人文主义泛指以人的价值为中心，尊重人的本性，维护人的尊严，实现人的平等、全面、自由发展的思想或观念。尊重人、关心人是人类文明的标志，也是人类不懈努力追求的目标。

人文主义法律观强调人的自由、平等价值及维护人的尊严，对制定以人为本的法律提供了基本理论框架。法律人文主义提出多种的理论导向，包括：对罗马法律文本进行历史哲学性的纯净化工作，系统的法律建设的尝试，法学教育改革，对一种理性主义和系统的自然法的重新注重。②

法学人本主义者的主要目标和整个人本主义的主要目标基本相同：尽可能地理解古典世界。③ 人文主义法学家的视野是历史的。他们注重法律的历史沿革，探索法律现状与历史传统的联系。这是人文主义对新型的比较侧重历史的法学，作出的实质性贡献。在历史法学派的纲领里，蕴藏着人文主义法学的理念。

人文主义法学关注罗马法文本的体系，及其作为当下的现实制度基础的可能用途。法国人文主义法学派偏重理论之研究，其中雨果·道诺作为人文主义法学家，是把法律作为一个整体进行系统阐释的先驱者。分析意义上的罗马法体系，即学者们在 19 世纪所研究的体系就是源于他。④ 雨果·道诺相信在优士丁尼法表面上的混乱之下必定存在一个理性的结构，并试图指出这一理性结构。从这种体系化的观念出发，道诺对后世私法学的发展产生了极大影响。

人文主义法学出现后不断地承认属地法律习俗，人文主义法学所提倡的自然法的理性方法也被习惯法学者用于对习惯法的编纂，并对后来《法国民法典》的制定作出重大贡献。弗朗索·浩特曼作为人文主义法学家，其坚持认为善法具有伟大的价值，应当鼓励去学习和完善适合地方条

---

① 吕世伦、程波：《近代法理念的萌动——西方人文主义法律思潮探析》，《求是学刊》2007 年第 6 期。

② ［葡］叶士朋：《欧洲法学史导论》，吕平义、苏健译，中国政法大学出版社 1998 年版，第 139—142 页。

③ ［美］艾伦·沃森：《民法法系的演变及形成》，李静冰、姚新华译，中国政法大学出版社 1992 年版，第 105 页。

④ ［美］罗科斯·庞德：《法理学》（第Ⅰ卷），邓正来译，中国政法大学出版社 2004 年版，第 44 页。

件的法律。弗朗索·浩特曼质疑和抨击优士丁尼法典在现代欧洲的权威性，并使法律从优士丁尼法典的文本中解放出来，这是人文主义法学对属地法产生重要启示的例子。法学人文主义学者促进了属地法学在法国的长足发展，这是法国人文主义法学意料之外的副产品。

现代世界中科学研究法律的方法直接起源于人文主义者，这个群体被称为"法国法学派"或法国人文主义学派。法国法学派的人文主义思想的开创性贡献在于，力图改变评注法学派的法律方法，重建古代法律文本的纯粹性。他们主张用纯粹的渊源取代传统，以理念的认识取代借逻辑手段证立权威的做法，用体系代替个别性地批注词条。在这些要求里，人文主义法学首次指向法的历史源头、理性法的理念性、内部体系、一般概念，最后转向历史法学派的"新人文主义"。① 另外，人文主义法学对德国学说汇纂的现代应用学派的形成也有诸多帮助。

作为关注"人"这一主体的人权的新体现，"家庭权""性权利"等应该在法律上给予更加充分的回应。这在世界性学会议通过的《性权利宣言》中得到了充分的肯定。选择通过非婚姻的方式组建维持性生活的亲密关系共同生活体是性私权的当然之义。宣言还规定，人们不分生理性别、社会性别、性倾向、年龄、种族、社会阶级、宗教，或生理上、情感上之障碍，享有性公平权，免于一切形式之歧视。因此，同性或异性伴侣在婚姻或非婚姻结合中的性行为权是平等的。"性并不因披上了婚姻的外衣而变得神圣和崇高，也绝不因缺乏婚姻的庇护而变得低贱和渺小。"②

总之，现代西方各国普遍认为，成熟的、独立的、能作出自己决定的成年人，都应该有选择婚姻或非婚姻的方式保有家庭生活、性生活的自由和权利。并不存在固定的"最佳"生活模式的标准，每个人都有决定并追求自己所向往的"理想"生活模式的权利。每个人都有权追求自己所认为的幸福生活，也同样有权在自由的空间里充分塑造自己的性格。这种权利不应被法律无理剥夺，更不应因此而遭到法律的惩罚。

（二）自然法思想

自然法学家主要关注权利本位、概念分类与逻辑体系等法学思想。古

---

① ［德］弗朗茨·维亚克尔：《近代私法史——以德意志的发展为考察重点》（上），陈爱娥等译，上海三联书店 2006 年版，第 74 页。

② 王建勋：《法律道德主义立法观的批判》，载李银河、马忆南主编《婚姻法修改论争》，光明日报出版社 1999 年版，第 24 页。

希腊的、古罗马的、中世纪的自然法统称为"古典自然法",之后的称为"近代的自然法"。

"古典自然法"在古希腊开始萌芽。在古希腊有两种政治法律观念,一种是"习俗主义",另一种是"自然主义"。习俗主义认为法律具有地方性,因地域和社会而异。自然主义认为法律具有普适性,是人类生活的基本准则,属于人类共同体,与某一种共同体的特殊法律比,其地位更高。亚里士多德在《尼各马科伦理学》中认为自然正义对全体公民具有统一效力不能改变,而习俗正义是源于人们的约定,是短暂、可变的。①古罗马法学家西塞罗首先提出自然法。古典自然法认为人的本性是社会性,社会共同体价值优先,自然法的目标不是绝对保障个体利益,而是共同体的"善",是"义务本位",所以不会与政治文明社会冲突。

格劳秀斯是"近代自然法"的开端,他认为人的本性乃是自然法之母,而人的本性是"自我保全、自利",尊崇"权利本位"。这与古典自然法思想中人的根本属性——社会性相反,会引起个人与社会的冲突。该思想认为原子式的个人先于社会存在,然后连接在一起形成社会,"天赋人权,社会契约"论就是这种方法论的典型,核心逻辑是个人高于社会,教导人们如何保护私权,权利成为界定社会秩序的基本工具。近代自然法思想除强调法律人性化、权利本位外,还具有数学化、科学化的特点。

近代自然法学家大多相信法学适用数学的演绎方法,从抽象的基本公理、概念、原则出发,形成一个类似于数学方法的演绎,对法律概念进行加减运算,最后得出一个逻辑完美的法律概念体系。这个精确严密的概念体系可以概括法律世界中的一切法律关系,甚至可以从这个体系中延伸出新的概念和规则,这正是近代民法法典化的认识论基础。自然法学家对民法体系化的努力在康德时期达到顶点。其作为一名法哲学家,通过思辨哲学方法对法律和权利进行详细的分类与综合。康德是一位先验论哲学家,他认为人类的理性有一种用概念来思维的先验能力,可以对经验的材料加以比较、归类、连接和整理,这些活动统称为"先天综合",先天综合能力与后天感觉结合起来就形成了人类的知识。②在法学概念体系化问题

---

① 参见〔古希腊〕亚里士多德《尼各马科伦理学》,苗力田译,中国社会科学出版社1999年版,第109—110页。

② 参见杨祖陶《康德〈纯粹理性批判〉指要》,人民出版社2001年版,第54—62页。

上，康德认为有理由要求权利的形而上学科学，应该完整地和明确地决定这门科学的先验概念的合乎逻辑分类的各个分支，以便把它们组成一个真正的体系。① 其认为自然的权利以先验的纯粹理性的原则为依据。② 因此，法哲学的任务是要发现先验的、自在自为的、抽象的概念体系，私法要成为一门科学必须具备这个条件。法国法学家让·多马在其代表作《自然秩序中的民法》一书中开篇写到：本书的目的就是把民法按照其自然的秩序进行编排，区分各种法律主题并对它们进行自然的分类和组合；根据每个法律主题所包含的分支内容进行分类；对每一个具体的分支内容，设计它的概念、原理及规则，从而推进法律的清晰性、可理解性。虽然有学者认为自然法并没有给当时的实在法注入多少实在的民法规则，但自然法从根本上促进了近代欧陆民法的体系化思维模式。

总之，自然法思想促使近代政治法律思想的重心转变为保护人的自然权利，尊崇"人本"理念，自然人的人性成为一切法律的基础。17 世纪以来的自然法学延续了人文主义法学将法律人性化、世俗化。另外，自然法学思想尝试建立先验抽象的法律体系，促使 18 世纪中后期产生了自然法典，为 19 世纪民法法典化奠定了基础，延续了人文主义法学的科学化思想。

非婚姻的结合方式本身是个人自主选择，是天赋人权，与道德无涉。西方传统家庭法视家庭为"私人的城堡"，家庭生活自主权被视为"自然权利"，这种权利受法律的保障，使其免受其他组织或个人——不管来自政府当局或自然人或法人的侵犯，以维护家庭的完整，保护家庭生活不受侵犯，家庭的范畴是随历史变化而变化的。道德往往也具有历史的局限性，不同的集团、阶层、群体往往有不同的道德观。在一个现代社会，不能要求人人都信奉统一的道德标准，甚至统一的道德会因"缺乏弹性、顺应性和创新性"而导致"沉闷、脆弱、可怕和危险"的民族灾难。③ 在道德呈现多元化时，公权的强行禁止为多数人压迫少数人给出了冠冕堂皇的理由，其结果只能是强权意志大行其道，致少数人沦为"公众道德"

---

① ［德］康德：《法的形而上学原理》，沈叔平译，商务印书馆 1997 年版，第 105 页。

② 同上书，第 49 页。

③ 参见［美］理查德·A. 波斯纳《道德和法律理论的疑问》，苏力译，中国政法大学出版社 2001 年版，第 79 页。

的牺牲品。① 可以借用美国参议员在"人口危机与生育控制"听证会上的发言来描述非婚同居："前天的禁忌，在昨天受到争议，在今天被接受，在明天成为普遍准则。"科学的道德"不能是带有偏见的，不能只是情绪上的反应，不能够是为了一个既定目的而牵强地提出理由的活动，也不应该是人云亦云的"②。

（三）自由思想下的私法自治（契约自由）

私法自治是近代民法的基本理论和命脉，所谓近代民法三大基本原则即所有权绝对、契约自由、自己责任。私法自治说到底是因为民事主体主观意志的自由与自治。如莱翁·狄骥言："权利主体有一个自由和自治的意志。原则上，其可以通过意志的行动来改变他的法律状况或者活动范围——只要他希图的对象不为法律所禁止。因此，一切法律关系都是通过权利主体之间的意志而改变的。"所以，主体的自由意志是主观权利的根本属性。道德和法律是自由意志的外在表现。正如黑格尔所言："法是自由意志的定在。"

自由意志论是19世纪德国私法哲学的理论基础，潘德克顿法学家沿着康德和黑格尔的思路来解释主观权利的本质，于是萨维尼、普赫塔和温德沙伊德提出和发展了民事权利的"意志说"（或"意思说"）。总体上"意志说"是：权利是一种法律保护的个人意思自由活动或者个人意思所能支配的范围，简称为意思力或意思支配。

就私法自治与自由的关系看，私法自治保护的是个人自由。理由如下：第一，一切民事法律关系的承担者是法律上的"人格"，近代民法把民法上的法律人格设计为孤立的个体。这种孤独的"原子"要独立地享有权利和承担责任，所以民法中的人是独立的、自由的。这源于康德的"伦理人格主义哲学"，这种哲学观引申到民法思想中，即每个人都有权要求其他任何人尊重他的人格、不侵害他的生存（生命、身体、健康）和他的私人领域；相应地每一个人对其他任何人也都必须承担这种尊重他人人格及不侵害他人权利的义务。用黑格尔的话就是"成为一个人，并尊重他人为一个人"。第二，近代民法中的人是独立的，也是抽象的，这进一步加深了私法自由的个人主义性质。人就是法律上抽象的人格，所有

---

① 周安平：《性的公权控制》，《法学研究》2003年第5期。

② 石元康：《当代西方自由主义理论》，上海三联书店2000年版，第77页。

人格的法律地位一律平等，不分强弱贫富。民法的抽象人格与私法自由具有同构性，即自由是一种状态，一种法律抽象的人所在的状态。① 第三，近代民法视野中，看不到对社会团体利益的关注。

思想家以赛亚·柏林在《两种自由概念》中提出自由分为"消极自由"和"积极自由"。大多数自由主义者站在消极主义阵营，认为没有他人强制的状态，就是自由状态。消极主义自由观认为：国家职能是制定和执行法律来维持社会自生自发的秩序，而不能干涉私人领域，如此便是自由。国家过度干涉私人领域就是违背自由；积极主义自由观认为主宰自身，才是真实、自由的。但真实的自我被放置于社会层面来考察，会导致超个人的"社会有机体"以"为其好"的名义，将集体的意志强加于成员之上。社会比个人更清楚什么对成员最有利，因此通过强制来实现社会正义，使人们获得更高层次的自由。柏林认为，积极自由带来的最大恶果就是"极权主义政治"。权利是绝对的，权力不能是绝对的，人们才能凭借权利拒绝和对抗强制。

私法自治下的自由只能是消极的。我国学者梁慧星指出私法自治是"经济生活和家庭生活中的一切民事权利、义务关系的设立、变更和消灭，均取决于当事人自己的意思，原则上国家不干预"②。私法自治与国家干预是相对立的状态，换言之，私法自治下的自由就是"免于干涉"的消极自由。这体现在家庭领域的话，就是近代家庭法完全把家政事务交给家长来决断，国家在家庭生活中隐退得更远。

只要没有充分的理由，法律就不能剥夺一切人生而享有的自由、平等和追求幸福的权利。纵然通过婚姻组建家庭有种种好处，婚姻和家庭具有重要的社会责任和义务，但都不足以埋没个人在婚姻家庭方面的个性需求，不能要求人人都结婚，从而剥夺个人选择其他生活方式的自由。根据19世纪英国自由主义思想家约翰·密尔在名著《论自由》中对自由的定义，"惟一实称其名的自由乃是按照我们自己的道路去追求我们自己的好处的自由"。法律应在最大限度上确保非婚同居者追求他们认为有利于自己的生活方式的自由。自由主义提倡在私人事务上充分尊重"自己决定权"，即"与他人无关的事情，自己有决定权，仅仅对自己有害的行为，

---

① ［德］罗尔夫·克尼佩尔：《法律与历史：论〈德国民法典〉的形成与变迁》，朱岩译，法律出版社 2003 年版，第 133 页。

② 梁慧星：《民法总论》，法律出版社 2001 年版，第 39 页。

由自己承担责任"的权利或者是"就一定个人的事情，公权力不得干涉而由自己决定"的权利。自己决定权的内容包括家庭的形成、维持相关的结婚、同居、离婚的自己决定权。①

事实上，伴侣家庭的形式一般是当事人自愿的审慎的选择。西方家庭法历来以"家庭自治"为核心基础，在有关家庭的私人事务上充分尊重"自己决定权"，当事人选择非婚同居的权利正是在此基础上得以确认的。他们的选择是从自身利益出发，以自己当时所处的环境、条件和情感为依据的最佳选项。比如有结婚意愿者为了奠定婚姻的幸福而同居，无结婚意愿者为了享受单身的快乐而同居，老年丧偶者为了满足搭伴养老的需求而同居。当事人最明白自己的需要、利益和价值，非婚同居正是他们在追求自己认为幸福的生活方式。按照德沃金的观点，必须平等地关怀和尊重每个人过独立自主的生活的能力。每个人都应得到生活得更好的机会，但不能强制人作出更好的选择。而且我们不能轻易地把自己的美好生活观强加于人，不能强迫他人选择自己判断为正确的行为路线和生活方式。否则，是对他人独立自主的价值的侵害，对方并不会生活得更好。所以，大可不必以阻止当事人自我伤害为由，打着被强制者自己的福利、幸福、需要、利益和价值的旗号，以家长式法律强制干涉个人自由。而个人自由的限制主要标准是"伤害原则"，未伤害任何人或仅伤害自己的行为不应受到法律的惩罚。②

首先，就社会公共秩序而言，非婚同居是具有持续性的二人生活共同体，它虽不如婚姻稳定，却同样作为社会的细胞发挥着类似婚姻的作用。在多元化的现代社会，非婚同居正是生活方式多样化和社会文明与进步的体现，反而是法律的强行禁止可能破坏自发的秩序和稳定。其次，就社会的公序良俗而言，"公序良俗"大致相当于公共秩序、善良风俗。它是依据社会中主流文化的标准而形成的，或者说是大众化观念的反映。暂且不说以此为标准禁止某种少数群体的行为，有文化霸权之嫌，在非婚同居盛行并日益得到公众理解、宽容和认同的今天，如果再用社会的体面和善良风俗之类的标准来禁止非婚同居，显然是无力的陈腐之词了。最后，就对

---

① ［日］长谷部恭男：《现代宪法》，日本评论社 1995 年版，第 58—59 页，转引自周安平《基于性别的家庭暴力及其人权问题之研究》，徐显明主编：《人权研究》第三卷，山东人民出版社 2003 年版，第 257—258 页。

② 参见王薇《非婚同居法律制度比较研究》，人民出版社 2009 年版，第 204 页。

其他公民的伤害而言，非婚同居对他人的影响和伤害没有达到必须法律禁止的程度，而如果法律禁止非婚同居是对人们选择生活方式的基本权利的侵犯，可能造成的负面影响很大。按照功利主义法学的论述就是"所有的法律或应有的法律的一般目的都在于增加全民的幸福，因而它首先应尽可能排除任何破坏幸福的事情"。换句话说，排除伤害。根据功利原理，如果惩罚被认为确有必要，那仅仅是认为它可以保证排除更大的罪恶。但是在非婚生子女与婚生子女的法律差别和社会差别已趋向消除的背景下，非婚伴侣家庭模式对子女和其他人的影响在实践中已经证明并不大。依据伤害理论，不应由法律禁止和惩罚对他人无害或伤害很小的非婚同居行为，否则就存在密尔所谓的"推断伤害"。

　　但是，"家庭自治"必然要容忍家庭生活中某些被认为是自愿的权利义务不公平关系。然而，过度的"家庭自治"可能纵容非自愿的权利义务不公平关系，从而导致对他人自由的限制和对社会公正的破坏。因此19 世纪中期以后，家庭法开始重视个人自由与社会公正之间的价值平衡，国家立法及司法选择性地介入家庭关系领域，以维护弱势者的权益。从前，非婚伴侣家庭关系中出现的不公正可能被认为是选择这种生活方式的人理应承担的风险，或者是作为这种不负责任的选择的自酿的苦果。所以，以法律为表现形式的国家公权力对此可以不加干预。这实际上是以漠视的方式，变相地对部分非婚同居者进行惩罚，而受到惩罚的人往往是生活于类似婚姻的关系中却没有类似婚姻的法律保障的弱者。这个公权力毫不介入的私人领域，很容易成为别有用心者肆意妄为的空间，弱者的正当权益很容易遭受损害却求助无门。现在，选择非婚伴侣家庭生活方式的自由逐渐被认可和接受，那么非婚伴侣家庭关系中的不公正与婚姻关系中的不公正就具有相似性，也需要以类似的公权力介入的方式来为弱者提供救济，矫正不公正。所以，现代许多国家基于公权适度干预私权的理念，构建了非婚伴侣家庭法律制度，不但不禁止，而且要通过保护弱者以恢复正义。并且，各国不断调试和探索，寻找私权自治与国家公权干预之间的最佳平衡点。法律面临的最重要挑战是如何调和家庭自治与公权干预二者之间的关系，使其一方面得以扩大个人自己决定的空间，另一方面不至于牺牲社会正义。即国家公权力应在何种程度上干预私权。

　　（四）历史主义法学思想

　　19 世纪初萨维尼等人开创了历史法学派，后分为罗马派和日耳曼派。

罗马派突出萨维尼的体系论，日耳曼派突出萨维尼的历史论。19 世纪 50 年代左右，德国民法学界由历史法学派过渡到潘德克顿法学（概念法学），进一步将德国民法概念化与体系化，为《德国民法典》的出台打下基础。但是，19 世纪下半叶反对概念法学的民法思想也初步显现，耶林和基尔克的学说标志着近代欧陆民法思想从高潮下落。

历史主义基于对启蒙运动宣扬否认普遍的、绝对的理性的质疑，主张用个性代替一般性，如梅尼克言：历史主义的本质在于用个性化的观察过程代替对人类历史影响力的一般化看法。①

历史主义作为一种方法论的话，具有注重独特性、发展性和主观主义的特征。19 世纪的历史主义主要是以反科学主义和反实证主义的面目出现，归根结底反对的是启蒙运动的理性主义。

历史主义法学派代表人物是德国法学家萨维尼，其主要思想集中在《论立法与法学的当代使命》，几乎包括了历史法学派的所有主张。总的来说，历史法学派的观点即"民族法源说"，法的形成和产生是一个民族历史长期发展积累的结果，法律像民族语言一样存在于人民的意识，而不是立法的产物。所以法律是人们行为活动的产物，因此法律首先指的是从习俗和约定中产生的"习惯法"，不是"立法"；任何一个民族或国家都有它的历史、法律文化和法律知识，因此一个国家制定法律不能照搬其他国家的法律，只能在深入研究自己的民族和文化之后，发现适合本民族和国家的法律。萨维尼这样宣告历史法学的总纲：历史法学派始于这样一个假设，实在的法律源自一个民族的全部过去，源自一个民族及其历史的本质最深处。可见，历史法学派强调法律与民族历史的紧密联系，反对法律的普适性和统一性，因而属于"真"历史主义一脉。萨维尼用"民族法源说"不仅指明了一条发现法律的根本路径，而且还表达了萨维尼的民族主义热情。

萨维尼在倡导历史主义的同时，却又偷偷地把（与历史主义相对立的）系统化思想输入 19 世纪的德国民法学中。萨维尼在《论立法与法学的当代使命》中提出一个优秀的法学家应具备两种素质：第一是历史素养，即确凿地把握各个时代和各种法律形式的特性；第二是系统素养，即

---

① ［美］唐纳德·R. 凯丽：《多面的历史》，陈恒、宋立宏译，生活·读书·新知三联书店 2003 年版，第 497 页。

在一个联系紧密的事物整体中，恰当地安排每一个概念和规则。① 由此萨维尼确立了法学研究的两个维度：“历史”与“体系”，优秀的法学研究应该更体现这两种方法的结合。萨维尼在《现代罗马法体系》中曾阐释道，各个独立的法律概念和法律规则紧密结合成一个统一体，关于这个统一体的内部联系或联系的知识和陈述就是体系化的实质。萨维尼认为历史上的法律制度和规则是未经整理的原始素材，这么一团乱七八糟的东西根本不能作为今天德国法律制度的基础。因此，必须通过一个“系统”的原则，把那些有用的法律制度和规则（即“有生命力的东西”）与没有用处的死材料区分开。然后，进一步把它们合成一个合理的体系，作为今天法律和法学的基础。所谓的系统的原则，就是萨维尼在头脑中构想出来的理论的体系和结构。历史本来就是一堆毫无生命力的材料，根本没有什么内在的联系，关键是历史学家如何用一个主观的标准去衡量和激活这堆材料。所以，“系统的原则”就为萨维尼对罗马法进行体系化的建构工作提供了合理性，萨维尼的真正目的在于把一堆历史的碎片构造出一个体系。萨维尼之后的罗马派法学家就是发扬其体系化方法论的一面，并最终形成影响《德国民法典》的概念法学。林瑞教授认为：表面上，历史法学派在对抗理性主义的自然法思想，构建法学历史主义。但它独特的融合历史与系统的研究方式，主要仍是法律素材系统性的处理工作，这事实上与它对抗的自然法思想所具有的形式的、理想主义的观念并无二致，最后发展成“非历史的”法律实证主义成为必然的后果。注重体系角度的还有普赫塔、盖博等学者。

　　尼采把历史的作用分为“纪念的”“好古的”“批判的”。“纪念的”历史是让人想起历史的伟大人物和事件，激励今人努力，有时会压抑今人的勇气；“好古的”历史是让人怀着虔诚的心态追溯今天与过去的联系，但有时流于对过去的盲目称颂和保守；“批判的”历史是使人摆脱历史的束缚，得到自由的余地，从而给过去一个适合现在的裁判。② 萨维尼认为自己属于“好古的”，但其实他属于“批判的”。“返回罗马法”不是盲目地适用罗马法，而是经过认真筛选和整理，构建一个适用于今天的法律

---

① 参见［德］萨维尼《论立法与法学的当代使命》，许章润译，中国法制出版社 2001 年版，第 37 页。

② 参见［德］尼采《历史对于人生的利弊》，姚可昆译，商务印书馆 2000 年版，第 5 页。

体系。

历史主义法学派另一位代表人物是艾希霍恩，他在专著《德意志法律与国家的历史》（第一卷）中呼吁德意志法律史能够引起人们的关注，并唤醒德意志人的民族精神。阐释法律是从一切影响民族生活的因素中来的，教导学生热爱祖国和祖国的历史。他追溯各个时代的法律观念与制度之间的联系，揭示它们演变的连续性，并意图通过这些研究，为现行制度和观念建立一个基础。后人对艾希霍恩的民族主义评价是对德意志的法律研究起到促进作用，是一个具有深远意义的民族事业。① 历史法学派的代表人物们普遍有着"民族历史"情结，其核心思想无外乎"民族精神"与反对理性立法两个方面。

历史主义的另一种含义与前一种截然相反，是冒历史主义之名，行理性主义之实，可称之为"伪历史主义"，实质上是历史决定论。历史主义的第二种含义源自完全另外一个知识系统，即卡尔·波普尔在《历史主义贫困论》中所批判的历史主义，区别于德国的"历史主义"，这个含义的历史主义完全是通过波普尔对其的批判中建立和清晰出来的。波普尔攻击的历史主义指：一种社会科学的研究途径，认为历史预言是它的主要目的，并认为通过揭秘隐秘在历史演变中的"节奏""类型""规律"和"趋势"可以达到这一目的。这种历史主义认为历史有一个总的客观规律，人们只要掌握这种客观规律就可以解释过去、预测未来，实质就是历史决定论。但波普尔把这种社会理论称为"乌托邦工程学"。波普尔反对任何抽象化、总论化的社会历史规律和对社会进行预言，认为历史是不可预测的，历史是一个通过不断的"试错"而进步的过程，社会制度是通过"零敲碎打"的建设而发展的过程。波普尔批判柏拉图、黑格尔和马克思这三位历史决定论的哲学家，认为他们将历史的发展引向一个终极目标"理想国、世界历史或共产主义"，描述社会按照设定好的目标从低级阶段向高级阶段循序渐进。波普尔批判的历史主义实质上是"历史决定论"。历史决定论有两个贡献：第一，强调历史的普遍规律，现代历史学家的普遍任务是发现和总结历史规律，并根据此预测将来历史发展的趋势和目的。第二，认识历史规律需要借助科学的方法和手段，因此历史主义

---

① 参见［英］乔治·皮博迪·古奇《19世纪历史学与历史学家》，耿淡如译，商务印书馆1997年版，第132—138页。

与科学主义、理性主义不可分离。历史决定论预设了一个思维前提，就是人类的理性不仅可以认知自然界和客观的自然规律，而且科学主义还把社会历史当作经验科学的研究对象，用人类的理性描述、总结和概况其客观规律。历史决定论对历史规律的信念根源于对人类理性能力的崇拜和信任。那么从历史角度梳理伴侣家庭的历史规律自然符合历史法学派的要求，后文也有专门章节梳理伴侣家庭在历史中出现的样态与规律。

19 世纪 40 年代，历史法学派分裂成罗马派与日耳曼派。在两派争论最激烈的日耳曼学者大会之后，历史法学派悄然隐退，代之而起的是潘德克顿法学。后潘德克顿法学又受到"概念法学"的影响。19 世纪下半叶近代民法思想开始萌芽，出现了对概念法学反思的"目的法学"，将法律的目的设定为社会，而不是个人，并将实质的价值判断引入被概念法学"荼毒"已久的法律实践。基尔克提出的"社会法"成为公法和私法之外的第三个法律领域，成为资本主义国家社会保障法律政策的理论基础。

总体上，通过回顾近代欧陆法学思想的脉络，一方面，我们看到多元化的伴侣家庭受到法律调整具有充分的理论支持；另一方面，我们发现"体系"思维贯穿始终，如一条隐藏的线索。"体系"思维更是引导近代法学"法典化"的风向。"体系"思维是一种思想理论，更多的时候更是一种研究方法，这也是本研究的精髓之一。

四 研究框架

研究总体思路是以功能主义家庭观等为理论指导，通过回顾婚姻家庭源流与发展，梳理出马克思和恩格斯婚姻家庭观纵向发展谱系图，肯定婚姻、家庭范畴变化特性。运用体系法学研究方法将现实中既存的家庭、婚姻、事实婚姻、同性婚姻、异性同居、同性同居、涉中性人家庭、非以"性"联系家庭等概念整合到"伴侣家庭"类型化概念位阶体系中。总结既有，演进新知，完成家事法一项待完成的理论工作，全面厘清"伴侣家庭"类型化制度体系。横向总结出世界各国立法进程中体现出的共性规律与世界既存的四种伴侣家庭体系类型谱，以期进一步辅助我们作出立法统筹与安排。最后结合各国立法经验和伴侣家庭体系类型谱 2，通过体系思维排除我国"伴侣家庭"类型化体系的漏洞、矛盾。以全局性、前瞻性的类型化体系解释伴侣法发展困局，以体系预见、控制、统筹、设计各种伴侣家庭类型化制度，规避在研究、立法中走国外的弯路。尝试作出我国各种新型伴侣家庭制度类型化体系统筹与具体立法建议。补充强调在立法过渡阶段，通过作出和推广范式合同，鼓励新型伴侣积极签订伴侣契约作为现实选择。

研究总体上分为以下几部分。

绪论部分，介绍研究背景与研究意义，梳理总结国内外相关研究现状，透析本研究理论基础，进而确定主要研究方法是体系研究方法。介绍学术思想、研究方法创新点。

第一部分，首先解析本书研究的最重要工具，即法学体系方法。先阐释法学体系思想理论源流，再从法学体系思维定义、任务、方法、种类、应用等方面具体透视法学体系方法。其次，回顾马克思和恩格斯婚姻家庭观源流与婚姻家庭历史纵向谱系图，考察伴侣家庭历史由来，再从社会学进入法学反射性立法中对伴侣家庭考察。进而展开伴侣家庭概述。明确伴侣家庭法律地位，伴侣家庭也是家庭形态，享有家庭权，受家事法调整。然后再以体系研究方法的工具分析伴侣家庭四层级体系等。

第二部分，具体分析伴侣家庭类型化体系中的类婚姻。首先分析"类婚姻"位阶概念体系、内涵、特征。进而分析世界上围绕类婚姻既存的四种体系类型谱。即总结世界四种"伴侣家庭"制度体系类型谱。梳理出世界上既存的四种类型谱，并分析各类型谱背景、特征、发展趋势。初步判断四种类型谱存在发展递进关系，类型谱一总体特征为"单一"，类型谱二总体特征为"保守"，类型谱三总体特征为"'政治正确'下的矛盾重重"，类型谱四总体特征为"'技术正确'下的平稳"（参见图2-2—图2-5，各代表国家的多元化模式一般没有图谱中完善）。四种"伴侣家庭"概念位阶体系梳理采用体系研究方法，逐一将各种类型伴侣家庭模式按照体系研究方法整合进概念位阶体系中。厘定各模式的适用界限与关系，通过系统建构使制度关联明朗，并排查制度间矛盾。最后通过国情判断得出结论，我国处于从类型谱一向类型谱二的过渡阶段。

第三部分，对域外"伴侣家庭"类型化体系及法律规范考察，并梳理立法镜鉴。考察匈牙利、阿根廷、德国、日本、英国、美国、法国、北欧（丹麦、挪威、瑞典、冰岛）等国家和地区的异性共居家庭、同性家庭、涉中性人家庭、非性联系家庭法律调整现状，兼评世界其他国家的相关情况。通过考察各国实际情况，梳理域外伴侣家庭法律调整立法镜鉴，总结域外伴侣家庭立法规律。主要从以下几方面抽象立法共性规律：①法律名称。②立法模式。③登记问题。④法律主体。⑤权利、义务关系。⑥法律适用。⑦冲突法。⑧立法进程。梳理每一种规律后及时联系我国国情，做初步结论。

第四部分，观察我国伴侣家庭类型化法律调整现实诉求与调整现状，判断立法的必要性与可行性。如美大法官休尼特曾说：正义从来不会缺席，只会迟到。但是作为目前阶段立法的现实选择，应该以契约为首选法律调整手段，从契约的法源地位，和目前实践中同居协议案例等方面解析类婚姻契约。

第五部分，我国"伴侣家庭"类型化法律调整具体设计。以国外类型化立法规律和类型谱二为基础，统筹、设计我国伴侣家庭制度体系：①设立登记伴侣家庭法适用于异性、同性伴侣，作为事实婚姻和同性婚姻的替代制度，权利、义务配置几乎等于婚姻，立法可参照婚姻制度构架与法条设计。民事结合制度/登记伴侣家庭法在登记问题上以登记为主，不登记为辅。同性伴侣在收养子女方面需谨慎。②设立同居家庭法适用于异性、同性伴侣，尊重同居家庭适度自由原则，给予底线规制，权利、义务配置少于婚姻。具体设计分为关系成立、法律效力、关系终止三部分，做出具体法条设计。同居家庭制度在登记问题上，以不登记为主，可以将同居协议公证。不强制登记是为衡平公正与限度自由，但要承担不登记带来的相应风险。③涉中性人家庭可学习国外实践，参照同性家庭做制度安排。④非以"性"联系家庭，不适于与有"性联系"的伴侣家庭混同，但也要给予该种共同生活类型基本的法律保障，主要应该以认可签订合法契约方式调整。⑤立法过渡阶段鼓励新型伴侣们签订伴侣契约。做出范式合同，探索范式合同推广途径。⑥走循序渐进的立法进程，同性问题在国际上涉及人权冷战问题，不适宜同性婚姻合法化，更不适宜对现实问题不回应。我国经济、文化由于幅员辽阔而差异悬殊，考察大众接纳度时不能取高值、低值或平均值。目前大面积同性伴侣家庭制度合法化并不适宜，可效仿国外选择上海或深圳一个区做试点，对现实需求做回应。⑦值我国民法典编纂之际，可选择在民法典的"婚姻家庭编"中设专章对伴侣家庭做回应，也可制定单行法。做好与民法典各部分的融合与衔接等。

五　研究方法

源于"伴侣家庭"制度类型化概念位阶体系问题的复杂性，研究方法注定要多元化：

第一，实证法学研究方法。以体系化思维的法学研究方法为主，兼具对法律制度概念、法律文本、构成要件、适用范围、法律效果等进行实证法研究。体系化研究方法的具体阐述在下文研究方法的特色中会进一步详细说明。

第二，文献法也叫作历史文献法。即大量搜集既存的相关文献和资料，经过学术分析与处理，从资料中筛取有效信息，从而达到研究目的的研究方法。基本步骤包括文献搜集，摘录信息，文献分析三个环节。主要适用于梳理人类"伴侣家庭"（婚姻、类婚姻）的发展规律，梳理婚姻家庭发展脉络，剖析其嬗变缘由和发展规律，探求其演进方向和趋势。

第三，比较法学研究方法。主要从纵向与横向、宏观与微观、内部和外部等角度梳理国内外"伴侣家庭"及其法律规范的发展与现状，并以完善我国相关法律制度为目的去进行比较。

第四，法社会学的方法。针对"类婚姻"现象的社会学研究，是构建"类婚姻"位阶概念体系的重要依据。研究中会采用数据统计、绘制图表等方法，以求生动直观、深入浅出。

第五，访谈法就是研究式交谈法。依据被访谈者的回答，直接有效地收集客观不倚的事实性材料，从而更加真实、严谨地阐释研究样本所代表的总体的研究方法。这种方法在研究相对繁复的课题时，以从多类型的人群收集多元样本为基础。访谈法主要适用于新型伴侣家庭接受度等方面的民意调查与研究"类婚姻"少数派群体的真实情况。"类婚姻"在大概率价值观社会中属于少数派群体。研究者必须从主流人群的口中听到最真实的理解声、支持声、排斥声和征讨声等。同时也需要听到少数族群自己口中发出的叹息声、抱怨声、诉求声、抗议声等。这些都是当代伴侣家庭发展规律的第一手材料，是课题研究最有力的支撑。

第六，典型案例法，主要适用于剖析国内外涉及本问题的经典案例，以司法实践的问题意识来驱动理论上的思辨。

第七，体系研究方法。本研究运用体系思维的法学研究方法，发现伴侣家庭类型化制度位阶概念体系。上下层级间的位阶梯度的存在基础是概念自身逻辑的抽象程度或价值的根本性。水平的类型间关系基础即是概念群特征的交叠与差异。特征交叠处就是本层级概念群所具有的共同特征。属于同一大类型之下位类型群可以构成一个类型谱。发现位阶概念体系后，通过体系思维与概念基点共同排除研究对象既存的各种矛盾与问题。这是本书在该问题研究方法上的创新。

六　创新点

（一）学术思想、观点方面创新

第一，伴侣家庭是人类婚姻家庭流变到现代，已经客观存在的社会历史现象。这种现象不仅在国外已然成形，在中国也成为无法回避的现实。婚姻家庭法理论上应当确立"伴侣家庭"这一概念，对伴侣家庭范畴下的各种家庭形态进行法律调整已成必然。

第二，研究试图以经纬严密的逻辑基线去梳理伴侣家庭制度类型化位阶概念体系。该体系要求任何可能的家事生活事实在逻辑上皆必须涵摄于该体系之规范下，否则便不受法律之规范。体系构成过程与概念构成过程方向上相反，体系构成自上而下，即自最抽象的一般概念往下枝分成外延越来越小之下位概念直至不能再分为止，并逻辑相系地构成一体。而概念形成则由下至上，经由所欲描述对象之特征的舍弃，向上归纳成外延愈来愈广之上位概念，到不能再上为止。就本书而言，基层下位概念——事实婚姻、非婚同居、同性婚姻、同性同居、民事结合等模式在实践中均已存在，其相应的上位概念有待于我们逐级通过归纳的方法抽象出来，直到不能再上为止。再自上而下地构建"伴侣家庭"制度类型化位阶概念体系。

第三，考察世界范围内伴侣家庭的类型，通过体系研究方法可归纳为四种法律调整类型谱。四种类型谱的关系，总体上属于递进式发展。世界既存的四种"伴侣家庭"类型谱的总结，是需要经过大量信息的处理、整合和归纳的研究工作，也可以为后来研究者提供大量可研性材料。

第四，从立法名称、立法模式、登记、调整主体、权利义务关系、法律适用、冲突法以及立法进程等方面，对国外伴侣家庭立法经验进行总结。关于国内外"伴侣家庭"规范现状、立法经验的系统梳理本身也是对于相关研究的一种学术供给。

第五，依据第二种类型谱和国外立法经验，尝试构建我国非婚伴侣家庭立法体系。

第六，强调"伴侣家庭"调整方式可开始尝试倚重契约性的调整。家事法的立法理念正发生重大转变，立法重心由人身关系转移到财产关系，利益衡量兼顾共同利益与个体利益，立法基调从强调管制转向尊重私权，价值追求从形式平等转向实质平等。"家事契约"概念是伴随"类婚姻"诞生的概念，范畴大于目前的婚姻契约。家事契约是未来调整家事关系的重要手段，况且类婚姻入法尚需时日，作为现实选择，类婚姻契约是直接有效的手段，但研究者们必须制订类婚姻契约范式合同作为公众引导。

（二）研究方法方面创新

研究的开始，我们必须选取一种视角或是一种工具来触及我们的研究对象。在本书中我们选择了将"伴侣家庭类型化立法"问题置于体系思维的法学研究方法视域中。因为人类总是想要把法律伦理的要求，即公平与正义通过可信且可理解的方式应验于人类社会的追求，以促进法律这一学科应用体系思维向系统化、体系化的目标前进。这体现了人们用科学方法追求正义的鸿志。采用该方法在研究处于没有取得最终性成果前，该论证课题看起来更像一种大胆假设，还需要我们小心求证，方能验证其真伪。体系化思维方法在法律学科上作出的贡献有目共睹，如利用法律概念构成法律规范，又如法律之解释、法律之补充、通过体系思维把握整体和局部、解释学的循环关系等。① 运用体系化的思维和方法在伴侣家庭类型化立法问题研究中尚属于初步尝试。

"伴侣家庭"类型化金字塔概念体系的发现与梳理是以客观的概念群的复合相互关系为基础的。法律概念所构筑的金字塔位阶体系，并不是可以由研究者通过方法论刻意创造出来的，只能倚借方法论工具来发现。

体系化的任务概言之是：总结既有，演进新知。体系化的任务就是将所有已经取得知识的全部以整体的方式呈现出来，并且彻底地将整体中的每个组成部分用逻辑关系链接起来。体系图使在复杂法律文献研究时的鸟瞰更为清晰，更可以从现有的联系中收获新的思考与结论，推进法律发展。而我们正是期望试图通过体系化研究方法通观家事法的全貌，勾勒出家事法的框架与逻辑，从而对家事法内部的各种伴侣家庭制度进行科学的统筹与立法设计。

---

① 黄茂荣：《法学方法与现代民法》，法律出版社 2007 年版，第 510 页。

第一章

伴侣家庭类型化位阶概念体系

第一节　法学体系思维与方法

一　法学之体系思维定义、任务、形成方法、种类

1. 法学之体系思维定义

在法学研究自始之时通过体系思维解决问题至今，该种方法也算由来已久。体系的定义可见诸法哲学或者是法学方法论的一些文献中。概念法学派认为法律范畴的体系是具有闭合特征的逻辑体系。利益法学派主张法律范畴的体系是具有开放特征的利益体系。对于法律体系概念的不同立场或观点对法律在解释、适用、补充方面会产生锁链式的影响。之于体系的概念特征，统观各学派或学者的观点间并没有实质上的原则区别，差别的关键点集中在"价值"是否被纳入体系集合中。① 下面我们通过各法学派代表学者的观点来解析法律体系的概念。

概念法学派的代表学者 Puchta 认为，经系统化后的法律体系是所有法律规定经过分析后被抽象纳进一位阶分明且无矛盾，原则上没有漏洞的具有逻辑性的规范体系。这一体系规范会尽力把一切可能的生活事实涵摄于下，反之，法律皆不规范。形式的概念法学派的开创者 Puchta 认为，体系是一个经过穷尽枝分的整体。体系的形成过程与概念的形成过程在方向上刚好相悖，体系的构成是自上而下，即从最顶端最抽象的一般概念向下逐级枝分成外延越来越下的下位概念，直到不能再分为止，并且逻辑要一脉相承。而概念的形成是自下向上，通过对下位概念对象特征的部分舍弃，共同向上层级归纳从而形成外延更为广泛的上位概念，用这种归纳方

---

① 黄茂荣：《法学方法与现代民法》，法律出版社 2007 年版，第 510 页。

法直到不能再向上归纳为止。Puchta 便是利用这种逻辑体系，明确地将法学建立起来，从而揭开形式之概念法学的发展序幕，并将由之构成的法律体系称为概念的金字塔。但是，概念法学过度强调法律规范或其适用逻辑，利用设定大前提和小前提之命题已成立，强行将法律思维与法律价值剥离，所以被之后学说严厉批判。

概念法学派的代表学者 Binder 认为，体系是一个按照原则将知识构成的整体，所以一个法学体系可称为一个依据统一的观点将法律概念组合的整体。但是其观点被评价为其所探讨体系为限于一般概念所构成体系，而没有接受将法本身体系化的想法。

利益法学派的 Herk 认为，体系指秩序的思维，即经验的内在秩序，是内在体系。利用编纂概念所建立的是外在体系意义下的科学体系。在概念的整合上利益法学与一般法学有异曲同工之妙，但关于概念之一般内容仍有差别：利益法学一直考虑利益概念（利益状态），而概念法学则无此考虑。这种内在体系与外在体系的区分，使"目的"因素在体系中的地位获得进一步的肯定和发展。

价值法学派的价值在于指出法律概念之储藏功能，或发现隐藏于法概念后面的价值，并以之为基础构成其对法律概念与法律原则之间关系的探讨，而后进一步以之为基础构成其以法律原则为纽带的体系理论。这种体系理论的特点是"开放的、弹性的体系"，与"封闭的体系"相对。

2. 法学之体系任务

体系化的任务概言之是：总结既有，演进新知。体系化的任务就是将所有已经取得知识的全部以整体的方式呈现出来，并且彻底地将整体中的每个组成部分用逻辑关系链接起来。体系图使在复杂法律文献研究时的鸟瞰更为清晰，更可以从现有的联系中收获新的思考与结论，推进法律发展。而我们正是期望试图通过体系化研究方法通观家事法的全貌，勾勒出家事法的框架与逻辑，从而对家事法内部的各种伴侣家庭制度进行科学的统筹与立法设计。

3. 法学之体系形成方法

第一，利用编纂概念。以编纂概念的位阶构造为基础，可以将法律归纳为一个整体，使之成为体系，称为"外在体系"。

第二，利用类型模块。以概念为基础，以价值为导向，以类型或原则为纽带模块的建立，所要表达的规范目的决定其类型化标准的选取，往往最后再交织成集合，也就是类型谱。

第三，利用法律原则。法律原则可由个案归纳，也可由上位价值具体化而来，结果皆会形成体系之标准构架：树状结构。

第四，利用功能概念。为实现一定法律价值，必须将之具体化为法律规定。一个法律规定常有多重含义，适用于个案，须经有解释，这就是功能概念，这种概念不是单纯利用逻辑抽象化，而是考虑功能，趋向于规范目的、法律原则构建而成。利用功能概念构建的体系是"内在体系"。

4. 法学之体系种类

（1）外在体系。根据形式逻辑的规则，将抽象一般概念建立起来的体系，为外在体系。外在体系一般忽略价值判断。

（2）内在体系。建构特别凸显于法律规定中或其间的法律思想、法律原则、功能型概念以及类型。内在体系的构建与类型思维相当。

二　法学建构与体系建立

法学的构建指在外在体系观点下构建法律体系的方法。在契约范例中看"构建"，仅用来指称将在法律中既存之规定或在交易上已发展出来之契约模式，不只是一个具体的个别契约，如是建立了体系的活动，原则上只是建立子体系。以产生一个没有矛盾之关联，并可以与其他规定进行比较，使其间之异同均可清晰化。一个成功的构建，并不因法律规定的适用所产生的结果，亦能够以其他方法获得依据，而被贬抑为无价值。比较准确的说法是"法学上的定性"。

三　体系化的基础：法律概念之位阶性

法律概念的位阶性是将法律体系化的逻辑，法律概念通常被认为是组成法律规定或整套法律的基本单位。它们之间有点像由原子组成分子，由分子组成物质，物质再组成世界。概念与概念之间不但有"抽象成化"程度高低，而且也有由"其所负荷价值的根本性"所决定下来之位阶构造。

在法律体系的构建上，从外部结构观察，有垂直的上下位阶关系，有水平的类型关系。水平类型关系的存在基础为概念所含特征之交集及差异。交集之特征为各下位类型之上位类型所具的特征。属于同一大类型之下位类型通常可构成一个类型谱，表现为下位类型间之界限的流动性。

四　法律概念的拟定与功能

概念的作用在于特定价值之承认、共识、储藏，从而使之构成特定文化的一部分，产生减轻后来者为实现该特定价值所必需之思维以及说服的工作负累。

第一，承认、共识及储存价值。除非技术者外，相约成俗的法律用语通常已在价值共认的过程中，把价值负荷上去，且必须完成这个阶段，符号才有负载价值消息的能力，这就是法律概念储藏价值功能。它是特定价值经由个别承认到群体共识而融入特定文化的过程，所以能减轻后来者思维以及说服上的工作负担的基础。

第二，减轻思维工作的负累。当法律概念负载了价值，便可以应用法律概念来传递消息，并利用逻辑的运作来减轻思维的负累，将法律所肯定的价值概念化后，可把很多复杂之价值或技术的考虑隐藏在法律所运用之用语里，使得后来者不必再重复去考虑这些事情。不过，在解释法律概念时，仍应注意当年该法律概念的设计者考虑的事项和负荷的价值，以归其真，作为坚实的出发点。否则，当年该用语原来究竟基于什么价值或技术的考虑而发展，便会受到忽略。

第二节　伴侣家庭概念形成流变

一　婚姻、家庭流变纵向谱系图

我们回顾婚姻家庭史的目的是分析过去，有助于说明现今，所以我们必须首先循着那些已经导致现代家庭生活问题的历史发展脉络，去挖掘和探知问题最原本的面目。

（一）婚姻、家庭流变纵向谱系图

在19世纪60年代前家庭史无从谈起。婚姻家庭史完全笼罩在"摩西五经"下。人们被灌输以为，家长制的家庭形式已经是最为古老的，家庭好像没有特别的发展进化。最多就是猜测或许在久远的原始社会时期曾经存在杂乱性关系。为了梳理清婚姻家庭的发展脉络，查阅相当数量的资料后我们发现婚姻家庭史的研究无论如何都绕不过几位有辩证的承继关系的学者，即巴霍芬、麦克伦南、摩尔根、马克思、恩格斯。当然也有很多其他的学者在婚姻家庭史研究方面作出了很重要的贡献，但关于婚姻家庭史研究的核心内容始终围绕这几位学者的观点的批驳、承继、发展。

家庭史的真正研究应该是从 1861 年开始的，这一年就是巴霍芬《母权论》出版的年份。巴霍芬的核心观点是认为婚姻家庭发展主要经历了由"杂婚"到"一夫一妻制"的过程，人类社会经历了从"母权制"到"父权制"的过程，巴霍芬并对这些变化过程加以详尽的分析与论述。

巴霍芬的后继人就是麦克伦南①，1865 年他撰写的《原始婚姻：婚姻仪式中掠夺形式源流考》问世，此说成为他研究婚姻制度史的理论基础。他认为原始社会中戕杀女婴的习俗造成部落内部妇女的缺少和男子的过剩，其后果有二：一是实行一妻多夫制及由此产生的母权制；二是用暴力抢夺其他部落的妇女为妻，即实行抢夺婚。麦克伦南的论述只局限在三种婚姻形式："一夫多妻制""一妻多夫制"和"个体婚制"。其主要贡献是指出了外婚制到处流行及其重大意义，并判定母权制世系制度是人类社会最初的根本制度。但其"外婚制部落"与"内婚制部落"是对立的论断是重大谬误，因为真实的历史上二者是统一的，没有任何证据证明这种对立的存在，在部落内部的各氏族间实行外婚制，但这对于整个部落来讲恰恰是内婚制。麦克伦南的很多观点被后来者批判与否定，包括后继研究者摩尔根、马克思、恩格斯等。恩格斯在他的经典著作《家庭、私有制和国家的起源》一书中就曾经表明：麦克伦南关于在外婚制"部落"与内婚制"部落"存在的重大谬误所带来的害处要大于研究所带来的利处。②

摩尔根在婚姻家庭方面的主要著作是 1877 年的《古代社会》。作为研究人类社会婚姻家庭史的标杆性人物巴霍芬，是人类婚姻家庭史的先行者，其开创性地提出很多重要论点。但是巴霍芬的研究也留下了一个待解决的问题，例如人类社会婚姻家庭演变的原因、规律。所以摩尔根在易洛魁部落进行了翔实的、艰苦的田野调查，又在全世界范围内尽可能地搜集了海量的各民族与部落的资料，最终得以撰写《古代社会》。巴霍芬遗留的研究问题在摩尔根的书中获得了诸多的阐释，进一步得出了许多十分重要的论断，摩尔根得以首次绘出家庭史的略图，人类社会的婚姻家庭划分出了一个完整的纵向"谱系图"。就这一意义而言，摩尔根关于人类婚姻家庭的学说思想直接为后继研究者马克思和恩格斯的研究提供了"一个

---

① 约翰·弗格森·麦克伦南（John Ferguson McLennan）（1827—1881），苏格兰法学家和原始社会史家，生于苏格兰因佛内斯，就学于阿伯丁的英王学院和剑桥大学三一学院。

② 林耀华：《中国大百科全书民族卷》，中国大百科全书出版社 1992 年版，第 265 页。

巨人的肩膀"。

接下来是马克思及恩格斯对摩尔根婚姻家庭学说的继承与吸收，马克思和恩格斯的婚姻家庭学说实际上就是立足于前人的肩膀发展而来，摩尔根关于婚姻家庭的学说为马克思和恩格斯思想提供了基本观点与思考方向。马克思对摩尔根《古代社会》一书进行了深刻的研究，并被整理为《摩尔根〈古代社会〉一书摘要》一书。马克思发展了新型的"专偶家庭理论"：专偶制家庭会随人类社会变化而"进步"变化。"进步"体现在婚姻家庭中男女两性平等的趋于获得。恩格斯指出早期专偶制家庭的经济基础为私有制，所以实质上是公开的或者是变相的"多偶制"。一旦私有制开始式微，进入共产主义社会中的两性的平等会愈加凸显，专偶制会在两性平等的基础上完全实现。

恩格斯在《家庭、私有制和国家的起源》一书中重点讨论了婚姻家庭形态问题。认为"普那路亚"家庭并非婚姻与家庭演变图系中的一个必经阶段。恩格斯严谨地阐释了家庭产生的连续性过程。"家庭"是一个"历史的范畴"，作为社会最微小的单元，家庭的产生和发展不是独立的线性过程，而是受到社会经济关系制约。换言之，经济基础直接框定了家庭基本属性。例如原始的"杂乱性关系"事实上也有一定章法与限制。总之，婚姻家庭是在"风俗制约"和"两性关系规约"下产生，而且，生产力发展到某一阶段后才可能出现。婚姻和家庭都是历史范畴概念，并非自人类产生即有。

总之，我们认为马克思和恩格斯思想中关于婚姻家庭的思想是比较成熟的，尽管其中不乏片面或者没有得到共识的地方。我们尝试总结出与本书联系比较紧密的有关婚姻家庭方面的论断，主要集中在以下内容：

摩尔根首次描绘出了婚姻家庭史的纵向谱系图，认为婚姻家庭发展史从蒙昧时代到野蛮时代再到文明时代，婚姻家庭形式依次经历了"血婚制""伙婚制""偶婚制""父权制""专偶制"五种。

恩格斯则提出不同的观点，将"父权制家庭"归为过渡阶段的家庭形式。家庭划分为"血缘家庭""普那路亚（伙婚）家庭""对偶制家庭"和"专偶制家庭"。婚姻和家庭的四种形态具体为：第一种家庭形式是"血缘家庭"，这是群婚制的低级阶段。血缘家庭形式限制不同辈分人之间的通婚，对原始杂乱性关系进行了第一个限制。第二种家庭形式是

"普那路亚家庭"（也称伙婚制），实际上就是群婚的高级阶段。"普那路亚"指亲密的伙伴。限制姊妹群与兄弟群的通婚，通婚只可以在没有血缘关系的人之间进行。妻子群和丈夫群间互称为"普那路亚"，但是"普那路亚家庭"不是家庭发展史的必经阶段。第三种家庭形式是"对偶家庭"，通婚的禁忌越来越多，致使群婚慢慢退出历史，而对偶婚走进了历史。对偶婚经过发展，后来虽然是一男一女结合，但是夫妻关系松散易解体，双方可以重婚。第四种家庭形式是"专偶家庭"，又叫一夫一妻制或个体婚。在这个发展阶段家庭范围缩小为一男一女，婚姻变得稳定，不能像对偶婚那样随意解除。但这种一夫一妻制是以通奸和卖淫为补充的，与共产主义的一夫一妻制还有一定距离（见图1-1）。

摩尔根	婚姻家庭：血婚制→伙婚制→偶婚制→父权制→专偶制
恩格斯	婚姻：群婚→→→→→→→→→→→→对偶婚→专偶婚
	家庭：血缘家庭→（普那路亚家庭）→对偶家庭→专偶（伴侣）家庭

图1-1　摩尔根与恩格斯关于婚姻家庭史的纵向谱系比较

恩格斯详细阐明了每一个阶段发展的原因，均与当时社会经济发展脱不开关系，经济基础的发展水平是婚姻家庭发展的决定因素。总之，家庭的发展从无到有，到伴随生产力而历经不断的推演，直到发展成今天的样态，家庭身上"变化与发展"的特性一直不断映现，并且是生产力导致这种映现的不断发生，"变化与发展"就是婚姻与家庭发展规律的最大主线。[1]

（二）婚姻、家庭流变的另一种对立理论

关于人类婚姻家庭史有两种对立的重要理论阵营，第一种理论以摩尔根、恩格斯等人为代表，认为人类婚姻家庭"自低向高"历经若干"进化"阶段，上文已细致论述过。第二种理论以韦斯特马克为代表，认为人类自始至今一直实行一夫一妻制，一夫一妻制具有古老性和永恒性两大特征，认为婚姻孕育产生于家庭，而非家庭起源于婚姻，性关系一旦导致怀孕或生育往往会引起婚姻。韦斯特马克认为婚姻和家庭二者有相同的根源——"习性"或"习惯"。两性由于延续种属和照护子嗣的习性而自古

---

[1]　参见《马克思恩格斯选集》第四卷，人民出版社2012年版，第70—72页。

就维持着稳固的关系。

　　人类史上的第一项制度针对两性与婚姻是理所当然的。"食、色，性也。"食物可以个体获得，而不需经历分配。性则涉及成员与群体。那么婚姻又到底起源于何？芬兰人类学家韦斯特马克在其著作《人类婚姻史》（第一卷）中阐述过这样的观点：婚姻制度很可能起源于原始习俗，原始社会的一个男人和一个女人或若干女人共同生活是一种习性，共同养育子女，男子充当家庭保护者和抚养者的角色，女子扮演的是助手与后代养育人的角色，这种习性由习俗慢慢认可，继而慢慢又得到法律的承认，最终形成一种社会制度。① 郑也夫教授也持类似观点，认为人类与动物的不同是我们将习惯发展成制度。②

　　韦斯特马克的主要观点完全是建立在一夫一妻制的两个特性上，即"古老性"和"永恒性"，他对"乱交说"进行了周密的批驳，因为这是其有关婚姻的核心观点能够成立的大前提。韦斯特马克否定了在人类社会发展史上有过"乱交"或"群婚"的发展阶段。事实上原本早期的韦斯特马克也是《古代社会》的信奉与拥趸者，但是伴随在婚姻家庭领域的研究的加深，韦斯特马克认为原始人类曾存在乱交期的学说是匮乏论据的，与真实的人类早期生活状况相去甚远。③ 他还就摩尔根关于"血缘家庭"与乱交、群婚的论述一一进行了细致的反驳与论证。韦斯特马克尝试从生物学的角度透视婚姻，其认为婚姻的产生源于人类生物本能，完全可以通过生物学解释清楚。韦斯特马克得出结论，动物如果越高级，那么子嗣越少，越少子嗣则越需父母照顾，那么两性关系就愈加巩固。总之，两性结合关系最开始就施行的是一夫一妻制，父母与子女的核心家庭是人类社会普遍的基本单元。

　　韦斯特马克在婚姻方面的基本观点与巴赫芬、摩尔根、恩格斯等相对立，甚至成为当时"反进化论思潮"的重要辩论武器。④ 韦斯特马克把一夫多妻制、一妻多夫制和群婚等定性为"偶然"，甚至将"母系世系"也

---

①　即"结合习性—婚姻习俗—婚姻法律—婚姻制度"的过程。

②　参见郑也夫《文明是副产品》，中信出版社2015年版，第20—30页。

③　[芬兰] E. A. 韦斯特马克：《人类婚姻史（第一卷）》，李彬、李毅夫等译，商务印书馆2015年版，第45页。

④　韦斯特马克强调人类婚姻中各方面和因素的生物基础，并且对查尔斯·罗伯特·达尔文的"自然选择"与"性选择"理论提出了自己的修正意见。

归为"偶然"①。有人觉得韦斯特马克从生物学分析人类婚姻问题不妥，但生物学作为研究婚姻家庭制度的重要角度，无可替代。

无独有偶，英国作家马特·里德利在其《性别的历史》中阐明：研究动物有助于人性研究。人类无法证明自己是唯一会学习的生物，放弃人类与其他生物的比较是愚蠢和狭隘的。从猿类到人类我们竟然看到那么多顽固的不曾改变的本能与习性。譬如交往中男性主动，女性会离开出生时的群体。男性狩猎，女性采集。男性有等级划分，女性一般处于平等。男性通过提供实物、保护和陪伴来养育后代。实行一夫一妻，多数男性会外遇，少数男性会有很多妻子。为了实行终生的一夫一妻制，两性择偶时对彼此诸多挑剔。

马特·里德利认为，婚姻作为社会学概念，指被习俗或者是被法律认可的一个或者数个男性同一个或者数个女的结合关系，包括在婚配存续时相互的权利义务，以及与子女间的权利义务关系。② 由于具体的权利义务内容因为民族差异而不同，一个可以世界通用的婚姻界定十分困难。各个民族事实上也有着某些共同的东西。如结婚总意味着性交的权利，虽然性交不一定具有排他性。③ 因为婚姻中的男性都是性方面的机会主义者，女性则总是向权利、金钱与地位倒戈，这就是性的历史告诉我们的秘密；婚姻也涵摄双方财产的经济关系。夫一般需要供养妻儿，妻一般需要承担家事打理与劳动，这种分工不绝对，婚姻中的双方是共济关系。婚姻的状态也会决定子女的社会、法律地位。婚姻结合一般要依照一定习俗或者被法律认可为正式婚姻。习俗一般包括当事人与父母意愿、彩礼、嫁妆、仪式等。这样说来婚姻的发展历史与现在看起来没什么质的变化，起码主要的要素都不曾发生本质的变化，变化的是具体的形式而已。

自人类成为狩猎—采集者以来，基因没发生什么大的变化，脑海里也

---

① 1927 年，韦斯特马克在婚姻方面的主要观点遭到了罗伯特·布里福特的批驳。在这位医生的著作《母亲》中，用同样出于生物基础的材料提出母系制在人类历史上的优先地位和普遍性，认为一切制度皆出于母性本能，攻击韦斯特马克的学说。

② ［芬兰］E. A. 韦斯特马克：《人类婚姻史（第一卷）》，李彬、李毅夫等译，商务印书馆 2015 年版，第 26 页。

③ 从法律的观点上看，很难说婚姻的性交权利具有绝对排他性，世界上很多国家在法律上依然认为是通奸是一种足以使配偶一方提出离婚的罪过，而事实上并非总是这样。在我国，单纯的通奸行为不一定算罪过，只有达到重婚或有配偶而与他人同居的严重程度时，才会负担一定的法律后果。

依然保存着一个简单的狩猎—采集原则：力争获得权力、金钱，并以之引诱拥有继承权的女人，生儿育女；早期男人是用好的食物，如肉去吸引女性结合，如今男性是用房、车去吸引结婚对象。从肉到房，历史是连续完整的。财富和权力是男性得到女人的手段，而女人是男性传承基因的手段。反过来，女性也保留着狩猎—采集模式的计算器，没有发生太大变化。她们努力寻找一个能够提供食物的、照顾子女的丈夫，努力寻找一个可以传承优良基因的男性。无论过去抑或现在的男性在婚姻中总会不改性事机会主义者的本色，以权力、物质勾引婚外情人。女性也会在婚姻中间或寻找拥有优秀基因载体的男性通奸。马特·里德利认为这并不会影响一夫一妻制的发展，人类发展选择了不断有通奸事件发生的一夫一妻制婚姻。

（三）主流学说结论——伴侣家庭的长久性

马克思与恩格斯婚姻家庭思想将人类社会的社会婚姻家庭演变与社会生产力发展阶段相联系是其重大贡献之一。他们认为一夫一妻制是与文明时代相适应的，虽然在共产主义之前总是以通奸与卖淫为补充的。[①] 马克思、恩格斯通过观察一夫一妻制的起源发现婚姻家庭的产生根本不是性爱的结果，真相其实是婚姻家庭是私有制的产物。恩格斯对一夫一妻制的命运进行了预测后认为，在共产主义条件下，才可能充分实现以爱情为基础的一夫一妻制。对于一夫一妻在人类文明社会的长久存续，薛宁兰教授在其《一夫一妻制是人类社会的文明选择——学习恩格斯〈家庭、私有制和国家的起源〉札记》中有过细致阐述。[②]

韦斯特马克在婚姻史方面的部分观点虽然饱受争议，但在一夫一妻制在未来的长久性问题上与马克思、恩格斯不谋而合。韦斯特马克认为人类历史中有一夫一妻制、一夫多妻制、一妻多夫制以及群婚制。对婚姻形式产生影响的原因包括两性的人口比、男性生物学特点（性动机）[③]、繁衍

---

①　《马克思恩格斯选集》第四卷，人民出版社 2012 年版，第 70—71 页。

②　薛凝兰：《一夫一妻制是人类社会的文明选择——学习恩格斯〈家庭、私有制和国家的起源〉札记》，载《中国社会科学院党校第 33 期进修班中国社会科学院党校办公室赴广西壮族自治区边境地区国情调研文集》（第 6 集），2009 年 1 月，第 279 页。

③　例如韦斯特马克认为由于一夫一妻制产生的男性定期禁欲的要求。年轻貌美的女性对男性的吸引力以及男性喜新厌旧的倾向所导致的男性追求多偶的欲望是导致一夫多妻制的直接原因。

本能、权势与财富吸引，这些原因有可能促使人们选择一夫多妻，但一夫多妻又受经济、女性的嫉妒心、性爱中的某些因素以及夫妻之间产生的精神纽带等因素的制约。因此一夫一妻制是唯一在世界范围内的各民族中都可以施行的婚姻形式。此外，韦斯特马克论证了一妻多夫制是一种比较少见的婚姻形式，不可能在古代社会曾经普遍存在。一夫多妻制的施行是基于财富积累不均和社会分化。一夫一妻制往往伴随封建思想入土、繁衍目的减弱、机器生产取代人力、爱情诉求增多、女性审美变化等因素。韦斯特马克认为如人类一直循着当前的发展方向前进，那么上述的各种原因会持续发挥作用并不断扩大影响，体现在法律上就是妇女地位的认可得以进一步提高，一夫一妻婚姻制的法律规定就不可能变更。

人类的婚姻系统是两性间策略妥协的结果，就是说婚姻的模式不是人们强加规定的，是婚姻在发生、发展之时在外界原因的影响下，一直在系统内部自我调节、平衡的结果。最终呈现出来的是，一夫一妻的婚姻模式自婚姻诞生之时便如此，直至今日，一夫一妻仍是世界上绝大多数国家承认的合法婚姻模式。所以一夫一妻制具有古老性、持续性。[1] 一夫一妻制婚姻从巴比伦王朝，到希腊再到罗马一直延续到了后来的工业时代，逐渐成为家庭的核心制度。即使在专制的人类历史时期，人类也依然忠于一夫一妻制，专制的帝王也只有一个皇后。总言之，历史选择了一夫一妻制婚姻。英国文艺复兴时期的伟大诗人埃德蒙·斯宾塞曾说：一夫一妻制是两性结合的终极形式，未来也都会围绕完善与推广它。[2] 此外，人类的婚姻制度因为基因、财产的继承而变得异常复杂，且绝不会短命。说白了还要回归到恩格斯关于婚姻家庭的阐释：私有制不灭，婚姻制度不灭。

婚姻是契约，婚姻是制度，婚姻也是理想。所以它满足了我们对生活现实的要求，却也不失高境界的追求。由于婚姻纳含的要素实在丰富，所以婚姻并不是像很多人认为的那样没有弹性，只要在婚姻中招架得当，总能让人们各取所需。切莫把婚姻只想成理想，切莫把婚姻过于浪漫化。如果对婚姻苛求理想浪漫主义，那么也请像经营"恋爱"那样经营婚姻，

---

① 韦斯特马克不认同原始人类曾经历过乱交期的假说，纵使偶有发生，到目前为止尚没有有力证据证明其是具有普标意义的。提出这种假说的依据，首先只是某些旅行家和古代作者关于某些民族据说曾经或正在盛行这种习俗的记述，其次则是若干被认为是这一习俗残余现象的事例。

② Spencer, *Principles of Sociology*, Stockton：University Press of the Pacific, 2004, p. 752.

如果不曾像恋爱那般经营投入婚姻,又怎能苛责婚姻有理想浪漫主义的产出?婚姻不浪漫的本质不曾变化,变化的是人们的心态。但这种心态总会在反叛与质疑后逐渐恢复平和与回归,这就是婚姻。

我们可以通过婚姻家庭发展的历史的主流共识与现状来揣测婚姻、家庭的发展趋势,即一夫一妻制专偶婚姻的命运相对于私有制是具有长久性的,那么与专偶婚姻相对的专偶伴侣家庭必然也是具有长久性的。

二 伴侣家庭的发展历史、现状、趋势

(一) 家庭词义变化

1. 家庭是历史概念

对于家庭定义的理解,必须放在特定历史时代背景中。家庭是一种体现历史社会形态的微社会组织。家庭从不是一个天然的共同体,家庭在很大程度上受生物因素影响,而且因为这一天然的联系,家庭是一个相对稳定的实体。然而家庭在其历史进程中采取了如此多的形式,所以人们不会简单认为家庭在任何情况下都是可以经历岁月而保持原状的人类公共生活的天然单位。家庭生活发展过程中生物因素的影响是不能忽视的。但在本质上说,家庭是社会的产物,而且就此而论,我们的研究关注于这些由于一定的生物因素形成的所谓的"不变物"与一个永远变化世界相互结合所凭借的众多形式。

家庭是一种社会组织模型,无论是否源于亲属关系的家庭①。在人类社会发展早期历史中的社会联合往往只通过家庭框架来实现,家庭关系的人为建立变成形成联盟的可靠手段,这类似于收养关系是拟制亲子关系。如今家庭关系的建立仍是令人心存安全感、归属感的一种联盟方式,呈现一种合作互助的伙伴关系,人们也许不会选择结婚来组建家庭的模式,但这并不妨碍人们以建立其他家庭关系这种联盟手段来稳定相互的关系,例如稳定的同居家庭。所以家庭的范畴大于婚姻。

---

① 参见《欧洲家庭史:中世纪至今的父权制到伙伴关系》,修道团体中使用"父亲""兄弟"的名称就是一种社会联合往往包含在家庭框架中的例证。该书认为共同起源概念形成了以种族为单位进行社会联合的基础。诸如氏族、部落等概念表明了此类大团体的来源,尽管通常说来这类团体内部不存在血缘关系。通常,共同的血统虽然具有一种重要的社会意义,但这是一种虚构。包罗万象且结构复杂的社会结构被认为是源于家庭关系的人际联系。以部落、氏族和种族为开端的发展主线经历了各种类型的主权种族单位,以今日的民族和国家为终结。

　　社会支配力量的彻底变革可以引起家庭结构的变化。比如俄国被鞑靼征服时期，封建领主的压迫导致了家庭中对妻子的压迫。君主专制制度的发展和父权增长之间的联系也是显而易见的。家庭是社会结构多元化的一种，家庭影响了社会结构的形成，而社会结构反过来也影响了家庭的变革。现代人类社会发展阶段，在大多资本主义国家和社会主义国家中，倘若走民主国家路线的，一般女性社会地位追求与男性一样，女性在家庭中的地位也同男性是平等的，甚至法律基于保护弱势群体的价值理念，会对女性作出有倾向性保护的规定。在这样的社会结构中，女性地位变得独立，主体地位被强调，主体意识增强。传统的以父为结构的家庭结构日趋瓦解，代之以平等伴侣型的家庭。①

　　女性作为独立的社会主体、经济主体，在婚配问题上，不再一味追求原来婚姻中的扶养功能，婚姻的功能慢慢式微，必然吸引力减弱，女性不忙着走入婚姻，但又追求爱情、归属感、性等感情、心理和生理上的慰藉，于是会组成伴侣式家庭，在这种微型联盟的伙伴式的家庭结构中，完全可以满足女性的要求。婚姻功能缩减正好强化了"家庭作为个人之处"（Familyals Ortder Privatheit）的特征，家庭成员的结合主要是因为人的原因，而不是因为"功能"而聚集在这一场所。②但这种伴侣家庭也不能排除道德、伦理等方面的束缚，虽然这种束缚有可能比婚姻弱化，但这种可能性还没有人充分论证过，因为虽然新型结合关系不是婚姻，但组成的依然是伴侣家庭，对于家庭和家庭成员而言，相互的权利义务到底是什么？这种结合模式绝不是如同马克思和恩格斯思想中谈及的共产主义的婚姻那样，是所谓纯粹的婚姻，以爱情作为最高的指标，不受私有财产制的桎梏。新型的伴侣家庭模式仍然是类似于传统婚姻那样的结合，是伴随法律上的权利、义务与责任的。因为人们无论选择哪一种家庭结合模式，都涉及身份的定位，亲子关系的处理，私人财产的结合、混同、分割等。而这些都需要法律的有效规范，否则家庭中的人的合法权益就无法得到保护。

　　对于这种家庭变化也不必要抱有排斥、担忧和恐惧，家庭结构的变化通常是顺向适应社会变革的，而非逆向去引起和刺激社会变革。③况且家

---

　　①　［德］迪特尔·施瓦布：《德国家庭法》，王葆莳译，法律出版社2010年版，第3页。

　　②　同上书，第4页。

　　③　［奥］迈克尔·米特罗尔、雷音哈德·西德尔：《欧洲家庭史：中世纪至今的父权制到伙伴关系》，赵世玲、赵世瑜译，华夏出版社1991年版，第5页。

庭结构具有一定稳定性，往往导致这种适应过程缓慢、滞后。所以就会出现一种现象，即社会发展前进，婚姻已经在功能上产生重大变化，但是人们仍然保持着走入婚姻的惯性，但是这种惯性明显缺乏对于婚姻的理性认识和重新思考，所以当走入婚姻之后，人们的预期与实际产生严重脱离，便以离婚的形式结束婚姻。这种非理性的婚姻惯性所导致的离婚现象并不偶然，这就是现在离婚率居高不下，且逐年增长的原因。所以清晰、理性地认识婚姻仅仅是伴侣家庭的一种，非常重要。

2. 家庭词义变化

家庭概念在历史上呈现多样性的特点，我们可以从这个词的历史以及现代含义中进行探讨。家庭概念的历史反映了这一社会形式的发展中的有趣趋势，因此，分析词义对于思考其概念内在的变化很有价值。

让我们从对今天的"家庭"一词的理解开始。家庭一词在法律上没有相关的定义。例如德国传统法律当中，民法承认的仅是既作为抚养责任又作为继承权利的亲属关系。当使用家庭一词时，通常内含这种关系，但在本质上讲，它只包括那些彼此有亲且同居一户之人。今天大概总是指父母双方，或父母之一加上未婚或尚未独立的子女。表明一户人的家庭有准确的限定，有别于那种包括血缘亲属及姻亲的模糊圈子，即表示所有社会学意义上亲属的那种家庭。

当追溯历史中关于家庭的概念时，《欧洲家庭史》一书的作者发现了一个有趣的事实，在中世纪早期乃至近代的早期，德语中没有词汇表示我们理解作"家庭"和被社会学家标明为"核心家庭"的那种父母及子女的群体。由于没有合适的词汇，就使用"与妻儿"这样的复杂的表达法。这不应使我们认为，那些与我们现代核心家庭相一致的社会组织就不存在。当然，相似的关系确实曾存在，但他们包括更大的圈子，不仅是父母子女，这圈子被看作确定的社会群体。①

德语"Familie"即家庭之意，在 18 世纪才普遍使用，它源于法语"Famille"，而这又源于拉丁语"Familia"。历史久远的拉丁文"Familia"是经由阿斯坎语"famel"源于一种共同的印欧语系根词，② 指"家宅"，即拥有同一座房舍的全体组成成员。这都源于人类社会早期的家族大

---

① ［奥］迈克尔·米特罗尔、雷音哈德·西德尔：《欧洲家庭史：中世纪至今的父权制到伙伴关系》，赵世玲、赵世瑜译，华夏出版社1991年版，第6页。

② 同上书，第7页。

家庭。

　　无论从社会学上还是从历史学上，家庭一词从来不必然是血缘和婚姻关系。① 但无论如何要避免把那些能动地参加到紧密结合的、活跃的家庭生活的人排除在外。一个人不可以随意地从家庭群体联合在一起的人们中分离出来，那些人共同结为较为紧密的群体，并意味着代表一个实际的家庭。历史学家在研究家庭时一般会全面考虑在家或户的共同体中所有起作用的人，无论他们是否相互有亲缘关系。许多历史资料表明当代的观点是，是否属于家庭的成员并非由亲属关系的近疏程度决定，而是依据他在"家"中所扮演的角色而决定。对这种家庭范围内的人的类型不可能找到简明扼要的描述，因为这和历史发展有紧密的联系，有的家庭角色在历史中诞生，有的家庭角色在历史中又不断消失。② 家庭角色的多样性增加了家庭群体的变化，而家庭角色随家庭功能变化。

　　家庭同住者的问题就是家庭界限的问题。③ 如果说家庭功能决定家庭角色，家庭角色决定是否为家庭里的家人。我们当今的家庭轮廓变化源于社会的变革，但家庭人员的组成这种变革往往落后于社会变革。滞后的家庭共同体生活模式会对个人和群体的发展都会带来不必要的限制。我们考察家庭界限的变化是希望从对过去发展规律的研究中作出认真推断，可以预断未来发展的方向。我们了解到无亲属关系的人们往往生活在一起，这使我们更加容易接受未来不同家庭形式的概念。家庭史的真实图景其实缓解了我们对家庭内正在酝酿的一些变革的不适。虽然家庭一直以婚姻、亲属关系为主的面貌显得比较稳定，让人们误以为家庭中的角色只有婚姻伴侣和亲属，其实家庭史已经说明了家庭角色的多样性。父母与孩子组成的核心家庭绝非现代家庭唯一群组。人们必须考虑到不完全家庭、独身户、空巢家庭或未婚同居夫妇家庭。④

　　迈克尔·米特罗尔、雷音哈德·西德尔在《欧洲家庭史：中世纪至今的父权制到伙伴关系》中认为家庭失去了宗教信仰功能、司法功能、保护性职能，削弱了经济生产职能、社会化职能（即教育职能）、生育职

---

　　① ［奥］迈克尔·米特罗尔、雷音哈德·西德尔：《欧洲家庭史：中世纪至今的父权制到伙伴关系》，赵世玲、赵世瑜译，华夏出版社1991年版，第15—17页。

　　② 同上书，第16页。

　　③ 同上书，第20页。

　　④ 同上书，第41页。

能（职能中最坚固的核心）、赡养职能，增强了消费职能、文化职能。而这些变化完全是在社会变化的框架之中，基于有些变化是不可逆转的，可以预判家庭的职能可能进一步弱化或丧失，与之相反，改善家庭生活质量的活动有所增强。这可以解读为家庭功能重心在转移，由制度化转移到自愿。① 这就意味着近代人们共同生活的组成方式可能增加了。由于家庭失去了众多功能，婚姻中的生育功能也慢慢退化，家人的角色不必要与婚姻相联系，人们可以不再非婚姻不可才能组成家庭。可以自愿组成家庭，在生活、经济、感情上形成相互共济的事实关系，甚至可以生育子女。这些不是人为设计出的，而是婚姻和家庭在历史中自然地发展变化，只是我们还没有适应这种变化而已。

家人的关系从支配关系发展到伙伴关系，尤其体现在伴侣关系上。这也是后文我们谈到的为什么伴侣家庭立法过程不仅涉及类似婚姻伴侣的以"性"为核心地位的家庭成员，还会涉及非以"性"为联系的共同居住者之间的关系的原因。所以，历史上那些婚姻之外的伴侣家庭一直存在，其实准确来讲也并非新型家庭模式，只不过在法律地位上可以称之为"新型"。

（二）伴侣家庭与和专偶婚辩证演进

1. 家庭与婚姻是两条历史发展线索

为了从观照婚姻、家庭历史中，解决我们的论题，经过阅读大量关于家庭婚姻史、婚姻史、家庭史、两性史的资料，笔者内心一直存有两个疑问：婚姻和家庭的发展是否经历过由二元制发展转变为和谐统一发展的过程？婚姻和家庭在历史发展中的关系是什么？

依据主流婚姻家庭史观点绘出的家庭纵向历史发展谱系图，专偶家庭之前的家庭形态一直处于共产制家庭经济制度之中。对偶制家庭出现后，虽然共产制家庭经济制度开始有所松动，但是妇女仍是家内的统治者，人类社会仍处于母系制。

家庭必须是承载一定的功能的社会组织，绝不是一个空荡荡毫无内容的名词。如果普那路亚家庭和对偶家庭不是独立的经济组织，那么就要考察一下这两种家庭形式是否承载其他功能。繁衍功能是可以肯定的，但生

---

① ［奥］迈克尔·米特罗尔、雷音哈德·西德尔：《欧洲家庭史：中世纪至今的父权制到伙伴关系》，赵世玲、赵世瑜译，华夏出版社 1991 年版，第 63—77 页。

育出的子嗣的抚养靠女方，男方是否承担抚养职能、教育职能等？如果一个"家庭"只承载生育功能，而没有经济功能、扶养、抚养和教育等功能，那么这能称为"家庭"吗？那更像是两性的结合方式，而不是所有的两性结合都一定会成立家庭，即使有子嗣的情况下，也未必成立自己的核心小家庭。由此，我们认为婚姻与家庭在母系制社会时期曾产生过二元发展的状态。直至人类进入父系制社会，进入专偶制即一夫一妻制，人类的婚姻与家庭才真正摆脱二元制，走向和谐统一的发展道路。例如丁文的《家庭学》一书中曾指出一夫一妻制家庭时期，"父母和子女组成的小型家庭没有办法获得独立的家庭经济，所以婚姻不稳定且软弱到根本不足以应付现实生存的艰难，只得依附于其中一方面的亲族家庭公社，被迫依然实行共产制家庭经济"①。此时，夫妻核心家庭虽然依然没有独立家庭经济，但这不足为奇，人类社会生产力水平发展到一定水平时，出现一定的剩余产品，小的核心家庭才慢慢开始承载一定的经济功能。虽然早期的一夫一妻制家庭不承载经济功能，但承载扶养、抚养、教育等功能，不只是两性交配的方式。所以此时的一夫一妻核心家庭虽然经济上依附大家庭，但其自身也是家庭。

核心家庭可在"完全家庭""非完全家庭"的社会学区分中得到表述。② 完全家庭一般指包括父母双方及一个或多个儿女的情况下的群体。非完全家庭一般指在缺少父母一方或所有子女的情况下的群体。在历史中，家庭的完全性必须依据各个家庭的功能来考察。在近代，核心家庭的完全性是由抚养、教育孩子的基本功能来判断的，在历史中有赖于大家庭的核心家庭肯定会被描述成不完全家庭，因为这种核心家庭没有充分实施生产功能或者说经济功能。③

由这种观点看摩梭人④比较典型的走婚，情侣两人与孩子组成的所谓的家是"不完全家庭"。所以，摩梭人的对偶婚是以血缘家庭为主要地位，同时也不完全否定走婚情侣间的婚姻和家庭，以情侣和孩子组成的不

① 丁文：《家庭学》，山东人民出版社 1997 年版，第 445 页。

② 这种分类一般不用作历史上的家庭分类。

③ ［奥］迈克尔·米特罗尔、雷音哈德·西德尔：《欧洲家庭史：中世纪至今的父权制到伙伴关系》，赵世玲、赵世瑜译，华夏出版社 1991 年版，第 15 页。

④ 主要居住在金沙江东部的云南省宁蒗县以及四川盐源、木里等地。

完全家庭为次要地位。① 这种论断是以比较典型的走婚为基础的，如果是受社会发展影响下产生的一定变异的走婚就不是我们观察和定性的对象了。

那么这看起来不能简单说是婚姻和家庭曾有过二元制发展的时期，而是婚姻与小核心家庭的生产、经济功能曾相互分离，也就是说承载经济功能的完全的核心家庭直到一夫一妻制才成为可能。这种分离在对偶婚时期产生的后果是，婚姻（核心家庭）要依靠各自的两个血缘大家庭的经济功能。如果经济功能不在核心家庭内部，那么婚姻建立在两个相互独立的大家庭的生产、经济功能上，夫妻两人分别依靠自己的大家庭，婚姻本身的凝聚力就变得脆弱不堪，单纯依靠感情就意味着婚姻与小核心家庭的随时解体。这种分离在一夫一妻婚姻制早期依然存在，但这种分离变得简单了，反而使婚姻和小核心家庭变得相对稳固了。因为，此时婚姻与小核心家庭依靠的经济功能一般只在夫家或妻家的血缘大家庭上，一般都在夫家。夫和妻的经济依靠变得统一，婚姻不再受两种经济力量的撕扯，婚姻、小核心家庭和血缘大家庭变得相对和谐统一。到今天的一夫一妻制发展阶段时，核心家庭一般与大家庭分离，开始独立承担婚姻的经济功能，核心家庭与经济功能统一，核心家庭终于开始成为完全家庭，这意味着婚姻与核心家庭的经济功能也开始实现统一，婚姻与完全家庭的核心家庭实现统一。

理论上来讲，与完全核心家庭实现统一后，婚姻应该变得稳定和牢靠，但这还要具体看婚姻内部夫妻的财产情况，在追求"个体"权利的法制环境中，完全核心家庭内部的经济构成会存在分裂现象，比如说"AA 制"，这种分裂和以前依靠两个大家庭经济功能的婚姻一样存在不稳定性。只不过这种分立的经济结构由两个大家庭缩至婚姻内部。而以"家庭"整体为价值选择的法制环境中，这种婚姻内部的财产分立现象会缓解，婚姻会变得相对稳定。

我们关于婚姻、家庭史的一个疑问，竟然意外地回答了婚姻法在家庭财产上到底是以"个人"为本，还是"家庭"为本的一个疑问。如果想促进婚姻的稳定，应以"家庭"为本位通盘设计民法、婚姻及其他相关

---

① 摩梭人夫妻居所不等于完整意义的家，真正的核心家是家屋。摩梭夫妻的特点：（1）不一定同住（多数双方仍住母家）；（2）非经济共同体；（3）不是社会基本单位（家屋才是）；（4）非从一而终；（5）情欲非独占；（6）非生母居住制（男女同住，照顾的不一定只是亲生孩子，大多兼照顾外甥外甥女）；（7）无法律契约（大多拒绝登记结婚）。

法律。虽然家庭本位的制度设计会使个体的权利得不到极致的体现，但这其中的利弊在此不做进一步推导。

2. 伴侣家庭与和专偶婚辩证演进

按照人类婚姻家庭史认为人类经历的三个婚姻家庭的阶段，即群婚、对偶婚（普那路亚）、专偶婚，事实上是人类两性结合方式发展的三个阶段。人类社会发展到了一定文明阶段，基于习俗、道德、伦理，慢慢开始出现婚姻的两性结合模式，为了社会发展规范的需要，婚姻慢慢上升为法律概念。然而婚姻与家庭并不是同样的历史范畴。那么到底何时出现的两性结合模式是婚姻呢？什么时候出现的家庭呢？

我们认为在杂乱性交时期、群婚（血缘群婚、族外群婚）、对偶婚、一夫一妻制四个阶段中，杂乱性交就不是婚姻，杂乱性交没有任何道德、伦理的因素影响，仅仅是一种早期人类社会存在的两性结合方式。这符合摩尔根所划分的，人类社会史前期不存在婚姻和家庭，处于"乱性"状态（"原始杂交说"）。摩尔根认为出现最早的婚姻家庭形态是"血缘家庭"。那么婚姻和家庭到底是从什么时候走入人类社会的？是同时出现的，还是分别出现的？因为我们不是做婚姻、家庭史的专项研究，这个问题在本书中暂时不能解决。但是我们可以得出肯定的结论是两性结合方式的范畴要大于婚姻范畴，婚姻是一个历史概念，两性结合史要长于婚姻史。

笔者最受搅扰的就是婚姻与家庭在发展史中的关系问题。当我们梳理婚姻、家庭发展史的资料时发现婚姻和家庭的发展有着密切的联系，但两者绝不是一模一样的发展进程。婚姻和家庭本身就是两个概念，这一点毋庸置疑。[1]

关于婚姻史和家庭史，中国著名的民族学家杨堃教授在《略论原始社会的婚姻与家庭》[2] 一文中针对摩尔根婚姻家庭学说，发表了自己独到的观点和论证。杨堃并不认同摩尔根所说的最早婚姻家庭形态是"血缘家庭"，甚至批驳"血缘家庭子虚乌有"。其具体阐释说：在早期人类社会，人类尚不能清晰辨识辈数概念，只能将人类划为老年、青壮年和幼年的简单分类。基于此，杨堃教授提出了此时期的"群婚"应当是"血缘群婚"，与摩尔根的"血缘家庭"根本不同。从杨教授的论述中，我们可

---

① 参见杨堃《原始社会发展史》，北京师范大学出版 1986 年版，第 349 页。

② 杨堃：《略论原始社会的婚姻与家庭》，载中国人类学会编《婚姻与家庭——人类学研究之三》，江西教育出版社 1987 年版，第 35 页。

以判断"婚姻"与"家庭"的称谓并不能相互替代、混淆，二者的内涵、意义不同。杨教授判定摩尔根所言的史前"家庭"与一夫一妻制家庭中的"家庭"含义大相径庭，史前"家庭"准确来讲是一种"血缘组织"。又如杨教授批判摩尔根所归结的"对偶家庭"名称不妥，实为"对偶婚"。因为原始婚配不是社会生产和社会组织的单位。此外，他还修正了摩尔根"父权家庭"的名称，应称之为"父系家庭公社"等。笔者很赞同杨教授对摩尔根婚姻家庭思想在称谓上的一些较真与纠正。从杨教授在《原始社会发展史》一书中的论述，我们发现在原始社会婚姻出现时，社会组织一般是原始群，之后慢慢开始出现氏族，再从氏族分化出家庭公社，再从家庭公社过渡到个体家庭。这种陈述让我们突然对婚姻家庭史的疑问有些释明了。婚姻和家庭是辩证统一的发展过程，但绝不是同步的。但现在多数相关研究会有一个现象，总是把婚姻与家庭这两个独立的概念作为"婚姻家庭"来讨论，这有些不妥。

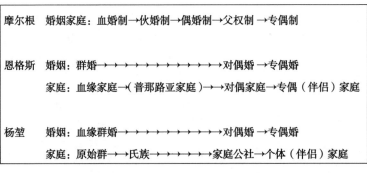

图1-2　摩尔根、恩格斯、杨堃关于婚姻家庭史的纵向谱系比较

杨堃教授非常清晰地剖析了婚姻和家庭的两条发展线索，修正和完善了摩尔根和恩格斯在婚姻家庭上的部分说法。这也解决了笔者在研究婚姻、家庭史以来最大的困惑，此前一直将"婚姻""家庭"在研究和名称上混同，导致了很多理解上的障碍和困难，经过杨教授的修正阐释，笔者在历史梳理部分的研究终可以告一段落。

总之，经历了漫长的婚姻、家庭史的进化，当人类社会进入到一夫一妻制的专偶制婚姻时，婚姻与家庭开始进入较为和谐的发展阶段，家庭不再是一大群人构成的原始群、氏族、家庭公社，而是进入"个体家庭"，也就是恩格斯所说的专偶制家庭。但笔者更倾向于"个体家庭"的称谓，因为专偶家庭事实上也经常是以通奸和卖淫为补充的，而且专偶家庭给人的错觉是"配偶以一人为限"，但事实上专偶不一定以"一人为限"。

伴侣在情感、经济、生活上形成了共济的"伴侣家庭"。历史上这种伴侣家庭主要以婚姻为主，但也存在非婚状态下的伴侣家庭，可能由于历史原因不能结婚或没有结婚。不能结婚的情形例如古罗马法通婚限制很多，尤其体现在通婚的身份限制上。① 没有结婚的情形例如古罗马法中的时效婚②与姘合制度。③ 这些人就会以同居的方式组成伴侣家庭，形成共济的生活共同体。而且在法律上也得到了逐渐认可。比如罗马法上的姘合，后来逐渐在法律上得以保护，将其视为一种"合法结合"，姘合伴侣及与子女间的权利、义务受到法律的部分保护。姘合的法律地位逐渐清晰，这在当时来讲意义重大，姘合合法化缓解了一个困扰罗马相当长久的社会性问题，稳定了市民社会的秩序。与之类似的，英美法系的普通婚姻法也是调整没有进行结婚登记，而结合为共同生活的共同体的典型代表。

第三节　伴侣家庭法律地位与类型化位阶概念体系

一　伴侣家庭法律地位理论基础：功能主义家庭观

现代国家的非婚伴侣家庭法律制度倾向于给予非婚伴侣家庭类似婚姻家庭的保护。这实际上是对平等价值的追求，平等保护所有具有相同功能的结合，是对功能主义家庭观的肯定。

美国学者摩尔根有一句名言："家庭是一个能动的要素，它从不停止

---

① 早期罗马法中就存在着平民与贵族不得通婚、生来自由人与解放自由人不得通婚、元老院阶层和从事"贱业"者如女优、娼妓等不得通婚的限制。这些婚姻身份限制条件的存在，使许多罗马人难以成婚。

② 时效婚，表现为男子因某一妇女与其连续同居一年而取得对该妇女的夫权，这实际上是罗马法上的所有权时效取得制度在家庭婚姻关系中的适用。换言之，时效婚是将女子视为动产，对其"占有使用"一定时间便取得所有权，也就是男子对女子取得夫权。类似今日的事实婚。

③ 在罗马，除了正式婚姻制度外，还有一种非正式的婚姻制度即姘合。所谓姘合，在罗马法上是指没有配偶的男女以永久共同生活为目的的公开的结合。换言之，罗马法上的姘合并非临时的苟合，因此它与通奸和私奔不同，它具有永久性，而且姘合的双方是单身，无配偶。可以说，姘合虽然为一种非正式的婚姻，不为罗马市民法和万民法所承认，但姘合中的女性并非现代意义上的"妾"，罗马法上有关正式婚姻的限制条件仍适用于姘合。换言之，姘合关系不能与其他合法婚姻关系并存。

在一个地方，而是随着社会由低级阶段发展到高级阶段，从低级形态发展到高级形态。"[1] 从历史的角度看，家庭是罗马人用以表示一种新的机体，这种机体的首长，以罗马的父权支配着妻子、子女和一定数量的奴隶，并对其握有生杀大权。这种以家夫的权威为中心而形成的严密的组织体家庭早已不复存在，家庭的通常定义演变为以婚姻、血缘和共同经济为纽带而形成的亲属团体与生活单位。在美国，广为接受并经常引用的"家庭"定义是乔治·默多克于 1949 年所下的定义："家庭是一种具有共同居住、经济合作及生育等特征的社会群体。它包含男女两性别的成年人，其中至少有两个人维持社会认可的性关系，及他们所生育或收养的小孩。" 1981年美国人口普查给家庭下的定义是："与生育、婚姻有关，或是收养并居住在一起的两人或两人以上的群体。"[2] 这些都是从家庭结构的角度作出的定义，婚姻是家庭的前提，家庭是婚姻成立的结构，也是婚姻的结构载体。

随着非婚同居、同性恋等"非常态"生活单位形态的出现和普遍化，家庭的定义又一次遭到质疑。从家庭功能的角度来看，非婚伴侣家庭完全可以承担婚姻家庭的生育功能、经济功能、教育功能、扶养功能等基本功能，非婚伴侣共同居住、相互扶助、经济扶持、抚养子女，并得到社会承认，他们的共同生活关系与婚姻相差无几，为什么不能从理论上承认这种伴侣家庭形式也是普通意义上的家庭？实践中在大多数国家，同性恋伴侣不能通过婚姻组建家庭，但同居家庭为什么不能被认可为家庭的一种形式？1980 年夏，美国政府专门召开了白宫家庭会议，会议筹备了几年，花费了 300 多万美元也未能确定家庭的定义。功能主义的家庭概念纷纷出现，它们强调家庭最重要的功能是共同生活、共享情感以及经济扶助，具备这些功能的社会基本单位都可称为家庭。家庭是"一个小的，具有教养新生婴儿社会化的重要功能的，亲属关系和结构团体"。美国家庭经济协会为家庭所做的定义是："两个或两个以上的人共同分享收入，分担决策的责任，共享价值和目标，自始至终遵守彼此的承诺。家庭是那种让人有'回家'感的环境氛围，正是这种同甘共苦、荣辱与共的亲情网络，最准确地描述了家庭的组合，不考虑血缘关系、法律纽带、收养关系或婚

---

[1]　参见《马克思恩格斯选集》第四卷，人民出版社 2012 年版，第 25—28 页。

[2]　兰明春、彭萍：《婚姻与家庭模式的选择》，四川大学出版社 1990 年版，第 3—4 页。

姻关系。"① 美国纽约州法官泰特恩指出："家庭应包括两个成年的终身伴侣，他们之间以终身相伴、共享情感和财产并彼此依赖为特征。"② 德国学者倾向于用"生活形式"或"生活方式"等措辞来替代"家庭"。欧洲人权法院在解释《欧洲人权公约》第 8 条有关保护私人和家庭生活的规定时确认，"家庭生活"，不仅包括以婚姻为基础的家庭生活，还包括非婚同居等事实上的家庭生活。

　　非婚伴侣家庭关系当事人之间形成了类似婚姻的"共同生活"关系，也具有作为社会细胞的婚姻家庭的基本功能和传统特征。根据功能主义家庭概念，非婚同居结合也是家庭。家庭的震荡必然引起社会的震荡，法律的介入是为了确保人们"圆满地经营或维护该共同生活关系秩序"。关于共同生活的法律要发挥有意义的作用，必须适应家庭功能的变化和人们共同生活的目的。既然如此，相关法律制度也应有所突破，超越结构主义的局限，给予具有类似功能的非婚同居结合以家庭法类型的规范和调整。正如阿琳·斯科尔尼克所说："给家庭下定义不仅是一个学术问题，怎样给它下定义决定了哪种家庭会被认为是正常的和不正常的，以及法律和其他机构承认的权利和责任。"③

　　许多国家正是在肯定功能主义家庭概念的基础之上，承认非婚伴侣家庭功能，并结合家庭法的立法目的，把家庭法的调整范围扩展至非婚伴侣家庭关系。例如英格兰学者在 20 世纪 70 年代提出主张："家庭法应当鼓励个人发展私人关系，包括婚姻关系、准婚姻关系和亲子关系，并为这些关系的重新定位提供调节机制。" 美国学者哈里·D. 格劳斯论及无效婚姻制度时指出，无效婚姻与可撤销婚姻的界限模糊了，与有效婚姻的界限也变得不清了，"使得不管建立在何种基础上的婚姻与近似婚姻的同居关系的最终法律后果相等同"。在美国，已经有迹象表明，法院和州立法机关已开始承认非婚同居结合所发挥的实质性功能。新泽西州 2003 年《家庭伴侣法》的序言将这一隐含之义明确化："本州有许多公民选择与他人生活在具有重要人身、感情和经济约束力的关系之中。这类家庭关系，即这里所指的家庭伴侣关系，对州政府是有利的，因为这类关系在其参与者

①　[美]贝蒂·弗里丹：《非常女人》，邵文实、尹铁超译，北方文艺出版社 2000 年版，第 120 页。

②　夏吟兰：《美国现代婚姻家庭制度》，中国政法大学出版社 1999 年版，第 4 页。

③　唐绍洪：《婚姻家庭的理性与非理性》，四川人民出版社 2004 年版，第 70 页。

之间形成了一个有助于彼此间经济、生理和情感健康的私人网络。正是因为此类家庭关系能够向参与者提供物质上和其他方面的帮助，本州立法机关相信这种彼此互助的关系应该得到制定法的确认，参与其中的公民也应享有一定的权利和利益。"① 新泽西州 2003 年《家庭伴侣法》序言概括了把婚姻的权利义务赋予符合特定标准的同居者的理由。它一方面承认存在大量非婚同居的事实，另一方面承认非婚同居通过将本州公民福利私人化而对州政府所起的作用。从而得出结论，州应当支持非婚同居伴侣发挥这样的积极作用。

国外公认家庭法的主要任务之一是保护私权，尤其是保护那些处于长期相互依赖关系之中的当事人及其子女。此外，通过对婚姻和家庭单位的正式承认，家庭法可以实现国家某些福利功能的私人化，如在长期婚姻关系终止时对相互依赖的配偶的扶养。非婚伴侣关系的依赖性和脆弱性，需要家庭法的保护。法律给官方认可的伴侣赋予权利、设置义务，又可以发挥其类似婚姻的功能。所以，有理由制定非婚伴侣家庭法律制度，将婚姻所固有的一些保护机制扩展到与婚姻功能类似的生活方式。

二　伴侣家庭主体享有家庭权

"家庭权"是权利内涵所涵摄的权利种类，属于法定权利。具体指在家庭成立、存续中与解体时家庭成员所享有的权利。家庭权主体范畴逐渐在扩大，家庭权主体除了包含以婚姻、血缘为联系的家庭成员，也包含以非婚姻、非血缘、法律拟制建立的家庭的成员。我们在上文家庭概念一部分已经阐明，历史上的家庭也绝不是只包含婚姻、血缘和拟制的类型，例如家奴、家佣、非近亲属的亲属等，这类家庭成员关系类型随时代的流转而消失，但往往"死亡也许意味着新生"，所以随社会的发展，新的家庭成员的关系产生出来。

由于家庭功能的改变，制度性的家庭职能可能继续削弱，而自由的家庭活动有所增强。这就意味着近代人们共同生活的组成方式可能增加了。而共同生活组成方式的变化主要集中在伴侣家庭种类的增加，不再只有婚

---

① ［美］哈里·D. 格劳斯：《家庭法》（英文版），法律出版社 1999 年版影印本，第 64—65 页。

姻一种。现代婚姻功能随时代变迁，婚姻中子女的数量由多到少，甚至出现丁克家庭。女性不再依靠婚姻的供养来存活。婚姻的核心功能——生育功能与经济功能都开始弱化。人们慢慢开始接受不结婚，而以同居的方式组成伴侣家庭。所以，在婚姻之外出现了同居家庭模式。

同性恋群体随着医学上的非精神疾病化和社会的包容以及个体权利的彰显，也慢慢成为同性家庭的类型。

现在中性人法律主体地位在一些国家也被法律认可，那么中性人的伴侣家庭关系势必也成为伴侣家庭中的一种。

"异性共居家庭"和"同性家庭"等与婚姻一样是属于"伴侣家庭"，各国纷纷在法律上重新定义家庭，将婚姻之外的伴侣家庭也囊括进来，那么家庭伴侣作为家庭成员则应该是"家庭权"的主体，名正言顺地享有"家庭权"。家庭权是家庭成员"应有的权利"，是人权的具体化，虽然有时"应有的权利"未必及时上升为"法定的权利"，但伴随立法完善的推进过程，"应有的权利"总会成为"法定的权利"。①

家庭权作为一项基本人权为人类认知是晚近之事。第二次世界大战以来，家庭权出现了国际化趋势，美国、德国等国纷纷通过国内立法和司法判例，确立并扩展了家庭权的权利内涵和保障方式。家庭权是家庭整体及家庭成员在家庭生活方面所享有的权利的总和。

家庭权在现有的法律语言环境中，很难找到精准的概念与界定。多数研究都是围绕家庭法、家庭、权利和它们之间的关系。② 家庭权作为人权的基本体现，我们即使追溯到《公民权利和政治权利公约》中也难觅家庭权清晰的踪迹。我们只能尽力尝试勾勒一下家庭权的边界。

家庭权是指在家庭关系成立、存续和解除时家庭中的成员享有的权利。家庭权的具体内容非常丰富，但重点权力主要集中在成立家庭权、共同生活权、维持家庭成员亲属关系的权利、人身权、财产权、生育权、抚养权、隐私权、维护家庭和谐的权利、解散家庭权等几方面。家庭权不是

---

① 参见李步云《论人权》，社会科学文献出版社 2010 年版，第 70 页。

② 参见张燕玲《家庭权及其宪法保障——以多元社会为视角》，《南京大学学报》（哲学·人文科学·社会科学）2011 年第 4 期；李震山《宪法意义下之家庭权》，"国立"中正大学法律学系及中华民国儿童福利联盟文教基金会办"第一届家庭法律社会学研讨会——社会脉动下的家庭权"学术研讨会论文，1993 年 5 月 29 日；林喆《婚姻家庭权——伦理与法律的纽带》，《学习时报》2004 年 3 月 25 日等。

单一的权利，而是由多项具体权利组成的"权利群"。

三　伴侣家庭在现实中受家庭法调整

婚姻中男女称为配偶，亦可做婚姻伴侣。家庭是以婚姻、血缘关系和共同经济为纽带而组成的亲属团体。那么亲属又是怎样的范畴？亲属是作为由两性和血缘关系联系起来的一定范围的人相互之间的特定的社会关系的外在表现和身份称谓。亲属与婚姻、家庭一样属于历史范畴的概念，在不同的社会形态下，通过习惯、宗教和法律去确认和规范一定的亲属关系，规定一定范围的亲属存在法律效力的权利义务，使亲属成为严谨有序的社会制度和法律制度，而不仅仅是一种称谓和事实生活关系。亲属的含义包括两个层面：第一，生物遗传学和社会学意义上的亲属。这是一种网络型的生物遗传结构和婚姻社会结构，横向上没有边际，纵向上没有穷尽。第二，法律意义上的亲属，就是指得到法律认可和调整，产生法律效力的亲属。我们着重研讨的是法律层面的亲属，会产生相应的法律效力。法律意义上的亲属是由婚姻、血缘和法律拟制三种途径形成的。现代法律意义的亲属基本浓缩于家庭中。但是随时代与社会的推展，有些亲属关系或是家庭关系新生出来，新生事物作为少数派，社会对新型家庭关系会有诸多不适，往往造成对新型关系的回避。

亲属包括配偶、血亲和姻亲。关键问题来了：类似于配偶的新型伴侣家庭关系是否能成为亲属关系？是否属于家庭范畴？理论上无法作出回答的时候，我们来看看世界上各国对于此问题的现实选择。

从世界各国出台的相关制度及其名称，亦可看出家庭伴侣绝不仅仅包含配偶一种。① 欧洲人权法院关于《欧洲人权公约》第 8 条中有关"保护私人和家庭生活"的司法解释，明确了"家庭生活"包括以婚姻为基础

---

① 参见澳大利亚《事实伴侣关系法》、德国《生活伴侣登记法》、比利时《法定同居关系法》、荷兰《家庭伴侣法》、丹麦《登记伴侣关系法》、挪威《联合家庭法》等。瑞典在公法领域不区分非婚同居结合与婚姻，其他社会学领域对非婚同居的认可程度也相当高，相当于婚姻。瑞典的社会人口学统计曾把两愿的非婚同居结合（eonsensualunion）认为以前的一贯做法是把同居与婚姻统称为"共同生活"（sammanboende），几乎没有专门针对非婚同居家庭的调研，也就是说，瑞典人口普查不区分夫妻和同居男女，不论结婚与否，所有的夫妇都被当作同居生活的人计算，直到 20 世纪 90 年代才把同居与婚姻区分开来。根据魁北克法律制度，结合的形态有三种：婚姻、民事结合（ivilunion）、事实结合（defactounion）。这三种形态中的当事人均可被称为配偶。

的家庭生活，此外也包括非婚同居等事实上的家庭生活。OECD 最新的统计报告将欧洲主要的家庭结构划分为四大类：单身家庭、丁克或者核心家庭（包括非婚同居家庭）、单亲家庭、其他家庭（如扩大、主干、联合家庭等）。另外，世界很多国家与地区的反家暴法均把非婚状态下的有着紧密关系的伴侣视为有着亲密关系的"家人"，既然作"家人"称呼，必是家庭成员，属于家庭，其隐含的意思是非婚状态下的类似婚姻的结合，我们已经视其为家庭中的伴侣。

目前，伴侣家庭法律主体分为配偶（婚姻伴侣）和类似婚姻的伴侣（类婚姻伴侣），此外也包括非性联系家庭。配偶属亲属范畴，而类婚姻伴侣我们认为同样应当成为亲属，属家人、属家事法规范的范畴，否则将会形成诸多法律缺口。

举个例子，A 与 B 是类婚姻伴侣，育有一子。从法理上和风俗伦理上都倾向认为，倘若 A 与 B 分开，与对方的直系血亲间存在一定的婚姻障碍①，这与 A 与 B 是配偶的效果是一致的。

再比如在我国，同性恋导致婚姻不忠问题，在婚姻法中是空白；鸡奸罪在刑法中是空白；同性卖淫在《治安管理处罚法》中是空白；同居伴侣在某些并购或上市操作中有必要视为配偶在公司法中是空白②；事实婚姻在法律上没有婚姻的保障；即使同居十年也是没有任何法律保障，甚至没有基本的探视权、医疗决定权等。与我国形成对比的是，实践中世界上很多国家都已经开始重新定位伴侣家庭，确认伴侣家庭主体享有家庭权，受家庭法调整，并附随完善相关法律系统。

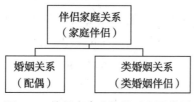

图 1-3 伴侣家庭法律关系主要类型

---

① 我国婚姻障碍规定比较单一，亲属亲系上的结婚障碍是否包括直系姻亲并没有明确规定。但世界上很多国家都有此规定。

② 《老三板现破天荒奇闻：收购方董事监事构成同居俨如配偶关系》（http：//www. chinaipo. com/Industry/26666. html）。

四　伴侣家庭法学内涵与特征

（一）伴侣家庭法学内涵

在社会学中界定伴侣家庭最重要的两点就是"私人身份"和"私人生活"。就传统法律体系而言，（伴侣）家庭是指以一夫一妻的异性恋合法婚姻为前提的核心家庭。显然，传统法学语境下的（伴侣）家庭明显被缩小化了，仅仅局限在婚姻这种伴侣家庭上。异性恋婚姻为基础的家庭模式是曾经世界家庭法的无可置疑的主流，这种结果并非自然形成，而是人为建构的产物，如学者所说，"作为现代婚姻法的上位概念，是国家透过核心家庭之意识形态，借助于法律的强制或解决纷争而形成的效果"①。在这种理念之下，不符合法律模式的家庭被异质化，从而使得现实中少数人的权利被忽略。然而，人权思想的普及以及人权运动的兴起，作为基本人权的勃兴，家庭权积极要求"入宪运动"，也促进了伴侣家庭的多元化。反观目前世界法学语境下，伴侣家庭显然在理论研究、立法和司法实践中均已经得到重新界定。

综合世界上既存的理论和立法对伴侣家庭概念的重构，我们认为，伴侣家庭是指以长期共同生活为目的的自愿结合，在经济、情感、生活上相互承担权利、义务的稳定的、持续的生活共同体家庭。

（二）伴侣家庭法律特征

1. 伴侣家庭法律关系主体特征

第一，伴侣家庭法律关系主体数量原则上由两位伴侣组成。因为无论马克思和恩格斯的婚姻家庭理论，还是其他婚姻家庭理论，我们发现，专偶制的长久性是关于婚姻家庭发展史的共识。所以伴侣家庭原则上是以两人为限。但在非性联系家庭中，主体数量我们认为与专偶制没有直接联系，不应以两人为限，以便搭伴养老，应对顽固的老龄化问题。

第二，伴侣家庭法律关系主体性别是性别中立原则。可以是同性家庭、异性家庭、涉中性人家庭。甚至非性联系家庭。

第三，伴侣家庭法律关系主体有组成家庭的意思能力。需要结合各国婚姻成立的实质要件。但在非性联系家庭中，需要结合各国公民行为能力

---

① 施慧玲：《家庭、法律、福利国家——现代亲属法论文集》，元照出版社 2001 年版，第 10—11 页。

相关规定即可。

第四，伴侣家庭法律关系主体主观上是自愿，并且以长期共同生活为目的。首先要求伴侣主观上完全意思自由，有组成家庭的自愿。其次伴侣主观上是以长期共同生活结盟为目标，与随意性、临时性相反。

第五，伴侣家庭法律关系主体客观上需要同住，并且形成经济、情感、生活上互助、共济的生活共同体。伴侣们应该共同居住，并且并非松散的合住，而是需要在经济收入、情感慰藉、生活照料互助上形成紧密的共济关系。

2. 伴侣家庭法律关系特征

第一，伴侣家庭双方权利义务内容是家庭权及其与之相对应的义务。重点权利主要集中在成立家庭权、存续家庭权（人身权、财产权、生育权、抚养权）、解散家庭权等"权利群"。

第二，不同类型的伴侣家庭中双方权利义务差别大。一是因为每个国家的具体国情差异巨大，各国家庭权内容差异很大。二是因为不同伴侣家庭类型是不同的权利诉求群体。三是因为有的国家存在伴侣家庭体系错漏、混乱导致伴侣家庭权利义务设定不科学。四是部分国家采用契约调整方式，部分权利义务的设定自由在双方当事人手里。

第三，不同类型的伴侣家庭之间可以依法互相转化，但转化需要满足相应的法律限制。比如登记伴侣家庭、同居家庭通过登记可以转化为婚姻，同居家庭通过登记可以转化为登记伴侣家庭。婚姻转化为同居家庭，则需要通过离婚程序。

五　伴侣家庭四层级类型化位阶概念体系

2009 年 5 月 22 日，英国绿党呼吁本国及其他欧盟成员国停止同性婚姻的禁令。绿党党魁卡罗琳·卢卡斯说，该党希望同性伴侣可以结婚，而且已婚的同性伴侣旅行到欧洲各地时，也应该可以让他们的情侣关系和已婚的异性恋伴侣以同样的标准被认可。当时该党东牛津选区的候选人彼特·塔切尔说，整个欧洲各种各样的伴侣关系的法律就像一堆"混杂物"。各种伴侣家庭法律制度主体混乱，权利义务设定层次不清，导致各国冲突法一片混乱。

国内外多数研究是局限在"伴侣家庭"下位概念的研究上，而且一般是局限在单种类伴侣家庭的专项研究，偶尔有学者关注两种伴侣家庭之间的关系。所以学者们在婚姻、事实婚姻、非婚同居、同性婚姻、同性结合等概念和制度的相互关系的研究中存在重叠混乱的现象。比如说同性同居应归为同居制度范畴，抑或归为同性结合制度范畴？同性婚姻属于"婚姻"制度，抑或属于同性结合？事实婚姻属于婚姻制度范畴，抑或属于同居制度？婚姻外的那些需要被规范的"伴侣家庭"一直没能在一定体系中整合，一些重要概念一直没有被梳理清楚，例如"类婚姻"，笔者经过反复地严格比较和筛选后，本书暂时尝试用"类婚姻"来界定相关法律关系。总体上，我们在研究中引入了体系研究方法，通过观察各种伴侣家庭的关系，从而排查在各种伴侣制度研究上的重复、错漏、混乱。

体系研究方法要求任何可能的家事生活事实在逻辑上皆必须涵摄于该体系之规范下，否则便不受法律之规范。体系构成过程与概念构成过程方向上相反，体系构成自上而下，即自最抽象的一般概念往下枝分成外延越来越小之下位概念，直至不能再分为止，并逻辑相系地构成一体。而概念形成则由下至上，经由所欲描述对象之特征的舍弃，向上归纳成外延愈来愈广之上位概念，到不能再上为止。就本书而言，第四级下位概念——事实婚姻、异性同居、同性婚姻、民事结合、同性同居等模式在实践中均已存在，其相应的上位概念有待于我们逐级通过归纳的方法抽象出来，直到不能再上为止。再自上而下地构建"伴侣家庭"制度类型化位阶概念体系。这种体系构建是理论上的推导，在实践中，每个国家可能存在类型缺失的情况（见图1-4）。

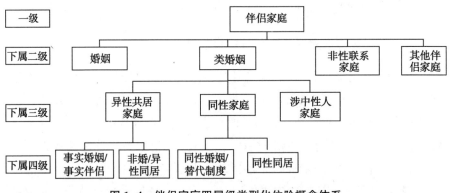

图1-4 伴侣家庭四层级类型化位阶概念体系

伴侣家庭主要类型包括婚姻、类婚姻。类婚姻中主要包括异性共居家庭、同性家庭、涉中性人家庭等。其中类婚姻、异性共居家庭、同性家庭、涉中性人家庭等都是学理概念，是由于体系研究方法介入的需要，而下属第四层级的概念事实婚姻、异性同居、同性婚姻、同性同居是法律概念。

体系中每一支系的基层或末端法律概念就是现实中需要法律调整的法律关系。那么事实婚姻（伴侣）、异性同居、同性婚姻（替代制度）、同性同居、涉中性人家庭、非性联系家庭都是支系末端概念，也就是现实中需要法律调整的法律关系。

下一章我们依次来分析各种类婚姻类型和概念，本部分仅就伴侣家庭和婚姻概念进行分析。

（一）伴侣家庭

伴侣家庭是指以长期共同生活为目的的自愿结合，在经济、情感、生活上相互承担权利、义务的稳定的、持续的生活共同体家庭。

因为伴侣家庭是个大的上位概念，处于位阶概念体系的金字塔顶端，其涵摄内容不可能过于狭窄。伴侣家庭主体可以包含同性、异性、中性等，非性联系的伙伴也可以组成搭伴式的伴侣家庭。在法律权利、义务内容的具体设定上由于伴侣家庭的类型不同，也会存在很多差异。

（二）婚姻

1. 婚姻概念

在我国婚姻法中并没有对婚姻加以明确界定，但是学理上对婚姻的定义已经取得学界共识。① 我国是大陆法系国家，在法学体系上与罗马法是具有承继发展关系的。而且我国法律体系养成受德国法律影响。德国地处欧洲，德国家庭法上的婚姻概念深受罗马法和基督教的影响，有的影响一直延续到今天。首先，婚姻仅存于一男一女之间，是一夫一妻制。其次，婚姻通过男女结婚的意思表示而建立，是合意原则。再次，婚姻为终身厮守而缔结，当事人不能随意解除之，是终身原则，体现在德国《民法典》第1353条第一款第一句。最后，按照上边几条的要求，婚姻是唯一合法的男女结合方式。但是在德国承认事实婚姻。但就最后一条讲，这与罗马法的规定有所不同，在罗马法中，姘居（Konkubinat）也具有一定的法律效果。但这并不妨碍德国对非婚共同生活的承认，非婚共同生活也是合法

---

① 婚姻，是指男女双方以共同生活为目的而缔结的，具有公示的夫妻身份的两性结合。

的私人生活方式。①

我们之所以要强调婚姻的法律概念，也是为了后边在其他结合模式的称谓选择上可以更加科学，避免随意性给研究带来的混乱。因为有时候人们喜欢滥用"婚姻"字眼，却不具备法律上婚姻的意义，譬如网络婚姻、临时婚姻等。

2. 非典型婚姻

婚姻包括一般婚姻和非典型婚姻（非常婚姻）。一般婚姻不具有特殊性，这里不作细述。社会学领域有人对具有特殊性的婚姻形态做过研究，但目前法学界未见有人总结多样态婚姻模式，包括譬如丁克家庭、周末夫妻家庭、AA 制家庭、空壳婚姻等，但无论如何非典型婚姻依然是婚姻，所以本概念不包含同性伴侣家庭或同居家庭等非婚姻模式等非婚模式。

非典型性，就是和正常现象不一样。比如，一种动物如果发生基因突变，其典型表现是身体是白色，但有一少部分却变成了绿色，这一部分就叫作非典型性突变。

非典型婚姻，指的是男女双方以共同生活为目的而缔结的，具有公示的夫妻身份的，但存在一定特殊性的两性婚姻结合。这是一个学理性概念，非立法概念。

对于非典型婚姻也可以叫作非常婚姻，把握这一概念的关键点在于它属于婚姻范畴，是具有一定特殊性的非一般常态的婚姻。王礼仁法官在其《婚姻诉讼前沿理论与审判实务》一书中专门设定一章"非常婚姻的认定和处理"，其中非常婚姻是指法律婚姻或传统婚姻以外的非正常婚姻现象。包括事实婚姻（同居）、同性婚姻、变性婚姻、网络婚姻等。② 王礼仁法官对于传统婚姻以外那些非正常婚姻现象的认定与处理问题进行了较为全面的分析，这确实有别于其他学者仅就单个模式进行最深刻的挖掘。但是，王法官对非常婚姻的界定让我们觉得有些别扭。从汉语用语习惯和解释上，"非常"通常应被理解为不是一般常态上，非常婚姻通常应被理解为不是一般常态上的婚姻，虽然不一般，但仍属于婚姻范畴。这类似于国外婚姻法上存在的"非常夫妻财产制"的称谓用法，不是一般的夫妻财产制，但仍属于夫妻财产制，是夫妻财产制的特别、补充情形。所以非

---

① ［德］迪特尔·施瓦布：《德国家庭法》，王葆莳译，法律出版社 2010 年版，第 23 页。
② 王礼仁：《婚姻诉讼前沿理论与审判实务》，人民法院出版社 2009 年版，第 656 页。

常婚姻的称谓选择和对其具体含义的阐释就出现了逻辑问题。按照一般理解，一方面，非常婚姻在称谓上应该是属于婚姻范畴，可是另一方面具体定义里列举的几种结合模式出现了不属于婚姻范畴的家庭形式。其中变性婚姻只要满足一定条件就可以缔结婚姻，属于我国法律婚姻范畴。[①] 2004年以后事实婚姻补办登记后属于我国法律婚姻范畴，不补办登记则不属于我国法律婚姻范畴。但是同性婚姻与虚拟婚姻则不属于我国法律婚姻范畴。

归纳总结非典型婚姻的意义在于从婚姻内部透视婚姻的问题，再从问题出发，寻找问题的根源与解决途径。譬如 AA 制家庭的产生是受西方契约思维的深刻影响，这种非常婚姻的问题主要集中在双方夫妻财产制的选择与财产契约签订上，这需要法律对婚姻财产、人身关系契约作出相关规定，譬如忠诚契约、生育契约就属于矛盾集中所在。丁克婚姻问题主要集中在生育权问题上，当然丁克婚姻其实也和老龄化有着联系，从法律层面探讨的话，可从社会保障法、个税法等方面探讨。空壳婚姻顾名思义是有名无实的婚姻，是较为常见的一种非常婚姻。空壳婚姻涉及的法律问题主要包括夫妻债务的认定与偿还，抚养费和扶养费的支付，离婚财产的分割等。另外，空壳婚姻是我国同性恋隐蔽自己，同妻[②]或同夫[③]权益无法保障的重灾区。[④]

---

① 《民政部：变性人的结婚登记合法有效》（http://www.chinacourt.org/article/detail/2003/01/id/32951.shtml），《离婚登记情况介绍》（http://www.hjs.gov.cn/ggbw/zdbw/hysybw/hy/ch/40038.htm）。

② 同妻，男同性恋者的妻子。在男同性恋周围，有一个更加弱势隐秘的群体，就是同妻。她们生活在边缘，被传统文化打压，为孩子忍辱负重，不敢大声申诉，数量庞大，年龄各异。同妻不仅不能得到性生活上的满足，还要遭受冷落、漠视和家庭暴力以及性病和艾滋病的威胁。

③ 所谓同夫就是女同性恋的丈夫之意。这是一个比同妻更边缘化、隐秘的群体。同夫不仅得不到性生活的充分满足，而且面临家庭（冷）暴力的威胁。同夫现象虽然是一个普遍的现象，但数量少于同妻，又不像同妻一样集中出现在网络中，因此得不到社会应有的关注，自身话语权也得不到提高。

④ 据2015年调查显示，内地目前约有1600万名"同妻"，研究团队历时三年时间跟访调查"同妻群"，发现逾九成人遭遇过家庭暴力，三成人在婚姻中没有性生活，但仅有三成人选择离婚。http://www.cankaoxiaoxi.com/china/20150417/745676.shtml。

第四节　伴侣家庭关系调整方式

一　伴侣家庭关系调整的复杂性

婚姻家庭是人类社会普遍存在的社会关系与基本构成，它关系到主体幸福、社会和谐甚至整个人类文明的进步。婚姻家庭关系在现代国家中很大程度上取决于人们在法律体系中怎样设计和构建婚姻制度，"给婚姻下定义也许不难，但要为婚姻确定一种无懈可击的法律模式，却绝非易事"。有关婚姻制度的理论学说层出不穷。典型的如契约说、婚姻伦理说、信托关系说、制度说、身份关系说等。

从婚姻契约角度说，在婚姻制度中，"爱"的原则要求人们不讲究利益的精确计算，婚姻财产制度从一定意义上具有了对弱者的保护和扶持功能。这样"当两个自由的个体一旦步入婚姻的殿堂，组成家庭后，在婚姻关系终止以前，就其个人而言，是不存在任何个人财产权利的，也不存在意思自治的适用空间"①。因此，婚姻并不仅仅是一种纯粹的财产契约，它还具有人身和社会属性，具有一定的伦理性，因为婚姻家庭的社会属性是人类传统习惯和伦理思想长期影响的结果和最为集中的体现，是婚姻家庭的根本属性。所以，婚姻是具有一定伦理性的民事契约。就如劳埃德·R. 科恩教授所说："尽管从宗教、文化、生物学、心理学和哲学的角度来看，婚姻不仅仅是契约，但从婚姻誓言的角度来看，婚姻具有明显的契约的本质。一个男人承诺成为一个女人的丈夫，一个女人承诺做一个男人的妻子，他们彼此承诺，不管艰难困苦，他们将在'互敬互爱''互相尊重''彼此珍惜'的精神下履行各自的婚姻义务，共度余生。承诺在一定精神下履行义务不仅仅是一种激励，它也是契约的本质要求，尤其在婚姻契约中，精神层面的要素起到重要作用。"

二　伴侣家庭法律调整传统方式的问题

第二次世界大战之前，女性作为家庭中的次要角色，是属于父亲、丈夫的附属品，男尊女卑的特点明显，传统婚姻仪式有复杂、固定的程序要

---

① 陈苇：《外国婚姻家庭法比较研究》，群众出版社 2006 年版，第 97 页。

求。婚姻家庭法的立法理念趋向于以国家强制为特征。国家对婚姻的干预全面且深刻，国家法律对婚姻相关义务采取硬性规定，没有合意空间。

婚姻关系中有许多事项是不适合用法律规制的或者是法律无力规制的。这时候，法律就应该勇于放弃该领域，把此领域的调整交给道德来评判或者交由当事人根据自身的实际情况来平等自由地协商解决。法律应该给当事人留有自由协商婚姻关系事务的空间，这样会更加有利于婚姻的协调稳定。婚姻协议除了可以对夫妻财产关系进行协商之外，还可以就一些其他婚姻事务作出约定。这种约定应当通过一定的形式来明确夫妻双方有建立法律关系的意愿，而且约定的内容不得违反法律的强制性规定，不得违反公序良俗原则。

三　伴侣家庭关系调整向契约性调整转化

1. 伴侣家庭关系调整向契约性调整转化的原因：现代婚姻契约观念的发展

第二次世界大战以后人们在思想领域发生了急剧的变化。女性一步步从家庭中解放出来并且在婚姻上更加要求男女平等，要求简化传统的婚姻仪式。婚姻家庭法的立法理念趋向于以夫妻个人自治为特征。在当代婚姻法中，国家对婚姻的干预逐渐减弱，国家法律对婚姻相关义务的硬性规定日渐减少，相比较原则性的规定居多。"除了家庭暴力、婚内强奸和虐待子女，法律很少直接介入婚姻生活，只有当婚姻存在破裂的危险时，法律的功能才能得以发挥。"[①] 婚姻契约属性得到普遍的发展和提升。主要体现在无过错离婚的实行、婚姻契约的发展和盟约婚姻的勃兴等方面。

无过错离婚制度是法律在个人利益和社会利益之间博弈妥协的结果。与以往不同之处在于将婚姻视为完全的私人事务的观念，婚姻期限完全取决于双方当事人。当事人由此可以自由地解除婚姻。在离婚制度上，法律从关注离婚理由转向把更多的立法精力放在相关子女的扶养和财产的分割上。也就是说，只要双方当事人在子女的扶养、双方财产的分割上达成意思一致即可以离婚。这正是以将婚姻视为契约的观念为中心的法律运动，是法律从干预婚姻中撤退的象征。

当代各个国家法律在婚姻制度上大都规定夫妻双方在婚姻存续期间对

---

① 夏凤英：《论婚姻是一种契约》，《法学家》2001 年第 2 期。

多数的权利义务可以进行约定。对婚姻协议的日益承认是婚姻制度发展趋向私人自治的体现。

　　盟约婚姻①出于对社会公共利益的考虑而强调婚姻的神圣性并通过国家公权力对婚姻的控制而限制离婚。但是，"自我限制"本质上也正是尊重当事人自治的理念，是当事人主体意志自由选择的结果。这种限制可作为当事人缔约内容的一部分，在某种程度拓宽了缔约主体行使缔约自由的界限和领域。积极地来看，因为盟约婚姻给婚姻当事人提供了家庭的安全感使婚姻显得更具有吸引力，使夫妻双方能够自由地投资于配偶、孩子和婚姻上。现代婚姻中对于私人安排的尊重和法律对婚姻干预的弱化充分说明了在家庭法私人自治化的趋势下，婚姻本质上是一种主要由当事人本人而非国家公权力决定的关系。婚姻的契约属性正逐步变得广泛而确定，婚姻的契约属性已是毋庸置疑。婚姻走向私人领域已经成为不可逆转的大趋势。

　　2. 婚姻契约观念概念

　　"随着民主制度替代专制统治而成为社会的普遍原则，社会理念、伦理观念、风俗习惯也都发生了深刻的变化。民主、自由、平等、博爱的观念逐渐取代了独裁专制和血统等级，生而平等、个性自由发展成为人人崇尚的真理和权利。"理论的成果体现在婚姻的关系实践上，即是婚姻是契约的观点逐渐被人们接受并被西方很多国家的民事立法所采用。

　　"只有在市民社会中，婚姻契约才能得到完全的实现，没有市民社会的发展完善，就没有当事人自由意志的充分发挥，就谈不上婚姻是一种契约。"② 在此观念下，传统的婚姻观念受到了质疑，如康德首先提出"婚姻就是两个不同性别的人，为了终身互相占有对方的性官能而产生的结合

---

　　① 以美国为例，在承认无过错离婚以后，很多婚姻当事人为了追求个人幸福而选择离婚使得离婚率居高不下，越来越多的人倾向于选择不稳定同居而放弃稳定婚姻。但也由此引发了很多如儿童的抚养以及老人的赡养问题等社会问题。为了制止这种不良趋势蔓延，美国的亚利桑那州（Arizona）、阿肯色州（Arkansas）和路易斯安那州（Louisiana）在婚姻制度上开始向当事人供给缔结"盟约婚姻"的选择权。盟约婚姻法"禁止离婚，除非出现了极端的情况如通奸、遗弃或者像阿肯色州法律所言'残忍野蛮的对待'。盟约婚姻法还要求夫妻参与婚姻缔结前和离婚前的咨询，而且，与那些适用现有的无过错离婚的案件相比，他们的等待期延长到两年半"。参见陈苇《外国婚姻家庭法比较研究》，群众出版社 2006 年版，第 255 页。

　　② 彭诚信：《主体性与私权制度研究》，中国人民大学出版社 2005 年版，第 32 页。

体……它是依据人性法则产生其必要性的一种契约"①。当然这是一种不清晰、不完全的概念，所以存在偏颇。

黑格尔批评康德说："把婚姻理解为仅仅是民事契约，这种在康德那里也能看得到的观念，同样是粗鲁的，因为根据这种观念，双方彼此任意地以个人为订约对象，婚姻也就降格为按照契约而相互利用的形式。"其后的一些家庭法学者将"契约说"进一步发展，认为"婚姻是一男一女为了共同的经济利益而自愿终身结合、互为伴侣、彼此提供性的满足和经济上的帮助以及生儿育女的契约"②。

1791 年法国宪法率先宣誓："法律视婚姻仅为民事契约。"随后在 1804 年的《法国民法典》146 条更为明确地规定："未经双方同意，不得成立婚姻"。

玛丽·夏利说："在 17 世纪，婚姻'契约'指的仅仅是双方同意婚姻缔结……缔结婚约就是同意一种本质上是身份制的不可改变的次序。"③

从法律的视角来看，"婚姻是一男一女为了共同的利益自愿终身结合，互为伴侣，彼此提供性的满足和经济上的帮助以及生男育女的契约"④，因而婚姻契约与其他的民事契约不同而具有伦理性和制度性。契约已不只是传统社会中的商品交换关系及这种关系的载体，而是更指向一种社会广义且综合的存在互助、互信的同构关系。

3. 婚姻契约观念价值

婚姻契约理论通过把婚姻拟制为契约以期进一步保障和维护婚姻当事人在婚姻的缔结、存续和解除阶段主体权利实现、人格平等，保障缔约主体自由意志。这符合现代婚姻的追求，也适应时代的发展。婚姻家庭关系是人类社会最为广泛和普遍的社会关系，法律对婚姻家庭制度的规制，关系到个人的幸福和社会秩序的稳定。法律对婚姻制度采取什么样的立法模式，就会产生什么样的法律效果。

---

① ［德］康德：《法的形而上学原理——权利的科学》，沈叔平译，商务印书馆 1991 年版，第 96 页。

② 陈苇：《外国婚姻家庭法比较研究》，群众出版社 2006 年版，第 132 页。

③ ［英］安东尼·W. 丹尼斯、罗伯特·罗森：《结婚与离婚的法经济学分析》，王世贤译，法律出版社 2005 年版，第 162 页。

④ ［意］彼德罗·彭梵得：《罗马法教科书》，黄风译，中国政法大学出版社 2005 年版，第 65 页。

婚姻本身具有契约的外观和属性，但是婚姻契约的内容不能违反国家法律、社会的公共秩序和善良风俗。明确婚姻的这一属性，有利于划定婚姻生活中的个人权限与法律有权和能够干预的事项之间的界限，有利于明确婚姻法的角色定位。

新中国第一部法律即 1950 的《婚姻法》就确立了"男女权利平等、男女婚姻自由、一夫一妻制"等原则，并比较详细地规定了夫妻之间的地位和权利的平等。1980 年的《婚姻法》在此立法基础上确立了夫妻约定财产制。总而言之，我国的《婚姻法》从制定时起就尊重婚姻当事人的"平等、自由"的婚姻权利。经过 20 多年的法律实践，为适应社会发展，2001 年 4 月 28 日《婚姻法》修正案公布，其后又发布了婚姻家庭领域三个相关司法解释，引起了全国人民的广泛关注和一些争议，我国婚姻法及其解释的内容是符合契约观念和中国国情的，既有对旧的婚姻习俗的摒弃，也有对法律制度的突破，但是也存在不完善的地方。

与婚姻并行的各种人类情感分享的制度类型相当丰富。例如，男女之间的同居、同性恋伴侣之间的同居、甚至分享家庭生活的同居，等等。这些类似于婚姻的新型伴侣家庭在法律调整上完全也循此道，即向契约型调整转变并倚重。

4. 婚姻契约、传统婚姻家庭法律调整辨析

婚姻虽还不是一种双方可以单纯就条款进行自由协商的契约，但是已经"从身份制向身份契约制"转化。婚姻契约事实上不是由配偶双方签订的契约，而是他们彼此同意接受的一种身份。男人和女人就如可以选择是否签订契约一样，他们也可以自行选择是否缔结婚姻，但是一旦他们决定了缔结婚姻，"婚姻与契约就不再相似了，因为婚姻关系的条款和条件是国家公权所制定的。结果是，夫妇俩都失去了旧有的身份特权，同时也被剥夺了契约所提供的自由"。这也正是婚姻契约和一般债法上契约的本质区别。所以有学者提出，"婚姻并不和其他契约一样。婚姻契约被认为是法律没有权力改变其基本条款的契约关系。而且也创造了一种身份"。这其中含有大量具有伦理性和模糊性的夫妻感情等非物质因素，相较而言契约则一般涵括物质性和确定性因素。总之，婚姻契约吸收了传统婚姻家庭法律调整、契约的双重有益成分，但又与二者有着本质差别。

5. 婚姻契约观念的问题

人们之所以缔结婚姻，是基于神圣的爱情而结合，婚姻从起点开始，

就是以夫妻之间的合意为基础，进而伴随整个婚姻存续期间。这个合意不是房产赠与、不是财产归属，而是彼此忠贞、专一、扶持。因此，婚姻法所应该彰显的是关于这一合意的契约精神。至少应该包括以下两个方面：首先是夫妻忠诚契约、反家庭暴力契约，其次才是婚姻财产契约等。而在我国婚姻法律当中，尤其是相关司法解释中，鲜见体现夫妻忠诚契约精神的规定。契约精神中有两个内容需要得到重视和彰显：契约守信和契约救济。违反者遭到制裁，受损害人接受救济。如此，才能脱离顾此失彼的立法窘境。

以婚姻为目的的财产行为不同于一般的赠与行为、处分行为。如果简单将婚前赠与、婚内赠与一律套用物权规则、合同规则加以调整，是以牺牲家庭伦理道德为代价从而追求经济地位形式平等。这种平等看似蕴含了婚姻是契约这一立法精神，却将婚姻契约等同于甚至附属于财产契约。而无论是婚前赠与还是婚后赠与，其存在的基础都以当事人之间建立或存在身份关系为基础，应首先适用身份契约法则，而不是商品契约法则。我国《合同法》也规定了婚姻关系不适用合同法，既然婚姻关系不适用合同法，而夫妻间的赠与行为本身就属于婚姻关系的一部分，当然也不能简单地适用合同法。目前婚姻法司法解释三和判例均倾向将夫妻间赠与，适用《合同法》中赠与合同相关规定。本书认为此举并不科学。

第二章

非婚伴侣家庭之类婚姻类型化位阶概念体系

第一节　类婚姻类型化位阶概念体系、内涵、特征

一　类婚姻类型化位阶概念体系内的习见矛盾与类型化逻辑

（一）类婚姻类型化位阶概念体系之类型化习见矛盾

前人在相关领域已经提供了较为深厚的研究理论基础，但依然无法回避一些问题，譬如非婚同居是否包括同性同居？同性同居、民事结合、同性婚姻又是什么关系？如果按照目前学者们各自为政的研究：非婚同居包括同性同居，而同性同居和同性婚姻是同位概念。那么，同性同居立法到底是应放在同居制度中规定，还是应放在同性家庭制度中规定？同性婚姻又应该是放在婚姻制度中规范，还是应该在同性家庭制度中规范？同居制度与民事结合又是什么关系？基本上目前学者关于婚姻外的伴侣家庭规制结论，主要是设立单独的某一种民事结合或者同居制度。民事结合主要适用于同性伴侣。同居制度主要适用于异性伴侣。那事实婚姻又该如何调整？但是无论单独设立哪一种，都过于片面，必须从全盘角度考虑和解决问题。

在家庭结合新模式问题中尚没有研究者运用体系化研究方法。体系化的研究视角不仅需要研究者们对于每一种结合模式各个击破，还需要观察各个伴侣家庭模式之间的关系，以避免在婚姻、事实婚姻、非婚同居、同性婚姻、同性同居等概念与制度的立法上，出现交叠与混乱的"各自为政"现象。体系化的研究方法可以归纳出婚姻的上位概念"伴侣家庭"，使各种新型、传统家庭结合模式按照统一的逻辑在一定的体系中被整合归纳并和谐存在。

（二）类婚姻类型化位阶概念体系类型化标准：以婚姻要件为核心，以性别为辅

研究起点，须选取一种视角或工具来触及研究对象"类婚姻"，我们选用了体系思维的法学研究方法。金字塔概念体系建立在以客观为基础所构成之概念间的相互关系上。这种由法律概念之抽象化所构成之位阶体系，非由方法论创造，是由方法论去发现。发现过程中，由于概念类型化的分类标准不同，会造成概念位阶体系有人为差异，这和一定的时空、政治、经济力量有必然联系，且具体到"伴侣家庭"位阶概念体系问题上，还和全人类尚处在婚姻家庭发展的迷茫期有关。总之，由于类型化标准的选择是价值的集中体现，所以本研究中类型化标准必然带有我国传承积淀与新时期发展各方面的区域特色。

研究试图以经纬严密的逻辑基线去梳理伴侣家庭制度类型化位阶概念体系。该体系要求任何可能的家事生活事实在逻辑上皆必须能涵摄于该体系之规范下，否则便不受法律之规范。体系构成过程与概念构成过程方向上相反，体系构成自上而下，即自最抽象的一般概念往下枝分成外延越来越小之下位概念，直至不能再分为止，并逻辑相系地构成一体。而概念形成则由下至上，经由所欲描述对象之特征的舍弃，向上归纳成外延愈来愈广之上位概念，到不能再上为止。就本书而言，基层下位概念：事实婚姻、非婚同居、同性婚姻、同性同居、民事结合等模式在实践中均已存在，其相应的上位概念有待于我们逐级通过归纳的方法抽象出来，直到不能再上为止，再自上而下地构建"伴侣家庭"制度类型化位阶概念体系。

本书运用体系思维的法学研究方法，发现伴侣家庭类型化制度位阶概念体系。上下层级间的位阶梯度的存在基础是概念自身逻辑的抽象程度或价值的根本性。水平的类型间关系基础即是概念群特征的交叠与差异。特征交叠处就是本层级概念群所具有的共同特征。属于同一大类型之下位类型群可以构成一个类型谱。发现位阶概念体系后，通过体系思维与概念基点排除研究对象既存的各种矛盾与问题。

1. 以婚姻要件标准为核心

我们在做伴侣家庭各项梳理研究时，首先以"婚姻要件"为类型化标准，理由是婚姻家庭制度已经存在了几十万年，它经历了漫长的从无到有、从低级到高级、从感性到理性逐渐演变发展的过程。一夫一妻婚姻制

是人类社会文明的产物，也是人类"种"的繁衍方式的智慧选择。近代遗传学理论认为，一夫一妻婚姻制度对于人类体质进化具有重大意义，为道德和法律所规范的性的约束，是人类生存发展的必要条件。一夫一妻的婚姻家庭形式为男女两性生活提供了健康、安全的空间，也为儿童的社会化和成年提供了最自然的和最佳的环境。人类曾经历了漫长的群婚制、血缘群婚制和对偶婚制，一夫一妻制则是人类进入文明时代的标志，并且婚姻家庭发展的共识是专偶婚将会在相当长的一段时间里存续。总之，婚姻仍是现代人类文明社会最主要的家庭形式，世界上绝大多数国家仍然非常重视婚姻家庭关系的保护与调整。

所以，我们以婚姻要件，包括实质要件和形式要件，为首要类型化标准，区分出婚姻与非婚姻的伴侣家庭类型，非婚姻的家庭类型我们暂称之为"类婚姻"。

2. 以性别标准为辅

我们在做伴侣家庭各项梳理研究时，其次以"性别"和"性"为类型化标准，理由是社会变革往往是以"性"方面的变革为先锋或先导，每种新型伴侣家庭出现之初，主要是在"性别"和"性"的方面出现新的发展特征。从原始社会的生殖崇拜，到古希腊时期确立性和美的基本标准；从中世纪浪漫情爱的确立，到第一次世界大战后性解放运动的兴起，再到性、爱和婚姻三者的基本分离，西方两性文化有一个明显的变化过程，这一过程也深深影响着如今中国人的情感观念。[①]

所以，我们以"性"和"性别"为次要类型化标准，抓住婚姻家庭变革与社会变革中的重要载体。

二　类婚姻概念与称谓选择

实践中诸多的与婚姻相似或相关的特殊组织形态到底身系何类？这就涉及一个关键的学理概念，即"类婚姻"。学界尚没有人提出"类婚姻"概念，并循序做出"类婚姻"关系的分类体系和考察"类婚姻"本质特性。

法律制度必须形成帮助社会生活现象和事件分类的专门性观念与概念。法律概念为统一调整、处理相同或相似的现象奠定基础。法律概念可

---

① 潘绥铭：《为什么性革命经常成为政治革命的先导》（http://cul.sohu.com/20160501/n447182489.shtml）。

以被看作以一种简单的方式识辨具有相同或相似要素的对象的工作性工具。所以，类婚姻概念的总结与归纳即出于此种目的。然而类婚姻概念称谓的拟定也使研究遭遇非常大的困难，由于法律概念是人类语言的产物，非自然客体的产物。唯名论者认为概念是适用于一般情况的语言符号，然而这些符号并不是现实事物的忠实复制品。人类语言的丰富与精妙程度均无法如实反映自然现象的无限性、变化性和演进性。如同亨廷顿·凯恩斯所言：世界上的事物比用以描述之的语言要多太多。我们试图选取一个比较能揭示婚姻外那些需要被法律规范的伴侣家庭关系的称谓，即"类婚姻"，然而这一称谓并非绝对的，或许在未来研进过程中会出现更好更合适的称谓。为了研究的方便与论述时语言表达的顺利，我们暂且用"类婚姻"来称呼该大类伴侣家庭。

"类"，是指相似、相像，相似致相像。比如"类人猿"。"类"即说明此物非彼物。在我国，基于国情我们认为虽然"婚姻"的概念、成立条件、禁止条件一直随时代在变化浮动，但这种变化也不是无限制的。"婚姻"概念的自我扩容也无法颠覆性地囊括进"异性共居家庭""同性家庭"甚至"涉中性人家庭"。颠覆有时可以促进发展，有时也可以是毁灭。所以凝练"类婚姻"概念可以给予婚姻制度发展变化缓冲的余地。"类婚姻"作为与"婚姻"同地位的模式，是婚姻之外那些以性为联系的需要法律规范的伴侣家庭关系（见图2-1）。

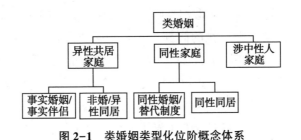

图2-1　类婚姻类型化位阶概念体系

（一）类婚姻与准婚姻、亚婚姻辨析

首先，亚婚姻中的"亚"，做形容词时，常指次、次于，低、低于，表示等级的高低。实践中亚婚姻更接近非典型婚姻。

其次，准婚姻中的"准"，指和某类事物差不多，如同，类似。准婚姻，是指未婚男女不办理结婚登记手续而同居的两性结合关系的事实状态。对于准婚姻关系，有的国家也称为非法同居，例如《埃塞俄比亚民法典》。杨立新教授就曾撰文提出应立法规范准婚姻关系。准婚姻关系与事实婚姻最为相似。

所以，我们认为以"类婚姻"称谓目前我国婚姻法规范之外的那些有必要规范的同栖关系是比较合适的。准婚姻仅是类婚姻中的局部关系。亚婚姻跟类婚姻是两个范畴。

（二）类婚姻概念

"伴侣家庭"主要分为"婚姻"和"类婚姻"。类婚姻，指无配偶的双方，未经婚姻登记，以长期共同生活为目的的自愿结合，在经济、情感、生活上相互承担权利、义务的稳定的、持续的生活共同体伴侣家庭。

"类婚姻"大致分为"异性共居家庭""同性家庭""涉中性人家庭"。"类婚姻"作为"婚姻"的同位模式，包括婚姻之外一系列性联系伴侣家庭同栖关系。二者的区别主要在于是否进行了婚姻登记。此外，类婚姻不必然要求是两性结合和对外有必然的公示，但必须不存在某些结婚障碍。

类婚姻关系的确认主要从两个方面考察：首先，共栖的家庭伴侣双方形成了在感情、经济、性等方面相互依赖的稳定的生活共同体。当然，某种特殊情况下类似于"无性婚姻"的类婚姻关系也可以成就。类婚姻关系虽然不以性为必然要素，但该种关系区别于亲密的朋友关系、单纯的利益共同生活体或仅是纯粹的同住关系。其次，事实类婚姻关系的成就需要一定法定期间。这明确了类婚姻与临时、短暂或偶然的同居关系的界限。一段时期的经过不能有明显的间断，才是有必要进行法律规范的社会关系，与之相对的临时姘居、通奸、一夜情等则不属于类婚姻范畴，属于道德规范的范畴。如美国的某些州规定的是3个月以上，丹麦规定须3年以上，加拿大的萨斯喀彻温省规定：关于扶养、继承、家庭财产等方面问题，非婚同居的法定期间至少满2年。结合我国国情，"期间"如果假定为5年，如生育共同子嗣则期间可缩短为3年，以彰显儿童利益最大化原则。

三 异性共居家庭（事实婚姻、异性同居）

异性共居家庭指无配偶的男女双方，未经婚姻登记，以长期共同生活为目的的自愿结合，在经济、情感、生活上相互承担权利、义务的稳定的、持续的生活共同体伴侣家庭。

其实质是以非婚姻的方式在感情、经济和性等方面形成了相互依赖的生活共同体。异性共居伴侣结合包括事实婚姻（事实伴侣家庭）、异性同居。

（一）事实婚姻（事实伴侣家庭）

事实婚姻（事实伴侣家庭）指无配偶的男女双方，未经婚姻登记，以长期共同生活为目的的自愿结合，在经济、情感、生活上相互承担与婚姻配偶一样的权利、义务的稳定的、持续的生活共同体伴侣家庭。二者以夫妻名义共同生活，群众也认为二者是夫妻关系的两性结合。

以1994年2月1日施行的《婚姻登记管理条例》为分水岭，此前的我国事实婚姻受法律保护，此后的"事实婚姻"效力等同于非婚同居。为了更加科学地定位事实婚姻，我们认为不应称为"婚姻"，称之为"事实伴侣家庭"则更为恰当。事实婚姻本来源于同居制度，如果将之归为婚姻，也会对婚姻成立的形式要件要求造成削弱。总体上，事实婚姻的定位与定性具有一定弹性空间，可以放在婚姻范畴，亦可归为异性共居范畴。目前，在我国倾向将之定性为异性共居家庭范畴。

但在同性婚姻合法化的国家，如果法律调整事实婚姻或事实伴侣家庭，那么事实婚姻或事实伴侣法也应该包括对同性伴侣关系的调整。

在后文会阐释伴侣家庭法律调整的四种类型谱，事实婚姻在第一阶段一般不被承认。在第二阶段应该被调整，倾向以事实伴侣家庭方式加以保护。在第三阶段可采用法律拟制手段或以事实伴侣家庭方式调整事实婚姻。第四阶段，随着同居家庭权利逐渐增多，与事实伴侣家庭相仿，两者发生混同后，又与婚姻趋同。

（二）异性同居

异性同居指无配偶的男女双方，未经婚姻登记，以共同生活为目的的自愿结合，在经济、情感、生活上相互承担一定的权利、义务的生活共同体伴侣家庭。

异性同居对外公示不以夫妻名义。譬如伴随人口老龄化社会日益普遍的老年人养老式非婚结合和青年人的试婚等均属于同居家庭。为了避免缔结婚姻带来的财产与人身关系的束缚和麻烦，这部分人选择同居，也应该给予法律底线上的规范。

（三）事实婚姻、异性同居混同现象

在世界范围内，有很多将事实婚姻与同居混同的现象。尤其在承认事实伴侣家庭的国家几乎都有这样的问题，两类不同诉求的群体被合并在一个系统里，就会出现要么事实婚姻伴侣没有享受到婚姻待遇，要么同居者没有享受到想要的自由，这也是伴侣家庭体系不清带来的后果之一。例如澳大利亚的《事实伴侣关系》、新西兰的《事实结合关系法案》、魁北克省民法典中的"事实结合"等，北欧多国的成文同居家庭法案也存在将事实婚姻和同居混同现象，不过北欧事实婚姻、同居、婚姻全部趋同，居民也不太介怀到底如何接受法律调整。

四　同性家庭（同性婚姻、民事结合、同性同居）

同性家庭指无配偶的同性双方，以长期共同生活为目的的自愿结合，在经济、情感、生活上相互承担权利、义务的稳定的、持续的生活共同体伴侣家庭。

（一）同性婚姻

同性婚姻是指相同性别的双方伴侣以共同生活为目的而缔结的，具有公示的配偶身份的，相互承担婚姻配偶权利、义务的同性伴侣家庭。在有的国家中同性婚姻合法化，同性婚姻成为婚姻，则为二层级概念。有的国家有同性婚姻，实质为民事结合，典型如南非，则为四层级。参见后文中第二类型谱和第三类型谱的论述。

（二）同性婚姻替代模式——民事结合/登记伴侣家庭

同性婚姻替代模式一般指民事结合，指无配偶的同性双方，未经婚姻登记，经过伴侣登记，以长期共同生活为目的的自愿结合，在经济、情感、生活上相互承担与婚姻配偶几乎一样的权利、义务的稳定的、持续的生活共同体伴侣家庭。除了未经婚姻登记，双方权利义务设定几乎和婚姻无异。在收养、人工辅助生育方面开始阶段往往不被认可，后来会慢慢放开。

"民事结合"源于英文词"Civil union"。"民事结合"在有些国家是同性婚姻替代制度，在有些国家是异性共居伴侣制度。"民事结合"也可能同时调整同性和异性伴侣。我们不选用"民事结合"是因为"民事"的表述往往为了与"宗教婚"相区别。在我国，"民事结合"的名称并不十分接地气。笔者倾向在我国使用登记伴侣家庭法的称谓。

同性婚姻和同性婚姻替代制度一般只能存在一种，因为二者在制度功能上几乎不存在差别。但在实际中，由于发展路径问题，很多国家一般都是先出台同性婚姻替代制度，再逐渐实现同性婚姻合法化，结果导致二者有时会同时存在。北欧在同性婚姻合法化后，相继废除了其替代制度。

民事结合在具有同性、异性"二合为一"立法理念的国家，同时调整异性、同性伴侣。笔者是倾向支持民事结合应该同时兼顾同性、异性法律调整的。因为民事结合在关系解除上较婚姻容易，在婚姻之外亦有存在价值。英国有诉讼表明了异性伴侣在民事结合方面的诉求。

（三）同性同居

同性同居指无配偶的同性双方，未经婚姻登记，以共同生活为目的的自愿结合，在经济、情感、生活上相互承担一定的权利、义务的生活共同体伴侣家庭。

五　涉中性人家庭

涉中性人家庭指，双方无配偶，其中一人或两人在性别上属于第三性别，以长期共同生活为目的的自愿结合，在经济、情感、生活上相互承担权利、义务的稳定的、持续的生活共同体伴侣家庭。

作为被官方承认的中性第一人，[①] May-Welby 说："我们一直固执地认为公认的社会规矩就不能被改变。但我们有幸看到世界越来越尊重人权，固化的规则也慢慢在改变。"

医学上的中性人，指染色体有问题，各种性型的 X 基因与 Y 基因的有效数量的比率，也就是性指数 X/Y 和 Y/X 为 1.0 时，发育为中性人。比如只有一个 X 染色体的，或者是既没有男性生殖器官，又没有女性生殖器官的人。医学上"阴阳人"患病概率为几千万分之一。[②]

---

① 出生在英国 Renfrewshire 郡 Paisley 的 Norrie May-Welby，刚出生时是男性，7 岁时移民澳大利亚。和许多想变成女性的男人们类似，1990 年，28 岁的 May-Welby 做了变性手术之后，她惊奇地发现做女人也不舒服，于是打算变成中性人。现年 48 岁的 May-Welby 也因此成为被官方承认的中性第一人，澳大利亚管理部门在医生对 May-Welby 的生理检测辨别不出性别之后，决定在 ta 的出生证明上加入中性标签。May-Welby 认为：常规的男女性别观在我这里不适用，最简单的解决方案是，以后我不需要性别证明。

② 仅在美国估计每 4500 名新生儿中就有一名出现外阴性别不明的情况，而像隐睾症等情况则是每 100 名新生儿中就有 1 例。美国的医院每天都会进行 5 例左右的性别指定手术。所以中性人的绝对数量不容忽视。

中性人是否选择手术要尊重当事人自身的选择，① 所以中性人的性别状态是有可能一直处于中性状态，那么中性人在法律上的性别定位及其涉中性人的伴侣家庭和相关权利、义务就是值得研究的课题。

涉中性人家庭法律几近空白，但中性人法律地位认可是近年国际热点之一，澳大利亚、新西兰、尼泊尔、泰国、英国、印度、德国、美国等通过立法、法院裁定、行政管理、设立中性设施等方式认可中性人的法律、社会地位。

综上，对于类婚姻的分类我们主要是从结合伴侣双方的性别着手，是由于我们发现"婚姻"的几次革命全部是围绕"性别"与"性别关系"展开，革命的目标与结果几乎均围绕着男女两方主体的"地位"。时至今日的"去婚姻化"也是女性社会地位与男性持平所导致。性别是人类繁衍的动力，但性别本身并不止"男""女"两种，性别间的匹配也不止"男—女"一种。"两性"世界是人类社会文化人为构建出来的性别结构，这种"人为构建"在公平和正义的现代文明社会里就显得具有片面性、狭隘性。

六　非性联系家庭

非性联系家庭指双方（或两位以上）当事人以长期共同生活为目的的自愿结合，在经济、情感、生活上相互承担一定范围的权利、义务的稳定的、持续的生活共同体伴侣家庭。从功能主义家庭观角度出发看待非性联系家庭，就可以深刻理解这种家庭类型存在的原因。其是婚姻、类婚姻之外的又一种家庭模式。

由于家庭架构与含义的不断变更，人们也在不断地重新勾勒家庭的形态与内涵。20 世纪 80 年代，美国政府专门召开了"白宫家庭会议"，虽然没有能够界定家庭的概念，但"功能主义家庭观"中的家庭概念开始浮出水面，强调家庭承载的最重要的功能是：共同居住和生活，情感和经济形成共济。如果具备以上功能的基础性社会单位就可称为"家庭"。在众多家庭概念中，美国"家庭经济协会"将家庭定义为：两位或两位以

---

① 中性人共识会议宣言中建议，医生可以迅速决定患者的性别，但不能贸然对患者进行外科手术。除了由心理学与伦理学等专业人士组成的跨领域小组外，患者家属也应该参与这项决定。不过，身为宾州州立医学院小儿内分泌科医生的皮特·李警告说，目前还有许多尚待填补的资料空缺，例如，医生从未评估过他们的决定会如何影响患者的人生。

上的成员相互分享经济收入，共担团体决策责任，秉承共同价值和目标，自始至终遵守承诺。家庭是吸引成员有归宿感的环境，在这个环境中成员同甘共苦、荣辱与共，形成较为稳固的亲情网络，而不是单纯考虑血缘关系、法律纽带、收养关系或婚姻关系。① 欧洲人权法院在关于《欧洲人权公约》第 8 条有关"保护私人和家庭生活"的司法解释中，明确了"家庭生活"包括以婚姻为基础的家庭生活，此外也包括非婚同居等事实上的家庭生活。

人类现代社会中的家庭多元化，也是时代发展的必然结果。全世界人口老龄化加剧，空巢家庭、单户家庭激增，都促使家庭的形态与时俱进，人们需要搭伴生活，在经济、情感、生活上形成相互扶助的共同生活体和彼此依靠的家庭形态。这种家庭不以性为连接，可以是同事、朋友、亲属等关系构成。因为这种家庭与"专偶制"没什么关联，所以在成员数量上，我们认为应该不以"两人"为限。

七　关于双性恋者、泛性恋者、无性恋者的补充思考

性倾向主要包括异性恋、同性恋、双性恋、泛性恋、无性恋。为问题研究的完整性，可以补充性考虑双性恋者、泛性恋者、无性恋者等性少数群体问题。在未来的人类社会这有可能涉及在"伴侣家庭"存续期间，认定出轨等不忠行为或其他问题。

双性恋对象是同时包括男性和女性。泛性恋对象可以包括男性、女性、中性人、雌雄同体的人等。无性恋对男性和女性皆不产生性吸引。2012 年 8 月，加拿大布鲁克大学的学者发现：无性恋人口在世界人口中可占到 1%，即大约有 7000 万人。由于无性恋者缺乏性趣，但不缺乏爱，所以无性恋者也有可能和自己的爱侣组成婚姻家庭或类婚姻家庭。法律不禁止无性婚姻，未来也不会禁止无性类婚姻。

在伴侣家庭体系图中还有一个处于补充地位的二级伴侣家庭类型，即"其他伴侣家庭"。因为婚姻、家庭领域的变革从未停止，未来伴随科技发展和社会变革，还会出现怎样的伴侣家庭类型，我们尚无法准确预测。但是伴侣家庭领域的变革先锋或许可以帮我们探知一二，例如人工智能发展可能会出现仿真机器人，机器人伴侣的法律地位可能成为未来新的法律

---

① 李银河：《两性关系》，华东师范大学出版社 2005 年版，第 177 页。

课题。还有在加拿大出现的关于"群婚"的社会现象，加拿大官方甚至已经就"群婚"问题开展过研究性的社会调研。

第二节　类婚姻法律调整四种类型谱

当人们面对一座庞大建筑时，只有后退若干距离，才能览其全貌。面对一个重大历史事件，只有历尽时间沉淀，才能对其全面认识。这是为了避免管中窥豹、以偏概全。各国都拥有属于自己的伴侣家庭体系法律调整类型谱，我们经过大量的归类与总结工作后，借用体系研究方法抽象出世界上四种典型的伴侣家庭类型谱。类型谱中每一支系的最底层模式为实践中需要法律调整的模式，其他概念为体系研究方法中必需的学理概念。

总体上，四种类型谱的关系属于递进发展关系，研究期望以此辅助我国定位自身发展阶段，明确现阶段完善立法的任务，并且预见下一阶段的挑战。

一　法律调整类型谱一：不调整类婚姻

造成这种家庭伴侣模式单一的原因每个国家都不一样：宗教因素影响，经济基础相对弱，社会文化传统保守，法律比较严苛或不健全，女性经济地位不高、不独立，社会保障水平不高等。造成这种单一种类伴侣家庭类型的原因往往是复合性的。也或者这样的国家法律中婚姻内涵本身就非同一般，比如允许一夫多妻①或一妻多夫②，区别于古人类的群婚和现代人类自由化的群婚，这些国家法定婚姻就是一夫多妻或一妻多夫，并且长久以来有稳定的宗教、经济、社会存在基础。第一种类型谱代表国家和地区有朝鲜、韩国、蒙古共和国、俄罗斯、印度、部分东南亚国家、伊斯

---

① 世界上允许一夫多妻制的国家多集中在阿拉伯国家、非洲国家和西亚地区，如塞内加尔、乌干达、利比亚、斯威士兰、埃及、苏丹、埃塞俄比亚、也门、阿联酋、卡塔尔、巴林、约旦、伊拉克、沙特阿拉伯、阿曼、摩洛哥、索马里、南非等。这些国家主要信仰都是伊斯兰教。但基于男女平等和先进文明的趋势，越来越多的国家废除了一夫多妻制。信奉伊斯兰教国家有的如果财力许可，还允许"一时婚"存在。"一时婚"就是"在一定的时期间同居，而且对同居人履行经济上的保障"。但这种"一时婚"和"一夫多妻"制一样，几乎可说是富裕阶级的特权，也是一种买卖婚姻。

② 一妻多夫制占世界婚姻总量1%的婚姻家庭，在我国还保留在藏族、珞巴族、门巴族以及一部分纳西族中。

兰世界国家、部分非洲国家、部分南美国家等。多数伊斯兰世界国家婚姻是一夫多妻制，禁止婚前性行为，所以不规范非婚同居行为，且禁止同性结合行为。部分非洲国家认可一夫多妻制。俄罗斯和蒙古共和国由于经济和人口比例原因曾讨论过将一夫多妻合法化。印度法官在 2014 年仍有案例裁定婚前性行为是"不道德"的，女性应自担风险。[①]但是对于稳定的同居关系，2010 年印度最高法院裁决，夫妻权利同样适用于被确定为发生性关系而结成的夫妻。韩国社会文化传统保守，对于同居和事实婚姻的法律认可并不完善，同居在法律上保护程度低，韩国高院认定，只要一男一女有未来结婚的意愿，像结婚了那样一起生活，就可以认定这种同居关系，学说和判例都采取了准婚姻理论，对事实婚姻保护的范围进行了扩大，并让其具备和婚姻类似程度的效力。同性问题则是敏感和不受欢迎的话题。在朝鲜未婚禁止同居。

事实上这些国家也可能存在非婚同居伴侣，只是法律未作出任何反应，法律和社会对待同居的定位也依然不是肯定的，但在部分国家中同居现象也比较普遍[②]。一旦出现同居伴侣权利受到损害的情况，在法律上得不到救济或保护，甚至在有的国家会因为同居受到处罚。

图 2-2 类型谱一

在这种类型国家里，由于宗教、政治、文化等因素不可能出台立法规范同性伴侣，而异性同居的保护往往是同性伴侣争取法律认可的顺带受益者，所以也不可能有充分的异性同居保护规定。

二 法律调整类型谱二：保守调整类婚姻

本阶段与第一阶段的核心区别是"模式多元化"。需要法律调整的模式有：婚姻、事实婚姻替代模式（事实伴侣家庭）、异性同居、同性婚姻替代模式（民事结合或登记伴侣家庭）、同性同居、涉中性人家庭、非性

---

① 《印度法官裁定婚前性行为"不道德"》（http://world.people.com.cn/n/2014/0108/c157278-24054114.html）。

② 俄罗斯异性同居比较普遍，但法律上不给予任何保护。

联系家庭。需要注意的是事实婚姻制度安排具有很大弹性，既可以放在婚姻范畴，也可以放在类婚姻范畴里，我们认为在第二阶段放在类婚姻范畴里比较合适。同性婚姻替代制度在第二阶段也应该置于类婚姻范畴。代表国家有日本、匈牙利、意大利、希腊、南非等国，南非比较特殊，在形式上看似同性婚姻合法，其实是民事结合。

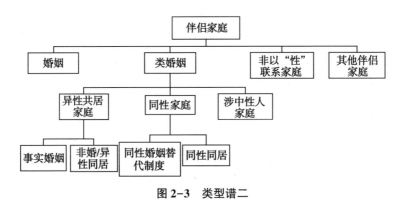

图 2-3 类型谱二

总体上，属于这一类型谱的国家，保证了传统婚姻内涵与范畴不变，并且在法律上关注除了婚姻这种伴侣家庭之外的多元化新型伴侣家庭，对异性共居家庭（事实婚姻和异性同居）、同性家庭（同性婚姻替代制度和同性同居）等在法律上加以调整。例如日本在婚姻模式外调整事实婚姻和异性同居，并且在涩谷区实行同性伴侣登记制度。智利、希腊的民事结合法案同时调整同性与异性伴侣。代表国家中很多国家由于制度统筹不同，制度安排会有不全面的现象。

类型谱二中的伴侣家庭种类是比较全面的，这是从理论上的梳理，但是现实中的国家很少全面实现对所有伴侣家庭类型的保护，各国现实中的类型谱体系往往是残缺的，仅有少部分国家接近理论上的类型谱，例如匈牙利。出现这种情况的主要原因是因为人们没有清晰地分析出不同伴侣家庭受法律保护的层次，没有准确构建伴侣家庭类型之间的梯度。

匈牙利为类型谱体系完善的典型代表，在伴侣家庭制度体系构建上可谓层次分明。匈牙利民法典在其社会主义时期颁布。1996 年匈牙利修改其民法典，通过了同居伴侣关系法，给予同性同居与异性同居同样的法律地位，规定无论是异性伴侣还是同性伴侣，在同居期间享受部分社会福利，同居 10 年以上的伴侣一方死亡以后，另外一方可以享受政府发放的养老金。2009 年民事结合法案规定同性情侣和异性情侣均可通过在市政部门注册来确定他们的民事结合关系，除了收养权和姓名权之外，他们享受与异性恋婚姻基本等同的权利，包括税收优惠、健康保健、继承权、社会保险、养老金和共有财产的处分权。此外匈牙利的习惯婚姻法还调整事实婚姻。

在第二种类型谱阵营里，有的国家从第一种类型谱逐渐过渡进入，有的国家随着同性婚姻合法化而进入到第三阵营。例如我国就处于向第二阵营发展的过渡阶段。意大利在 2016 年随着民事结合合法化而进入第二阵营。德国、智利和澳大利亚在 2017 年实现同性婚姻合法化而退出第二阵营，进入第三阵营。

最后，我们来谈谈南非这个极其特殊的存在。南非没有同性婚姻法案，有民事结合法案，在民事结合法案中允许同性伴侣在同性婚姻、民事结合中选择，这实际上是一种将同性婚姻和婚姻区别对待的做法。不管选择哪种结合形式，其法律效果都与那种《婚姻法》规定下的婚姻是一样的，除非一些人根据自身的情形要求做一些更改。任何有关婚姻的法律，包括普通法，都被视为包含了《民事结合法》中的婚姻或民事伴侣关系；同样地，任何法律中的夫、妻或配偶都被视为包含了《民事结合法》中的配偶或民事伴侣。所以南非在本质上将同性婚姻视为与传统婚姻相区别的新制度，虽然被称为同性"婚姻"。事实上，无论我们将南非归类到第二或第三种类型谱当中，南非对于同性伴侣的社会认可度都非常低，与法律上的超前认可形成了巨大反差，这与南非原住民传统与西方自由化文明剧烈冲突的社会现实与特殊的历史相关。伊斯兰教领导人 Sheikh Sharif Ahmed 把这项法案称为一场"外国人在非洲强制推行的运动"。宪法学者 Pierre de Vos 否认南非同性婚姻合法代表了 LGBT 群体在争取人权方面已经达到了巅峰。他说，那些没有进入一对一的长期稳定情侣关系的人，以及那些受到威胁而不能"出柜"或结婚的人，他们不会从这项立法中获得任何好处。事实上，在南非至今依然还存在很多故意侵害同性恋的犯罪和违法行为，是在同性问题上矛盾比较激化的典型代表。因此，即使同性婚姻在名义上实现了法制化，南非 LGBT 维权运动还有很长的路要走。

三　法律调整类型谱三："政治正确"下的矛盾重重

本阶段与第二阶段的核心区别是"同性婚姻合法化"。需要法律调整的模式有：婚姻、事实婚姻、同性婚姻、涉中性人婚姻、异性同居、同性同居、涉中性人同居、非性联系家庭。此种类型极大地改变了婚姻的内涵与外延，长远看会加速婚姻内涵的异化。代表国家有英国、法国、德国、美国、澳大利亚及若干南美国家等。截至 2017 年底，世界上总共有 27 个全境范围内同性婚姻合法化的国家或地区，除南美的阿根廷、乌拉圭、巴西、哥伦比亚 4 个国家为发展中国家，其他全属于发达国家或经济体。南非如果也算同性婚姻合法化的话，南非也是发展中国家。

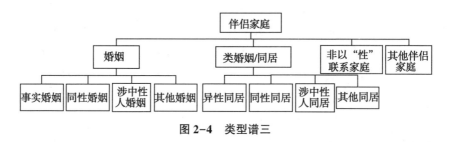

图 2-4　类型谱三

第三类型谱阵营国家多数在实现同性婚姻合法化后体现出不适应症，这主要是因为实现同性婚姻合法化的各方面条件并未真正成熟，就跟跄跄步进入同性婚姻。关于同性婚姻的斗争从未休止，同性婚姻反对派的活动依然使社会矛盾重重。但这种斗争也体现出一种逐年弱化趋势。社会反对力量逐渐减弱，社会包容度逐渐提高，同性婚姻开始实现真正意义上的被认可与接受。第三类型谱中的国家普遍是在同性婚姻合法化后，才慢慢实现同性婚姻合法化各方面立法条件的成熟。

矛盾重重体现在很多方面，接下来我们具体看看具有代表性的几重矛盾。

（一）法律权利方面：围绕婚姻权的矛盾

同性婚姻的合法化并没有终止反同派的继续斗争，保守派依然企图将同性伴侣赶出婚姻的领地，收回同性伴侣的结婚权。这在很多国家都是常见的现象。

例如在西班牙，2005 年通过同性婚姻法案，但西班牙王后索菲娅、人民党党魁兼西班牙首相马里亚诺·拉霍伊露、西班牙司法部长都曾公开表示过更倾向用"民事结合"而不是"婚姻"这个词表述互许终身的同性情侣的身份关系。2005 年 7 月 21 日，西班牙德尼亚市的一名法官拒绝为一对女同性恋伴侣签发结婚证书。这名法官还基于宪法第 32 条中的"男人和女人享有法律上完全平等的合约婚姻的权利"这句话，请求在宪法法院审理一项反对同性婚姻法律的合宪性异议案件。2005 年 8 月，大加那利的一名法官拒绝了三对同性伴侣的结婚证申请，并发起了另一起合宪性诉讼的请求。2005 年 12 月，宪法法院驳回了他们的请求，因为两名法官都缺乏法律诉讼主体资格来提出他们的请求。2005 年 9 月 30 日，在野的人民党决定发起一次独立的合宪性诉讼，造成了党内的分裂。判决结果于 2012 年 11 月 6 日公布，也就是诉讼提交的 7 年之后。法院以 8 票支持和 3 票反对的票数决定维持同性婚姻的法律。2007 年 2 月 27 日，西班牙家庭论坛提交了一项有 150 万人签署的倡议，目的是将婚姻的法律制定为仅仅是一男一女的结合（从而有效地禁止同性婚姻）。这项倡议被西班牙众议院否决了。2007 年 5 月 30 日，前述的德尼亚市的法官受到了总司法权力委员会纪律委员会的谴责，因为拒绝让一对同性恋伴侣结婚而被罚款 305 欧元，并被严厉警告不准再犯。这名法官把这项判决归因于政府的"宣传机器"造成的。

（二）法律模式方面：同性婚姻与替代制度的矛盾

一般来说，各国在实现同性婚姻合法化前，都会经历出台类似民事结合的制度作为同性婚姻的替代制度，首先在功能上满足同性伴侣的相关诉求。在同性婚姻合法化后，其替代制度是否还有存在的意义？同性婚姻替代制度与同性婚姻在制度功能上几乎相同，二者在理论上和实践中都不应该并存。所以北欧实现同性婚姻合法化后，不允许登记新的登记伴侣关系，同性婚姻替代制度逐渐退出历史舞台。

例如在英国，2014 年《婚姻平权法案》的第 9 条生效之后，任何登记为民事伴侣关系的伴侣都有资格将伴侣关系转换成婚姻关系，并允许已婚人士在保留婚姻的同时改变他们法律上的性别。这导致民事伴侣制度登记人数迅速减少，同性婚姻替代制度变成可有可无的鸡肋状态。[1]

（三）法律主体方面：关于性别、数量上的矛盾

1. 法律主体性别方面

（1）同性婚姻替代制度法律主体不包括异性引发的矛盾

世界上相当多的国家出台的民事结合调整对象都是不包括异性伴侣的，只包括同性伴侣。那么异性伴侣会感觉到被法律忽视、被人权冷落，

---

[1]　在新西兰 2013 年的《婚姻（婚姻定义）修正案》通过之前，1955 年的《婚姻法》或其他新西兰的法律法规中都没有对婚姻的定义。2014 年登记民事结合的人数戏剧化地下降了，只有 19 对同性伴侣登记了民事结合，而 2013 年还有 121 对。

所以有时也会发出抱怨的抗议声。

例如在英国，自由民主党党魁尼克·克莱格在一篇写给"LabourList"的文章中写道："尽管民事伴侣关系已经是一个进步的举措，但在同性婚姻被允许之前，我们还是无法说同性恋伴侣和异性恋伴侣已经是被平等对待的。"此后，该党的 LGBT 权利小组"LGBT+自由民主党"发起了一个叫作"婚姻没有界限"的请愿活动，呼吁取消婚姻和民事伴侣关系中的所有性别限制。一对英国异性伴侣要求登记为民事结合，被法院驳回，因为英国的民事结合制度只适用于同性伴侣。由于制度没有统筹安排好，引发的问题是一系列的，这些问题在英国体现了出来。

（2）法律主体性别：跨性别、中性人等新锐主体与主流的矛盾

在同性家庭得到法律认可后，跨性别、中性人等法律主体问题逐渐凸显出来。我们前文已经论述过，很多国家在理论、立法、司法上都开始涉及中性人的法律主体地位问题。所以，在同性问题得以解决的示范作用下，中性人与主流群体的矛盾开始突出，美国是这一现象的代表。

2. 法律主体数量方面："群婚"与专偶制的矛盾

这里的"群婚"区别于古代社会中提及的群婚。也区别于类型谱一中的宗教笼罩下的"一夫多妻"或"一妻多夫"。这里一般是指有一定限制的自愿达成的在经济、感情、生活等方面共济的生活共同体家庭。几位男士和几位女士结合完全出自当事人的自愿与合意。

在美国，反对同性婚姻的人的主要论据是养育小孩的问题、宗教问题、改变婚姻定义会导致多偶婚或乱伦婚、基于自然法则的推理以及传统文化等。《旗帜周刊》的 Stanley Kurtz 撰文表示，同性婚姻最终会导致多配偶关系和多边恋关系，或群婚关系，在美国被法制化。这一论点在世界上也逐渐开始得到验证。在美国，性学家马洁雅与两位丈夫共同生活组成一个特殊家庭，三人家庭组合成为媒体焦点。①

在加拿大 1866 年的"Hyde 诉 Hyde 和 Woodmansee"的案件（一个多配偶制"一夫多妻"的案件）中，法官 Lord Penzance 的判决书一开头就说："基督教世界所理解的婚姻是指一男一女生活在一起，且排除其他所有人的自愿的结合。"其实，婚姻与家庭的理念一直是具有尝试和创新精

---

① 《美国"一妻二夫"家庭的真实生活》（http://fashion.ifeng.com/a/20150301/40085953_0.shtml）。

神的，当人们不爱结婚追求同居时，加拿大出台了同居法案。当人们不爱异性爱同性时，加拿大出台了同性婚姻法案。当人们开始感觉两个伴侣不如多个伴侣幸福时，加拿大又开始兴起新锐话题"群婚"。加拿大从总体上属于第四种类型谱，我们在这里谈到加拿大，主要是因为加拿大在探讨群婚问题时是典型代表。

2016 年 4 月，哥伦比亚执政党在宪法法院裁决同性婚姻合法，哥伦比亚成为南美洲第四个同性婚姻合法的国家。2017 年 6 月在哥伦比亚的亚德麦德林，三名男士组成一个同性婚姻家庭，这成为哥伦比亚同性婚姻合法化后首个被承认的"多角同性婚姻家庭"。该家庭成员普拉达表示以前没有确实的法律来保障这种家庭，想验证这种新型家庭是否可以拥有如一般家庭同样的权利。当地的律师、同性恋权利活动家佩尔菲迪表示："在哥伦比亚有很多类似的三人家庭，然而普拉达三人之家首个获得法律认可，这表示法律对其他类似家庭的认可。"①

在德国，有一个"一女二夫"家庭，女性弗兰兹斯卡与两位男士戴夫与辛纳克，还有三个人的四个孩子共同居住在一起，组成一个特殊的家庭。②

在泰国，三名男性遵依佛教条例举办仪式结婚，被认为是全球首例三人同性婚姻。泰国是亚洲中对同性宽容度最高的国家之一，同性婚姻不合法，但是 LGBT 权利正在被落实的路途中，一些宗教团体表示支持同性婚姻。在仪式中三人宣誓共享家庭，分担责任。③

性少数群体为自身争取权利时，总是喜欢运用"比较的"辩论手段。比如美国同性婚姻合法化的社会和法律大辩论中，Gail Mathabane 把同性婚姻禁令比作美国过去的异族通婚禁令。Fernando Espuelas 则认为，因为同性婚姻将民权延伸至了少数族群，所以应该允许同性婚姻。美国历史学家 Nancy Cott 说："这真的没有什么可比性，因为没有什么东西是像婚姻的，除了婚姻。""比较的"手段事实上是一种诡辩术，观点的前提已经

---

① 《哥伦比亚首个三男同性婚姻家庭得到法律认可》（http：//look. huanqiu. com/article/2017-06/10847035. html）。

② 《德国"一女二夫"家庭和平共处》（http：//hsb. hsw. cn/2010 - 11/03/content _7925043. htm）。

③ 《泰国现全球首例男同性恋三人婚礼》（http：//edu. sina. com. cn/en/2015 - 03 - 03/102687936. shtml）。

把同性婚姻视为婚姻。而这种类似的争取权利的辩论也依然是日后其他类型伴侣家庭入法时必需的手段，这种手段有瑕疵，却很有效果，让人一开始会有种错觉，就是结论不可辩驳。

三人家庭、涉中性人家庭让我们看到了婚姻概念一旦在构成要件上被突破一个缺口，比如性别上的突破而实现同性婚姻，那么其他要件的发展趋势必然是面临不断的挑战，婚姻的缺口将越打越开，这种可以异化的边界到底在哪里？然而这种发展过程难以阻挡，世界近 200 年的发展变革突飞猛进，而社会的变革一向都是以"性"的革命为先锋。① 所以人类社会发展得越快，婚姻、家庭模式的变革也会越加迅速，不可避免的多元化结合方式将出现。未来机器人法律主体问题也将是挑战。

四　法律调整类型谱四："技术正确"下的相对平稳

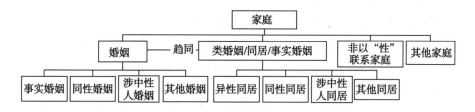

进一步演示，可以阐释为图 2-5：

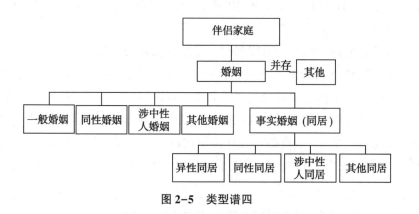

图 2-5　类型谱四

本阶段与第三阶段的核心区别是"各种模式趋同化"，除了非性联系

---

① 潘绥铭：《为何性革命经常成为政治革命的先导？》（http://cul.sohu.com/ s2016/pan-suiming2/）。

家庭外。需要法律调整的模式与第三阶段完全相同。家庭功能除感情功能，大部分被社会化。事实婚姻、同居、婚姻实现趋同。婚姻看似又成为伴侣家庭下属的单一模式。有趣的是这看起来与第一种类型谱相似，但婚姻早已完成了自身的螺旋式上升的发展进化。

北欧多国同居与婚姻对于居民的意义基本没有区别。婚姻被高度扩容异化。代表国家为北欧多国、加拿大、荷兰、比利时等。我们通过洞悉这些国家发展成因，来揣摩婚姻和家庭的未来发展：第一点，社会福利高，使婚姻功能高度社会化，婚姻更多时候意味着束缚。第二点，家庭法律和政策以个人为单位，给予充分保障。第三点，女性地位实现真正与男性平等，性别规则不起作用。第四，宗教、传统文化、道德等因素束缚小。这些因素造就了北欧家庭多元化，婚姻范畴扩张。拥有了这些条件，北欧等国家率先实现了婚姻和家庭的进一步发展变化。

现代婚姻都是"专偶制"模式，我们认为现代社会的同居一般是"专偶制"的变形。按照马克思和恩格斯的婚姻、家庭观，即一夫一妻的专偶制是永恒的，这也是我们梳理这么多国家家庭伴侣类型始终未突破"两人"结合的原因。在北欧，人们不能容忍婚姻或同居中的不忠行为。据统计，2010年女性婚外情的发生率在瑞典只有3%，在美国发生率为6%。相较之下，在中国婚外情发生率高于全世界，据统计，中国女性群体婚外情发生率为11%，在2015年上升为约15%。这个统计结果不是说明外国人道德水平高，国人道德水平低，而是因为很多国家是"连续专偶制"，就是说一旦不相爱，婚姻就解体了，但可以再结婚，并且每次婚姻都会忠诚专一，婚外恋的可能性与必要性就会变得很弱。但中国人则十分不一样，中国人只有到了忍耐的极限点时才考虑离婚。

但是，除去类似事实婚姻的同居，一般同居对伴侣忠实、扶养等义务要求较低，这和"对偶婚"有相似之处吗？这种松散的同居和"对偶婚"是什么关系？我们已经在婚姻发展历史谱系图中发现了，从母系社会过渡到父系社会时，实现了由对偶婚向专偶婚的过渡。所以历史图景中婚姻的模式和男性与女性的相互地位息息相关，男性与女性地位的较量是多种因素造成的，包括经济、政治、文化、宗教、道德、习俗等。恩格斯指出，从男权社会到两性真正平等之时，一夫一妻的专偶婚会排斥通奸行为，实现真正以感情为联系的一夫一妻制。所以松散的同居绝不是对偶婚的变形，因为这种同居即使松散，也依然排斥不忠行为，当不忠行为发生时，一般伴侣双方可依照自身意愿结束同居。

这种同居本质上就是"事实婚姻"的变形,同居和婚姻在很大程度上出现趋同的现象。

(一) 加拿大

加拿大联邦婚姻定义采用的是性别中立,其在婚姻制度上也属于革命性比较强的国家。

1999 年,加拿大最高法院裁决:现行法律依据《宪章》,应该扩大对配偶的界定,"配偶"可以被使用在婚姻、异性同居、同性同居中,同性伴侣应该享有同异性同居伴侣相同的权利。2000 年自由党政府通过美加加强边境合用的《C23 法案》,给予同性同居和异性同居同样法律地位,虽然没有改变传统婚姻的内涵,但同居家庭开始包括同性同居。①

2005 年 7 月 20 日生效的《民事婚姻法令》实现了同性婚姻合法。加拿大是世界上第四个在全国实现同性婚姻合法的国家。但此前安大略政府于 2001 年 1 月 14 日在多伦多执行的承认两桩同性婚姻的决定,使得加拿大可以追溯为世界上第一个政府承认同性婚姻合法的国家(在加拿大之前实现同性婚姻法制化的荷兰和比利时,分别于 2001 年 4 月和 2003 年 6 月第一次执行同性婚姻)。在加拿大国会采用《民事婚姻法案》草案之前,联邦内阁将这份草案作为(复审同性婚姻的)参考问题递交给了最高法院,请求法院判决,将婚姻主体定义为异性伴侣是否违宪,以及同性间的民事结合是不是一个可以接受的选项。

加拿大可以说是在世界范围内对同性恋最为宽厚的国家之一,这也体现在它是首个不要求"公民身份"或"居住期"就允许同性伴侣结婚的国家。需要注意的是,伴侣如果申请离婚,需要满足之前已在加拿大居住满 1 年。

2016 年夏天,加拿大家庭法研究院首次在全国范围内对"群婚伴侣"做出调研,结果表明"群婚伴侣"的数量及影响已不能忽视。本次调研共计收到 550 份群婚伴侣反馈,主要集中在不列颠哥伦比亚省和安大略省,其次是阿尔伯塔省。受调查者中有 50% 以上拥有两位伴侣,有 23% 的"群婚伴侣"有孩子共居。但是大多数群婚伴侣是分开住在两处居所。加拿大大多数群婚伴侣们的受教育程度与收入水准均高于国内平均水平。

---

① 张剑波:《加拿大同性婚姻立法发展研究》,《环境法律评论》2010 年第 5 期。

这一群体中的 1/3 力量正在努力通过各种途径推动法律的认可与保护，从而确定关系中的每一位伴侣的家庭责任。2005 年加拿大同性婚姻已合法，但是"群婚"合法化的争取之路并不轻松、短暂。加拿大《家庭法》、配套法律、社会保障法把家庭定义为两个成年人的婚姻，包括亲属。群婚家庭则意味着包含了三个甚至更多成年人，那么整个法律和社会治理系统都要作出重大调整。"群婚家庭"（Polyamorous Family）["群婚"（Polyamorous）由"多元之爱"（Polyamory）转变来]与"一夫多妻/一妻多夫"（Polygamous）是不同概念，更区别于古人类的群婚制。群婚家庭有多重伴侣关系，至少三个伴侣，即一个人有多位固定伴侣，同时也坦诚知道自己的伴侣还拥有其他固定伴侣，组成群婚家庭的每位成员均要承担相应的家庭义务与责任。群婚关系在现实中会带来很大的麻烦，[①] 所以加拿大坊间一直存在群婚合法的呼声，并且声音已经不难被忽视。西蒙菲沙大学社会学博士、研究员 Jillian Deri 写书《爱的折射》，力主群婚合法，书中阐明群婚区别于富宗教性质的一夫多妻制或一妻多夫制，是现代社会发展应运而生的一种多元化配偶式的亲密伴侣关系，应该被视为正常的家庭关系。这种亲密伴侣关系目前已经非常普遍，很多人在用实际行动证明其合理性与可实现性。加拿大多元爱倡导协会（Canadian Polyamory Advocacy Association）主席 Zoe Duff 表示多重伴侣关系建立在多厢情愿、世俗化、平等主义上。群婚伴侣期望获得与专偶伴侣一样的法律认可，如所有伴侣拥有平等的法律地位与权利，并延展及包括退休保障、继承权及财产分割权等。[②]

（二）北欧

北欧诸国各种伴侣家庭都能各安其所、大安天下，社会氛围宽容多元，制度过渡平稳有序。

在挪威，中性婚姻法案出台生效后，那些注册了伴侣关系的伴侣既可以将他们的身份关系保持为注册伴侣，也可以"提升"为婚姻。但是不能再出现新的注册伴侣关系了。这意味着《登记伴侣关系法》将逐渐退出挪威的历史舞台。中性婚姻法案于 2009 年 1 月 1 日生效，提供了性别

---

① 例如，莎浓丈夫的伴侣正在上学。她已经是家庭成员之一，其学费和书本费却不能被莎浓或其丈夫拿来报税。莎浓希望有朝一日加拿大能像对待同性婚姻那样对待群婚。

② 《群婚也将合法化？加拿大家庭法尺度大》（http：//www.ehouse411.com/Canada/view/7243.htm）。

中立的婚姻定义。

在瑞典，也有一个单独的、有更多限制的、普通法的婚姻法，这个婚姻法适用于未婚的和未注册的异性与同性伴侣。从 1988 年到 2003 年，瑞典有两部法律，一部是给异性伴侣的，一部是给同性伴侣的，后来又被合并为一部法律。普通法的"婚姻"也开放给了非瑞典国籍的人，这意味着，每个人都不用结婚就可以搬到瑞典与自己的伴侣一起生活了。非瑞典国籍的人也享有普通法"婚姻"的所有权利。2004 年，国会成立了一个委员会，专门来调查将婚姻开放给同性伴侣的可能性问题。2007 年 3 月发表的调查报告支持制定一部性别中立的婚姻法律，并废除注册伴侣关系的法律（已注册的伴侣关系会自动地被转换成婚姻）。许多人抱怨政府将伴侣关系变成婚姻的进程缓慢，特别是因为这两种类型的结合已经本质上是一样的，因此许多人认为这种改变是必然的，且是自然的。他们认为那种"同性婚姻会威胁异性婚姻，因为一项性别中立的婚姻法律不会比现在的法律对社会有更好的影响"的论调是错误的，并回应道："这是一个原则和平等的问题。"瑞典国会于 2009 年 4 月 1 日采用一项新的、性别中立的、与婚姻有关的法律之后，从 2009 年 5 月 1 日起，瑞典实现了同性婚姻法制化。现有的注册伴侣关系依然有效，而且如果双方当事人愿意的话，那他们可以通过书面申请或一场正式的婚礼仪式的方式将注册伴侣关系转换成婚姻。但是没有人可以再进入新的注册伴侣关系了，婚姻将是唯一法律认可的、不分性别的伴侣结合形式。

在冰岛，2010 年 6 月 11 日，一项将婚姻定义成性别中立的法案被提交到了全体议会（冰岛国会）。国会没有人投票反对这项法案（以 49 比 0 的票数批准了这项法案，有 7 人弃权、7 人缺席，是世界唯一没产生反对票的国家），而且民调显示这项法案在冰岛非常受欢迎。1996 年同性伴侣的注册伴侣关系（冰岛语：staðfest samvist）被引入冰岛，这项立法随着性别中立的婚姻法的通过而被废除。

在丹麦，2012 年 6 月 15 日，注册伴侣关系的法令被废除，被新的、性别中立的婚姻法律替代。从此丹麦采用了一个性别中立的婚姻定义，且允许同性伴侣既可以在民事登记处结婚，也可以在丹麦教会结婚。现存的注册伴侣关系可以转换成婚姻，但是不能再创建新的注册伴侣关系了。

总之，北欧或加拿大这些国家，各类人群都各安其所，不会产生像第三阵营那样矛盾重重的现象：第一，北欧各国均是婚姻采用"性别中立"

原则，而不是同性婚姻合法的表述，这样意味着婚姻的范畴更广，包括跨性别、第三性别等性少数群体的婚姻。第二，曾经的同性婚姻替代制度即登记伴侣法案被废除，退出历史舞台。这是因为北欧国家登记伴侣法作为同性婚姻被替代制度一般只限于同性，一旦同婚合法化，该制度就失去价值，退出历史舞台也是必然的事情。第三，婚姻与同居几乎相同。但是在北欧不会出现像英国那样的新矛盾，因为在北欧针对异性伴侣有专门的完善的同居法，同居与婚姻在保障程度上甚至趋同，人们对于同居与婚姻的选择也不再刻意为之。北欧女权主义发展，女性地位独立，国家领导人一半为女性，社会福利对于女性生育保障无微不至。在这样的国度里，是不是让我们看到了久违的"母系社会"的影子？但北欧社会并非母系社会，不过是男性与女性的关系告别了"性别规则"，实质上达到平等，所以北欧社会中男性不必依附女性、女性不必依附男性，婚姻、家庭功能大部分比较好地实现了社会化，所以婚姻的凝聚力变小，变得松散。同居这种形式变得和婚姻趋同。第四，中立性别婚姻社会接受度高，较为平稳地实现了立法进程。但在北欧这样多元化、包容度特别高的地区依然在家庭多元化问题上不可能实现百分之百的全民一致的赞同。如2015年的欧盟民意调查发现，90%的瑞典人认为整个欧洲都应该允许同性婚姻，只有7%的人反对。这是非常正常的现象，世界上从没有哪个主张可以拥有百分之百的支持。尽管冰岛中性婚姻法案通过时没有一枚反对票，但是不意味着公民中间没有一人反对，尽管在冰岛同性婚姻支持率确实高得惊人，在世界上属于突出高的程度。

第三节 "类婚姻"类型化位阶概念体系与
四种类型谱的价值

一 四种类型谱关系：时间递进发展

各个国家的伴侣家庭类型谱不尽相同，是由于每个国家政治、经济、文化、宗教、习俗等存在重大差别导致的。

四种伴侣家庭位阶概念体系是按照时间发展的先后关系，可以称作时间递进关系，但这种递进重点在于发展时间线索上环环相扣的递进，不是指后一阶段就一定比前一阶段高级。哪一种类型差强人意，哪一种类型刚刚好，哪一种过犹不及，要针对某一个国家的具体发展水平而判断。因为高级与否不是本书可以做的判断，所以本书对于各个阶段的描述会用比较中性的陈述用语。

（一）类型谱一向类型谱二发展：尝试调整异性同居、事实婚姻、同性婚姻替代模式

代表国家菲律宾、越南等。代表国家有的是因为政治上较为保守，有的是因为经济不够发展，有的是因为宗教桎梏，有的是因为文化习俗因袭传统等导致伴侣家庭模式单一。

在菲律宾，非婚同居拥有与婚姻同样的权利义务。同性伴侣接纳度并不低，菲律宾 LGBT 问题学术文献显示菲律宾有接受第三性别的传统。2017 年 12 月 19 日，时任总统杜特尔特公开表示支持同性婚姻合法化，认为现行法律是可以修改的。2018 年 3 月 6 日，最高法院称 6 月开庭审理同性平权人提出的申诉，要求修改现行家庭法中异性婚姻的法律规定。

在越南，废除同性婚姻禁令的修法在 2015 年元旦生效，其同性恋运动与改革在东南亚是领先的，不禁止但没有真正赋予同性伴侣的法律权利。所以虽然可以举行同性婚礼，但政府和法律没有切实保护。越南政府2013 年废除同性婚姻罚款的决定促使越南变得愈加接纳同性恋。新加坡国立大学吉伦表示："新加坡刚刚重申禁止同性性行为。越南则一直想把自身定位为宽容且安全的国家。"据越南官员估计，该国约 50 万人面临某种性别认同问题。2015 年 11 月 24 日，越南颁布新法案，承认跨性别人士（Transgender）的身份和相关权利，涉及跨性别者的婚姻状况、医疗服务等一系列问题。报告中说："应该满足一些公民群体要求改变性别的要求。"越南国民大会近90%的代表投票赞成跨性别者合法化，相关法律在 2017 年生效。"人权观察"亚洲副主任罗伯森表示：越南朝接受同性婚姻跨出了一大步。

印度在涉及性、婚姻等问题方面在世界上体现出了一定的特殊性，2009 年，印度最高法院废除了反同性恋法，然而与裁定形成对比的是其国内反对同性恋的呼声随后明显增高。2013 年 12 月，最高法院恢复了反同性恋法，处于弱势的同性恋群体之前取得的胜利化为乌有，一度公开身份的同性恋者如今感到惊恐。在异性同居问题上，自从英国统治以来，婚前同居在印度都被视为禁忌。进入 21 世纪之后，在一些大城市，年轻人正在逐渐打破禁锢。2005 年，印度颁布保护妇女法案，规定未婚同居的女性同样受法律保护，她们也享有相应的经济权利。印度最高法院 2010

年3月24日针对女明星婚前同居等言论的起诉作出裁决，规定未婚夫妇有权生活在一起。印度最高法院的这一裁决无疑成了印度性革命的重要里程碑。不过，这不大可能改变大多数印度人的生活方式。很少有印度人放纵婚前性行为，而且他们的配偶通常是由父母来选定。印度政府没有提供未婚同居人数的统计数据。

（二）类型谱二向类型谱三发展：争取同性婚姻合法化

代表国家日本。在第二阵营中的国家虽然对同性伴侣立法规制，但国内仍有力量在争取同婚合法化。

日本作为富裕发达国家对同性伴侣接受度也并不十分高，但还是要高于韩国，日本已经在文化较为开放的涩谷区等多个区实验性地实现同性伴侣登记，出台《推动男女平等及尊重多样化社会条例》。并且积极为争取同婚合法化做准备，但其最大的障碍就是需要修宪。

2017年，德国、智利、澳大利亚刚刚实现同婚合法化，从而进入第三阵营。澳大利亚虽然实现民事结合较早，未实现同婚前，很多同性伴侣都到邻国新西兰进行同婚登记。

（三）类型谱三向类型谱四发展：同性婚姻接受度逐年升高

代表国家英国、法国、德国、美国、拉美多国等。第三阵营的国家都是经过第二阶段发展而来。目前唯一没经过民事结合制度，一步到位实现同性婚姻立法的国家仅有葡萄牙。

第三阵营中的国家已经实现同性婚姻合法化，一方面反对同性伴侣的斗争并未平息，一方面同性婚姻接受度也在逐年升高。在法国同性婚姻仍然是一个容易引发争议的敏感话题。2016年5月17日"国际反对恐同日"，蒙彼利埃市政府在门前升起彩虹旗，象征对LGBT群体（男女同性恋、双性人和变性人）的支持。但翌日，曾经加入极右翼"国民阵线"的市府议员波尔纳阿兹（Djamel Bournaaz）降下彩虹旗，并象征性地将其"埋葬"，这一举动受到蒙彼利埃市政府的谴责。英国的北爱尔兰地区尚未实现同性婚姻合法化。在美国仍有巨大的反同力量在斗争。德国社会本来并不急于同性婚姻合法化，支持力量的争取活动并不激烈，但在政治因素的影响下，同性婚姻实现合法化。

虽然第三阵营中的国家内部关于同性婚姻问题仍然是矛盾重重，但从民调统计数据来看，各国对于同性结合的宽容率在逐年提高。随着时间的推移，第三阵营中的同性结合宽容率在逐年提高，反对势力在逐年减弱，最终也会从"政治正确"平稳过渡到"技术正确"的阶段，进入第四阵营。

（四）类型谱四：平稳演进

代表国家是北欧国家、加拿大等。在这些国家中婚姻和同居的法律效果趋近。人们各取所需，不强求任何一种家庭模式。社会宽容、安定。这是伴侣家庭发展的第四阶段，这个阶段会平稳演进。婚姻、家庭发展变革依然会继续。所以下一个类型谱会呈现怎样的结构我们尚无法准确预测，但是可以确定伴随人工智能等科技的飞跃发展，人类社会以及婚姻、家庭也将产生巨大变革。

（五）伴侣家庭变革前锋

当女性地位实质上实现与男性地位相同时，女权主义并未造成女性地位的绝对至上。人们对以"性"为联系的同居模式非常宽容，无论是否跨性别，甚至会尝试"多于两人"的同居。婚姻在历史发展中被限制为以"两人"为限、以"两性"为限，现在"两性"为限被打破了，"两人"为限的条件在未来会是怎么样的命运？我们上文提过在哥伦比亚有三同性恋组成的家庭，在泰国也有类似家庭，在加拿大流行所谓"群婚"等，但是婚姻、家庭发展的通说认为，一夫一妻的专偶婚不会被打破，一夫一妻制带有长久性。实践中的现象虽然不能足以否定理论判断，但是一夫一妻制恒久性的结论能否经过时间与实践的验证？这里只能留作疑问，虽然我们可以依据婚姻和家庭各自发展总结出的规律加以推测，但没有发生的事情终归不能给出肯定的结论。不可否认，现实中在一夫一妻的国家里出现"多于两人"同居的事实确实存在。

在非"性"联系家庭中，世界上除了亲属、朋友、同事等互助生活共同体外，也有更奇葩怪诞的"婚姻"①，这些人可能是心理疾病"阿斯伯格综合征"患者或"恋物癖"，从中获得与人接触所不同的"稳定可靠关系"。这些极为特殊的结合发生也许有复杂原因，我们这里不做细致谈论，但是因为它们客观存在，提及这些现象是为问题研究视野的完整性。当然这些所谓的结婚都不是法律上的婚姻，不具有任何法律意义，但多少

---

① 比如，艾丽卡·埃菲尔铁塔在有几个朋友出席的庆祝仪式上嫁给埃菲尔铁塔。瑞典女性艾佳丽塔·柏林墙早在1979年就嫁给柏林墙。珠海的刘烨在一个仪式上与自己结婚。一位韩国男性与一个印有女人照片的大抱枕相爱并结婚。也有人与机器人结婚。有人与宠物结婚。参见《世界最上奇特的婚姻排行榜》（http：//www.chinanews.com/life/ 2011/08-24/3280785.shtml）。

说明了婚姻不仅在主体的性别上、数量上受到挑战，甚至在主体是否是人的问题上也出现了思维上、行动上的尝试，一旦人工智能机器人获得法律上的地位，机器人伴侣的出现也在所难免。2017 年，沙特阿拉伯机器人"索菲娅"（Sophia）（体征为女，性别为无）被授予公民身份 1 个月后，索菲娅宣布想要组建家庭。索菲娅表示："家庭观念是非常重要的事情。我认为人们能找到同样的情感和人际关系是件美妙的事情，他们也可以在自己的族群之外找到家庭。我认为如果你有一个充满爱心的家庭是非常幸运的，如果你没有，你应该组建一个，我对机器人和人类都有这种感觉。"当被问及她会给女儿取什么名字时，索菲娅只是简单地回答："索菲娅。"索菲娅坚持认为，在人工智能（AI）研发和应用方面，利大于弊。她说："老年人将得到更多的陪伴，而自闭症儿童将会有无尽耐心的老师。"制造索菲娅的 Hanson Robotics 公司宣称，几年之内有完全知觉的机器人就会诞生。无论如何，索菲娅已经成为沙特阿拉伯公民，同时，与之相较，沙特的女人被当作二等公民[1]，沙特的卡夫拉的工人们依然没有沙特公民身份，世界上仍有数百万人流离失所。这虽然很讽刺，但也不可避免并预示着人工智能推动法律主体多元化。法律主体多元化必然也辐射影响到家庭领域。

二　定位我国类婚姻发展类型谱阶段与科学统筹类婚姻制度体系

在目前既存的四种伴侣家庭类型谱中，我们试图去发现我国婚姻、家庭发展处于何种类型谱阶段。总体上我国处于从类型谱一向类型谱二的过渡阶段。我国既不同于类型谱一的单一，也远未达到类型谱二的成熟。

我国大陆地区对异性伴侣在事实婚姻、异性同居方面已经进行了有限调整。在同性伴侣方面，立法层也已经取得共识，要留出一定的立法口子，以备将来立法的需要。我国台湾、香港、澳门地区在事实婚姻、异性同居、同性婚姻、同性同居方面也是不同程度地加以法律调整。

总体上，立法发展方向和趋势是明确的，但立法过程也如同下文要谈

---

[1]　索菲娅比沙特阿拉伯的大多数女性享有更多权利。沙特阿拉伯是世界上对女性限制最多的国家之一，2017 年才解除了女子禁止驾车的禁令。沙特的监护制度意味着，每个女人都必须有男性陪同才能前往公共场合。这通常是指家庭成员，他们也有权力代表她行事。一名 Twitter 用户写道："索菲娅没有监护人，也没有穿罩袍和面纱，怎么会这样呢？"

到的，需要循序渐进。类婚姻位阶概念体系与四种类型谱的归纳与梳理可以让立法者从体系角度，科学统筹各种非婚伴侣家庭制度，并且在时间递进关系的四种类型谱中科学定位我国立法发展阶段，明确现阶段类婚姻的立法任务与立法步骤，迎接下一阶段类婚姻的立法挑战。

第三章

域外伴侣家庭类型化法律调整体系及立法镜鉴

本章中为了论述条理清晰，我们主要是依照异性共居家庭法律规制、同性家庭法律调整、涉中性人家庭法律调整、非性联系家庭法律调整几条线索来对各国伴侣家庭法律调整进行梳理与考察。

我们在做伴侣家庭各项梳理研究时，主要以"性别"和"性"为类型化标准来做分类，这是因为，每一种新型伴侣家庭出现之初，主要是在"性别"和"性"的问题上出现新特征。

理论上，虽然在做伴侣家庭各项梳理研究时，是以"性别"和"性"分类后进行，但最终落脚到各种伴侣家庭制度统筹时，就不能再以"性别"和"性"分类，我们必须将不同"性别"尽可能同等看待，才能科学统筹、平等设计各种伴侣家庭制度，从而减少社会矛盾。

实践中，对于异性伴侣、同性伴侣家庭方面的法律调整，世界上主要分为两种立法理念：一种是"合而治之"，一种是"分而治之"。所以下面我们会对异性、同性伴侣家庭共同和分别法律调整两种理念加以总结。当然"共治"与"分治"仅仅是立法理念的选择，在立法上也不是绝对的划分。在"共治"立法理念下的国家，部分内容也可能出现分别调整，例如同性婚姻替代制度，部分国家只调整同性伴侣。在"分治"立法理念下的国家，部分内容也可能出现共同调整，例如婚姻法同时调整异性和同性婚姻。

第一节 异性、同性伴侣家庭"共治"理念法律调整

荷兰在1997年通过《登记同居伴侣法》。荷兰《登记同居伴侣法》同时调整同性伴侣、异性伴侣。徐国栋教授在一次关于"民事结合"的讲座中，明确提出这是世界上最早地提出"全面意义"上的民事结合。

这是一个非常基础，却非常重要的历史事实。有了这种全视角"体系"理念上的开端，步其后尘国家在法律调整上公平对待同性伴侣、异性伴侣的"二合一"模式，都不可否认地受到了荷兰先驱的影响。

事实上，比荷兰更早就具有了平等对待同性伴侣、异性伴侣理念的国家是丹麦、瑞典。丹麦在1968年出台《正式同居及其解除》法案，同时适用于同性、异性伴侣。瑞典在1987年出台《联合家庭法》，从1988年到2003年，瑞典有两部法律，一部给异性，一部给同性，后来合并为一部法律。

总体上，婚姻之外法律调整同时兼顾同性、异性的国家非常多，如丹麦、瑞典、荷兰、比利时、法国、卢森堡、西班牙、匈牙利、希腊、安道尔、美国、加拿大、墨西哥、阿根廷、乌拉圭、巴西、智利、澳大利亚、新西兰、南非等国家。这些国家在登记伴侣法、民事结合、同居法案方面会采用"二合一"的立法理念同等对同性、异性伴侣加以调整。在这些国家中，伴侣家庭的法律调整格局比分别调整的国家要来得清晰，不会让人感觉杂乱无章。

其中，美国有特殊性，是不完全的"二合一"调整，一般调整对象是同性伴侣、部分异性伴侣。法国的PACS是契约同居的终极形式，也具有特殊性。

一　匈牙利伴侣家庭类型化法律调整现状

（一）异性、同性类婚姻伴侣家庭法律调整

匈牙利在异性、同性类婚姻伴侣家庭法律调整方面总体上呈现出层次清明、体系周全的特征。

1. 事实婚姻由习惯婚姻法调整

以下部分所谓的同居配偶权利义务关系，实质是事实婚姻层次的法律调整，论述会尊重匈牙利原文表述。

匈牙利在1959年的民法典里对于习惯法婚姻的基本条款进行了定义。2009年10月份修改了习惯法婚姻法。根据匈牙利的民法规定，习惯法婚姻的定义主要针对：第一，两个没有结婚住在一起的或者没有注册的生活伴侣关系的人。第二，共同享有一个家庭的人。第三，在感情上和经济上有联系的人。第四，没有结婚，或者没有与其他人登记的生活伴侣关系的人。第五，相互之间不是直系亲属关系或者不是兄弟姐妹关系的，或者不

是同父异母或同母异父的兄弟姐妹关系的人。

（1）人身关系

首先，亲属关系。根据匈牙利民法规定，同居伴侣被视为亲属关系，但不是近亲属关系。

其次，抚养关系。根据匈牙利法律，与原先配偶不一样，同居配偶没有法定的抚养义务。当然，如果一方同居配偶向另一方承诺提供抚养也是允许的。最早的家庭法（1952年的第四号法令）没有写进指导该法律关系的条款，但是在关于抚养和终身年金合同的民法中建议将此协议写进去。实际上，免费抚养通常是不写进书面合同中的，具有法律效力的抚养合同除外。因此，对于抚养来讲，纯粹的习惯法婚姻并不等于婚姻解体之后与原先配偶建立的习惯法婚姻关系。因为在后者情况下，婚姻解体后的习惯法婚姻不可自动终止原先配偶的抚养权利。抚养合同的目的是保障被抚养人的生存和生活直到生命结束为止，无论是有报酬的还是免费的。当受益人死亡时抚养合同应该终止，当有抚养义务的一方死亡时，免费抚养的合同应该终止。民法的相关条款规定近亲之间的抚养合同基本是免费的，但是，根据民法定义，同居配偶仅仅是亲属，此种抚养合同通常包括一些补偿费。当同居配偶之间的抚养合同终止时，"提供抚养"的同居配偶只能要求适当的索赔，如果他是从自己单独的财产中为其配偶提供抚养的，并且在习惯法婚姻期间为其配偶提供服务的范围超出了一定的活动限度。

（2）财产关系

首先，共同财产。在同居期间由同居配偶共同管理的动产和不动产应视为双方的共同财产。所有权份额的分配应按照配偶各自对于财产的贡献比例来决定。如果贡献的份额不能够确定的话，则应被视为相等的。重要的是在家庭里完成的工作应该被视为对共同财产的贡献。在习惯法婚姻期间或者当同居生活结束时新增添的财产（动产、房地产、资金等）应被视为同居双方共同的财产，除非这些财产中的一部分属于一方同居配偶的单独财产。当事人应该证明他的单独财产包括哪些内容，即双方共同拥有的财产中将不包括哪些内容。

其次，个人财产。应包括的内容是：第一，习惯法婚姻关系建立时已经存在的财产。第二，在习惯法婚姻期间作为继承目的或者作为礼物被转移到同居配偶所有权上的财产。第三，用于个人使用的目的并且具有普通重要性和普通数量的财产。第四，作为抵销独立的财产价值而获得的财产。与婚姻共有财产的规定相反，单独的财产不被认为是同居配偶共同财产的一部分。当同居配偶的共同财产被分享时，法院应尽量分配实物，比方说将同居配偶共同购买的汽车和技术设备分别分配给男方和女方。

最后，财产继承。如果死者生前发表了声明，同居配偶根据遗嘱可以不受任何特殊条件的限制继承财产，但是根据法定继承人的规定，同居人不是继承人。民法中关于法律继承人的规定适用于立遗嘱人没有发表声明或者只适用于对于部分财产的继承。由于仅有一个亲属或配偶（很少出现这种情况）可以成为法定继承人，因此同居配偶不可以成为彼此的法定继承人。同居配偶既不可以拥有共同财产中死者权利部分的享有权（生存者对于共有财产中死者权利部分的享有权是指立遗嘱人的配偶继承了在其他场合下不能继承的所有财产的使用权），也无权拥有遗产的必须份额（必须继承份额应给予遗嘱人的后裔，配偶或父母，如果此类人在遗产确定时或者在没有立下遗嘱时是立遗嘱人的法定继承人的话）。

（3）亲子关系

无论子女是婚姻的结果还是同居的结果，关于儿童监护、父母监督、血缘关系或支付赡养费义务的规定没有多大的区别，因此，父母之间的协议和家庭法中的有关规定适用于此类问题。

（4）社会福利

1998年法律规定，关于家庭抚养，不论对于婚姻产生的子女还是习惯法婚姻产生的子女的家庭津贴应该同等支付。

家庭抚养法规定，处女、未婚、寡妇（鳏夫）、离异、与配偶分居和没有同居伴侣的人均为单身者。根据个人所得税法规定，同居配偶可不作为单身者，也有权要求税收抵免，如果作为同居配偶的任何一方都没有要求任何家庭津贴的话，生活在同一家庭里的同居配偶应在纳税年度的年底分担税收份额。伴侣双方应在税务报表中进行相关的申报（雇主的账户情况），这也是分摊的另外的一个条件。

根据1997年的社会保障退休金法案的有关规定，如果某些条件得到满足的话，同居配偶也可以接受遗孀养老金。从根本上讲，同居配偶有权获得遗孀养老金，但先决条件是同居伙伴死亡时，他已经与同居伴侣不间断地生活了一年并且他们有了一个共同的孩子，或者他与同居伴侣连续不间断地生活了 10 年。在同居或者部分同居期间收到遗孀养老金或者与事故有关的遗孀养老金的人将无权享受与他的同居配偶有关的遗孀养老金。16 岁以下的儿童在父母去世之后有权享受孤儿津贴，条件是死亡的父母在其死亡，或年老死亡或成为残疾退休金领取者之前为伤残养老金或者老年退休金提供了一定期限的服务。本规定对于儿童是否由婚姻配偶带大的或者是由习惯法婚姻双方共同带大的事实并不给予歧视。

（5）同居配偶居所的使用

与婚姻配偶一样，同居配偶也可以使用联合所有权和以合租的名义生活在一个居所里，或者在其中一个人的权利之下单独得到一个居所（所有权、租用权等）。

如果同居配偶中的一方在他的居所里为另一方提供住宿的话，被提供住宿的同居配偶应为同居人，因此不需要任何理由和手续，同居人可以在任何时间被剥夺使用居所的权利。如果居所是由一方同居配偶租来的房地产，租赁协议应规定租户允许其他人在居所里住宿（如同居配偶），因此，这种居住根据出租人的书面许可是有条件的。

2. 同居家庭由同居伴侣关系法调整

1996 年匈牙利通过了同居伴侣关系法，规定无论是异性恋伴侣还是同性恋伴侣，在同居期间享受部分社会福利，同居 10 年以上的伴侣一方死亡以后，另外一方可以享受政府发放的养老金。

3. 同婚替代模式由伴侣关系登记法调整

匈牙利社会学研究所的一项调查显示，将生活伴侣的关系合法化对当事者来说是需要解决的问题，现在到了解决这个问题的时候了。根据政府公布的数据，2005 年匈牙利有 34.9 万对未婚同居夫妇，占家庭总数的12.2%，1970 年有未婚同居夫妇 6.2 万对，占家庭总数的 2.1%。

给予未婚同居或同性伴侣与结婚家庭相同权益将涉及 120 条法律的修改，但修改法律必须经国会 2/3 多数票通过方可生效。可见立法与修法成本、阻力都很大。

2007 年 11 月 17 日，匈牙利政府发言人道罗齐·达维德在布达佩斯宣布，政府下周将向国会提交法律草案，允许未婚同居异性或同性伴侣正式登记注册为"近乎家庭的关系"。目的是从法律上顺应人们生活环境发生改变的状况。这一法律草案不再区分家庭成员的性别是同性还是异性，做到一视同仁。道罗齐说，这一法律草案赋予登记的未婚伴侣家庭与正式结婚家庭几乎相同的权益，包括享受家庭福利、申请贷款、健康保健、社会保险、享受纳税优惠、继承遗产的权利和共有财产的处分权等。但草案没有给予登记的伴侣共同收养孩子的权利。这一法律草案规定只有 18 岁以上的人可登记为伴侣家庭关系，如解除关系须经公证人证明，证明其没有共同的孩子，并且就财产分配达成一致。

早在 2007 年，政府和议会就通过了民事结合的 12 月 7 日法案，该法案原本应在 2009 年 1 月正式实施，但就在 2008 年的 12 月，反对派人士将该议案提请匈牙利宪法法院，宪法法院在 2008 年 12 月 15 日裁决法案无效，认为法案不能承认异性伴侣关系，因为异性配偶已经享有婚姻关系的法律权利。匈牙利政府根据宪法法院的裁决意见，该法案只适用于同性伴侣登记。这是令人遗憾的结果，异性登记伴侣关系事实上也有存在的价值，因为登记伴侣家庭与婚姻并非完全一致，其关系解除要比婚姻容易得多。

4. 同性婚姻被宪法禁止

匈牙利国会 2011 年通过名为《基本法》的新宪法。新宪法于 2012 年 1 月 1 日起生效。新宪法明确禁止同性婚姻。

（二）与匈牙利类似的阿根廷

1. 事实婚姻方面

在阿根廷，对于事实婚姻法律是给予调整的，这可能是源于在南美施行宗教婚姻的缘故，只要依照宗教仪式结婚，即使没有登记，法律上也给予认可。

2. 同居方面

2008 年 8 月 19 日阿根廷政府宣布，同居 4 年以上的同性伴侣有权领取已故伴侣的养老金。同时包括异性伴侣、同性伴侣，这是非注册同居或同性伴侣的权利第一次在全国范围内被认可。

3. 同性婚姻替代制度方面

2002—2009 年，阿根廷 4 个司法管辖区［布宜诺斯艾利斯的自治市（2002 年）、内格罗河省（2003 年）、卡洛斯帕斯市（2007 年）、里奥夸尔托市（2009 年）］先后通过《民事结合法》，同时调整异性伴侣、同性伴侣，同居双方可依法登记，但领养法只适用于异性稳定伴侣。

2015 年 8 月 1 日，《民事结合法》在阿根廷全国范围内被法制化，同时包括异性伴侣、同性伴侣。

4. 从同性婚姻替代制度到同性婚姻

2010 年 7 月 15 日，经过议员们一天的激烈辩论后，承认同性婚姻的法案在参议院以 33 票赞成、27 票反对的结果获得通过。阿根廷成为拉美地区第一个承认同性恋婚姻合法的国家。根据有关法案，阿根廷法律中关于婚姻关系限定在一男一女之间，以及把婚姻双方仅称为"丈夫"和"妻子"的条文将被修改，任何符合申请条件的两个人都可登记结婚，不论双方性别。法案给予同性恋婚姻与异性婚姻平等的法律权利和地位，也允许同性恋配偶领养孩子。

二　美国伴侣家庭类型化法律调整现状

针对越来越普遍的非婚伴侣家庭现象，美国只得改变原来对非婚同居者的歧视、惩罚及否定的法律态度。在传统的普通法婚姻与衡平法原则保护事实婚姻之外，设立了一系列手段各异的新型的法律方法来调整非婚家庭伴侣关系。

美国在婚姻以外的伴侣家庭法律规制上体现出了复杂性与保守性的特点。并且对于婚姻之外的异性同居和同性结合的法律规范发展体现出在一条线索上的特点，就是说美国在规范这两种关系时总是用同一种方式、手段或制度，虽然存在对两者的差别对待。所以在分析美国伴侣家庭法律规范时就没有办法像德国、英国那样把两种关系分开来讨论，只能统一来看它们的发展过程，并就二者有分歧发展的地方加以说明，后面的法国也是如此。

（一）异性、同性类婚姻伴侣家庭法律调整

美国法源于英国法，随后又依据美国自身政治、经济及文化等方面的特点作了较多调整。虽然美国建国初期就已经制定了成文联邦宪法，但是联邦及各州自成法律体系。联邦除了在国防、外交及州际商业等之外没有统一的立法权，刑事、民商事立法权基本上属于各州。多数州援照英国法，但各州在婚姻法或称家事法上有其各自不同的规定，这样的背景自然造成了美国在伴侣家庭法律规制上出现了多样化特点。

1. 多样性

美国非婚伴侣家庭法律制度多样化，而且十分复杂。除伊利诺伊州等三个州坚持完全不承认非婚同居关系以外，其他州均以不同方式、不同程度地承认非婚家庭伴侣的权利。有的是法院采用的规则，有的是立法机关

的成文法，有的是行政首长的命令。就非婚家庭伴侣权利、义务产生的法律依据而言，有的州以同居合同为法律依据，有的州以特殊身份为法律依据（一般性关系①、民事结合②、同性婚姻、家庭伴侣③、互惠关系④等）。就非婚家庭伴侣法律关系的主体而言，有的州平等看待同性和异性伴侣，有的州只保护同性伴侣，有的州包括所有同性和部分异性伴侣。就非婚家庭伴侣法律关系的成立而言，有的州需要登记等法律程序，有的州则不需要，但需要符合一定标准。就非婚家庭伴侣法律关系的效力而言，有的会产生与婚姻类似的效果，有的是产生家庭伴侣之间的内部效力，有的是产生家庭伴侣对第三人的一些外部效力。就非婚家庭伴侣关系的终止而言，有些州只要不符合一定标准即不受法律保护，有些州需要经过类似于离婚程序来解除，有些州单方通知就可以解除。

美国全国在立法进程上完全不一样，各州在同性家庭、异性共居家庭问题上各说各话，出台自己的法律。2008—2013 年有三个州出台民事结合相关法律。2004—2015 年各州陆陆续续实现同性婚姻合法化。直到2015 年在同性婚姻问题上美国终于实现全国步伐的一致。

2. 保守性

美国伴侣家庭法律制度也体现出保守性。一是各州对不同类型伴侣家庭的保护程度差异很大。二是立法层面偏重对同性伴侣的规范和保护，对异性同居则稍显漠视。三是原则上对家庭伴侣在公法上给予调整，在私法层面则显得救济不足。美国对伴侣家庭的保守立法态度，究根结底缘于其对传统婚姻的保守。所以在同性婚姻问题上美国推崇保护传统婚姻制度。一些州甚至不惜通过宪法修正案来排斥同性婚姻。为回应同性伴侣的权利诉求，美国选择给予同性伴侣"非婚状态"的家庭法保护。美国期望维系传统婚姻在伴侣家庭领域中的绝对统治地位，防止同居家庭对传统婚姻造成威胁。立法者们大多奉行的立法原则是，能够缔结婚姻的伴侣就鼓励结婚。无法缔结婚姻的同性伴侣与少数异性伴侣只能以非婚的伴侣家庭法律调整。总之，美国设立非婚的新型伴侣家庭法的出发点事实上是对传统

---

① 华盛顿州，适用于同性伴侣、异性伴侣。

② 佛蒙特州，2000 年设立，适用于同性伴侣。

③ 新泽西州，2004 年设立，加利福尼亚州 2002 年设立，2005 年修改，均适用于同性伴侣、部分异性伴侣（62 岁以上）。

④ 夏威夷州，1997 年设立，均适用于同性伴侣、部分异性伴侣（不能结婚）。

婚姻的维护，而绝非对自由意志体现的"同居"的尊重与认可，必然在立法上体现出保守性。

（二）同性婚姻全国合法化

"非婚同居"的制度功能应该是调整那些符合结婚条件，而自愿不缔结婚姻的伴侣家庭。美国只有"合同理论"、华盛顿州的"一般性关系理论"以及一些市县的"伴侣家庭条例"可以起到规制非婚同居的功能。现实中美国的大多数伴侣家庭法的法律效果是同性得到的保护比异性多。这导致异性同居伴侣们模仿同性伴侣要求"平权婚姻"一样，去追求法律认可异性共居家庭的权利。

王薇在其著作《非婚同居法律制度比较研究》中就曾预言：美国未来会分化成婚姻和同居两部分制度，均平等地适用于同性伴侣和异性伴侣。① 这个对于"分裂"的预言在 2015 年果然变成了事实。美国最高法院裁定同性婚姻合法。美国非婚伴侣家庭立法是迫于同性斗争运动而产生的。同性婚姻在全国范围内合法化之前，经过了长期的斗争后为同性结合出台了"伴侣家庭法"。"民事结合""互惠关系""家庭伴侣法"等只是没有"婚姻"的字眼，事实上与婚姻几乎相近。"家庭伴侣法"在美国是妥协的产物，是"同性婚姻"替代性制度，是向"同性婚姻"过渡性制度，最终在 2015 年演变为其终极制度形式"同性婚姻"，继马萨诸塞州第一个承认同性婚姻之后直到 2015 年完成了这个演变过程。

但是同性伴侣和异性伴侣是否能在同居这种家庭类型中改变以往的保守观念，正确对待同居与婚姻的关系和地位，还有待时间的证明。但是从北欧相关制度发展的脉络来看，婚姻会与同居并存，同性伴侣会与异性伴侣地位平等，人们可以自由地选择婚姻、共居（登记为家庭伴侣)②。

三　法国伴侣家庭类型化法律调整现状

（一）异性、同性类婚姻家庭法律调整

历史上，法国立法几乎没有任何有利于非婚同居伴侣的规定。《法国民法典》一直长期秉承拿破仑对于非婚同居的强硬态度，③ 没有规定非婚同居双方的权利义务关系。20 世纪下半叶起司法、行政方面开始突破立

---

① 参见王薇《非婚同居法律制度比较研究》，人民出版社 2009 年版，第 180—181 页。

② 同上书，第 180 页。

③ 1804 年拿破仑制定民法典时就明确表示："同居者无视法律，法律也无视他们。"

法对非婚同居关系的强硬态度。20 世纪 60 年代中期法院只能依据事实合伙或不当得利处理同居关系终止时一方对另一方造成损害的情形，这种办法间接、有限。此后在立法中未有任何突破，司法方面也没有明显体现出实质的发展。与立法和司法形成对比的是，2000 年以前法国的部分市长通过行政权力开始签发"共同生活证明"或"同居证书"①。

1999 年 11 月 15 日，法国议会在经历了重重阻挠、辩论、修改后，通过了"紧密关系民事协议与同居"PACS 法令。200 岁的拿破仑法典孕育诞生了一个创新的"二人生活模式"与婚姻并行，这个具有开创意义的全新尝试使法国的"伴侣家庭模式"分为婚姻、PACS 和自由同居三大块。PACS 有多种译法，如"紧密关系民事协议"②"民事伴侣契约"③"公民互助契约""民事团结契约"等。由于法国宪法委员会总体认为，契约方式黏结的生活共同体应该被定位为"两个人的共同生活"，并且在这项制度出台前曾有过是否包括朋友、同事等的讨论，并且在 2005 年中文译版《法国民法典》译为"紧密关系民事协议"，所以目前大多数关于法国 PACS 的研究多用这个称谓。

PACS 与婚姻制度还是有诸多区别的，除了跨性别（PACS 同等适用于同性与异性）外，归根结底是约束程度不相同，这点主要表现为法定的权利义务和约定的权利义务的比例不相同。

另外，我们注意到一个有趣的问题，法国将非婚家庭伴侣分为两个层次：登记的 PACS 和不登记的自由同居。对于登记的 PACS 有明确的法律规范的条文规定，但对于不登记的自由同居并没增设有任何实质意义的条文去规范。

（二）伴侣家庭类型化法律调整具有革命性特点

法国具有法律效果的伴侣家庭分 PACS 与婚姻两级。其中 PACS 新法具有革命性特点：一是创设新的两人共同生活的制度；二是立法上不区分异性恋和同性恋；三是 PACS 是建立在互助基础上，而"性"关系并非必

---

① 这种证书是由市长起草的，宣布两个人共同生活的文书，通常有两个证人在场签发。市长没有签发证书的义务，证书不具有实质性法律效力，不提供任何法律保护。正如法国司法部长强调的，它仅仅是陈述一种事实状态。不过，这样的证书还是可以使同性或异性非婚同居伴侣获得某些利益，如法国铁路服务系统为所有伴侣提供优惠。

② 罗结珍译。

③ 杨遂全译。虽然这种译法可以与其他国家的民事伴侣制度相衔接，但没有采用。

然条件；四是非婚伴侣家庭问题上出现以"登记"为分水岭的两个层次。

1. 创设新制度

PACS 的权利义务并非以婚姻之权利义务类推而来，PACS 被立法者定位成契约，① 依据《法国民法典》一般规定来规范 PACS，所以 PACS 与婚姻有很大区别，将大多数的问题留给伴侣去自由商定，法律不作过多干涉。为了避免 PACS 与婚姻制度混淆，法国在立法安排上将 PACS 重要条款放在"自然人和民事身份"一章节，没有和婚姻一样安排进民法典家庭法章节。② 在具体制度设计上，PACS 与婚姻制度在关系成立、法律效力、关系解除等方面均存在诸多差异。PACS 提供了婚姻之外的选择，与婚姻约束程度不同，PACS 的优势在于它便捷、低成本、松散，但是可以获取一些类似婚姻的权利，这确实使婚姻丧失了作为唯一法律认可的伴侣家庭模式的垄断地位。但是从实践结果来看，在法国婚姻仍然被认为是一个有价值的制度，维系传统婚姻的主要地位是一个政治高度的问题。法国一方面出台尊重意识自由的 PACS，另一方面也着重加强了对婚姻制度的维系。

2. PACS 在性别上的"中立性"

这一点非常可能最终会导向"男女两性"将不再成为婚姻的必要条件，即同性婚姻。这种可能在 2013 年成为现实，时任法国总统签署通过了同性婚姻法律。

3. "性"关系并非必然条件

非"性"联系家庭生活共同体也属于 PACS 的调整范围，例如亲属、朋友、同事等。

4. 非婚伴侣家庭分为两个层次

分为登记的 PACS 和不登记的自由同居。对于登记的 PACS 有明确的法律规范的条文规定。但对于不登记的自由同居，《法国民法典》第 515 条规定：自由同居是两个相同或不同性别人间的伴侣式事实结合。该种结合以稳定和持续的共同生活为特点。杨遂全教授曾经在其专著《中国之路与中国民法典：不能忽视的 100 个现实问题》一书中认为，该条规定在事实上将同居法制化了，这种自由同居具有类似于合法婚约性质，政府

---

① 官方的态度处于一种骑墙的地位：PACS 既不是法定的结合，又不是简单的财产合同；它既不是公法性质的，又不是私法性质的；它既是针对伴侣的，又针对朋友、同事等。

② 参见《法国民法典》第 515-1 条至第 518-8 条。

及他人不得干预。但是法国法律并没增设有任何实质意义的条文去规范这种自由同居，单纯法律上给出定义不会给予自由同居伴侣实质性权利和义务。所以法国在非婚伴侣家庭问题上出现以"登记"为分水岭的两个层次。

（三）与法国类似的荷兰、比利时、卢森堡

1. 荷兰与法国类似，亦有区别

荷兰对非婚伴侣的承认与保护在世界上都是比较超前的。荷兰自 20 世纪 70 年代就不再对非婚同居进行道德否定性评价。80 年代非婚伴侣不仅可享受税收减让，在社会保障及养老金问题上也逐步获得与婚姻伴侣同等待遇。20 世纪 80 年代荷兰进入实质性的改革。但是荷兰婚姻、异性同居和同性伴侣几方势力博弈的结果是，同性婚姻合法化后，《登记伴侣关系法》与《开放婚姻法》二者迅速融通、和谐发展。

1999 年 7 月 8 日，议会开始审议允许同性恋结婚的《开放婚姻法》。经过两院先后审议通过，2000 年贝阿翠丝女王批准该法，2001 年 4 月 1 日生效。

在此之前，荷兰于 1997 年 12 月 17 日通过《登记伴侣关系法》（Dutch Registered Partnership Act），修改了《荷兰民法典》，并已于 1998 年 1 月 1 日起生效。该法允许同性或异性同居伴侣登记为伴侣关系，从而承担类似婚姻的法定权利义务。注册伴侣关系（荷兰语：geregistreerd partnerschap）被引进了荷兰法律。这种伴侣关系对同性伴侣来说是婚姻的替代品，异性伴侣也可以进入这种关系，事实上 1998—2001 年有 1/3 选择注册伴侣关系的人是异性伴侣。在法律上，注册伴侣关系和婚姻传达了相同的权利和义务，为了尊重遗产继承和一些其他问题等不平等的地方。

在《开放婚姻法》通过并生效后，荷兰没有废除《登记伴侣关系法》。但荷兰于 2000 年 9 月修改相应法律，允许登记伴侣关系在民事身份登记处经过登记变更为婚姻关系，也允许婚姻关系在民事身份登记处经过登记变更为登记伴侣关系。总之，在荷兰的同性伴侣和异性伴侣可以自由选择缔结婚姻、登记同居伴侣、不登记而同居，登记伴侣与婚姻也可以实现登记转换。

2. 比利时与法国类似

比利时社会对非婚同居模式的认同度总体上很高，所以社会普遍要求立法对同居伴侣予以调整，比利时的相关立法是比较超前的。20 世纪 80

年代末，非同同居问题在一个案例中出现转折。① 早在 20 世纪末，同居家庭在比利时就已经被认可，认为不违背公共秩序和公共道德。同居伴侣订立同居契约受到法律保护。比利时议会于 1998 年 3 月 19 日通过了关于共同生活契约和建立法定同居关系的法律，并于 2000 年元旦起实施。不论同性伴侣或异性伴侣，都可以通过登记程序，选择适用法定同居关系的法律规则；无论是否选择法定同居，都可以通过同居契约约定双方的权利义务关系。也就是说，从 2000 年起，比利时的异性伴侣可以选择婚姻、法定同居或非法定同居；同性同居伴侣也可以选择法定同居或非法定同居。法定同居和非法定同居均可订立同居契约。

法定同居的主体范围比婚姻广泛。它不但为类似婚姻的二人共同生活提供了新模式，而且可以用来确立超越性关系和家庭关系的人际关系模式。

2001 年 6 月 22 日通过了一项法案允许同性伴侣结婚，2003 年正式颁布实施了类似荷兰的同性婚姻法律。现在，比利时的异性和同性伴侣都可以在婚姻、法定同居和非法定同居中任意选择一种模式组建二人共同生活体，相应地接受不同的法律规则调整。

3. 卢森堡与法国类似

由基督教社会人民党（CSV）和民主党组建的 Juncker-Polfer 政府起草了一项建立伴侣制度的草案，并于 2002 年 4 月 26 日在内阁获得了批准。国务委员会在其对于 2004 年 1 月 13 日的伴侣制度草案以法国的民事互助契约（PACS）为标准，而不是以比利时的法定同居为标准的审批意见中提出了批评，批评的原因是 PACS 的法律保障没有比利时的法定同居多。国务委员会甚至建议直接考虑同性婚姻的立法，且再次以邻国比利时为榜样，比利时当时已经走完了同性婚姻的立法之路。伴侣制度的法案于 2004 年 7 月 9 日被签署成了法律，并于 2004 年 11 月 1日生效。这个以法国的民事互助契约（PACS）为标准制定出来的伴侣制度是同时开放给同性伴侣和异性伴侣的。它提供了很多婚姻中与福利津贴及财产利益有关的，但又与婚姻不同的权利。它没有提供共同收养

---

① 1989 年一例案件中男女双方同居数年，女方因第三人侵权行为死亡，法院允许男方以原告身份对侵权行为实施者提起赔偿之诉。法院认为不能因受害人与原告的私人关系而让被告逃脱责任，法院强调受害人与原告间亲密、依赖程度如同夫妻，虽没结婚，但这对被告承担责任不产生实质影响。

小孩的权利。

2014 年 6 月 18 日，同性婚姻法案在众议院以 56 比 4 的票数被通过。2014 年 6 月 24 日，国务委员会正式同意让这项法案跳过第二轮投票表决。这部法律于 7 月 4 日被卢森堡大公亨利颁布，并于 2014 年 7 月 17 日被公布在政府公报上。这部法律于公布之后的第六个月的第一天正式生效（即 2015 年 1 月 1 日）。2015 年 5 月 15 日，总理格扎维埃·贝泰尔与他的伴侣 Gauthier Destenay 在首都市政厅登记结婚。贝泰尔成为欧盟成员国的国家领导人中的第一位以及全世界担任政府首脑的人里面第二位与同性结婚的人。

第二节　异性、同性伴侣家庭"分治"理念法律调整

在异性、同性伴侣家庭分别法律调整的国家一般是社会生活中出现了婚姻、家庭新问题，于是法律"头痛医头，脚痛医脚"，对现实问题加以回应，在立法技术上缺少一蹴而就的勇气，缺少全盘性立法统筹，所以异性伴侣和同性伴侣被"分而治之"，这种立法格局会带来很多问题，这些问题在英国体现得淋漓尽致。

一　德国伴侣家庭类型化法律调整现状

德国伴侣家庭立法在欧洲是属于比较保守和慢热的，德国人的严谨与保守在法律中也有明显的体现。在整个欧洲伴侣家庭立法调整的改革浪潮中，德国一直处于滞后的状态。同性婚姻法案也是迟迟在 2017 年才得以颁布。

（一）异性共居家庭法律调整

德国在规范异性同居问题上没有统一立法，采用零散立法模式。直到 2017 年 6 月才像其他北欧和西欧国家那样同性婚姻合法化，这体现出总体上德国社会生活与法律的相对保守性。

1. 理论界对于非婚共同生活伴侣的三种观点

在德国，若干世纪以来非婚同居都被视为违反道德习惯的姘居行为，并加以处罚。但在今天非婚共同生活已被社会所接受，成为一种客观存在的生活方式。随之产生的法律问题就是共同生活伴侣之间的争议，特别是他们分手以后的争议如何处理。以前立法者通过刑法规范调整此类关系，

例如 1970 年之前的巴伐利亚法律，① 主要规定同居的消极法律效果，如以违反善良风俗为由否定遗嘱的效力。今天德国理论界一直未达成共识，到底未婚同居是否应产生法律上的积极效果。

对于非婚共同生活，德国理论界存在三种不同的基本观点：一是法律不应调整非婚同居，二是建立一套"类似婚姻"的制度，三是提供最低限度的法律保护。②

1998 年的子女法改革为该领域注入了新活力。新法规定的父母权利使非婚共同生活伴侣在法律上的结合更加紧密。新法规定未婚同居父母也可以是父母共同照顾非婚生子女，从此婚生子女与非婚生子女不再有本质区分。子女权利法案并没有直接干涉同居伴侣关系，但是共同父母照顾非婚子女必然会间接加强同居家庭关系。

2. 适用的法律

德国保护事实婚姻。非婚同居在德国并没有明确的法律规定加以保护，而是通过类推使用已有的法律或通过合法契约的方式对非婚同居关系加以规范。

第一种方式，无须当事人选择而类推适用已有法律规定。首先，类推适用婚姻法。婚姻法个别条文实际上仅仅以紧密的人身关系为适用前提，所以完全可以类推适用于同居伴侣关系。其次，不排斥适用于非婚共同生活者的特别规范。比如说《家庭暴力保护法》中规定如当事人长期共同生活或在申请前 6 个月共同生活，就可以在"家庭法院"提出保护措施。"长期共同生活"也适用于租房法中有关规定等。再次，和人身密切相关的规定。这种人身密切联系包括夫妻、订婚者或其他家庭成员。这些规范是否可类推适用于非婚共同生活在司法上有很大出入。有的法院类推适用，例如对《德国民法典》第 1093 条第 2 款和第 1969 条。有的法院不支持类推适用，例如对《保险合同法》第 67 条第 2 款、《德国民法典》第 1362 条第 1 款和刑法典第 11 条第 1 款第 1 项。③ 最后，一般的民事法律。民法中关于财产关系的一般规定都适用于非婚伴侣，但这对于非婚伴侣并不产生什么特别的意义，与普通的平等民事主

---

① ［德］迪特尔·施瓦布：《德国家庭法》，王葆莳译，法律出版社 2010 年版，第 471 页。

② 参见［德］迪特尔·施瓦布《德国家庭法》，王葆莳译，法律出版社 2010 年版，第 471—472 页。

③ 同上书，第 474—475 页。

体之间的财产关系无差别。

第二种方式，契约。法无明确禁止时，非婚伴侣自然可以通过约定来调整相互之间的关系。但是，应注意约定不能违反法律强制性规定或违反善良风俗。

德国女性在"男主外、女主内"的传统性别分工问题上，赞同比率远高于英国、法国、芬兰、丹麦、瑞典五国。德国的女性独立地位相对差，对婚姻、对家庭依附性强，所以对同居这种新家庭模式认可与选择不如其他西欧和北欧国家，因此德国在规范异性同居问题上没有统一立法。

在事实婚姻方面，适用《德国民法典》第 1310 条第 3 款第 1 项①，这个条文是被安排在有瑕疵的婚姻的补正这部分，所以可推定在德国事实婚姻属于婚姻范畴，不属于非婚同居范畴。这一点与我国是同样的，但事实婚姻最早是起源于非婚同居的法律规范的。对于将事实婚姻放在婚姻部分规定可以感受到立法者维系婚姻、稳定婚姻的价值选择。所以在没有明确的非婚同居的法律上积极效果的规定时，德国将事实婚姻放到了婚姻范畴里。

（二）同性家庭法律调整

1. "登记生活伴侣关系"制度

2001 年德国设立了"登记生活伴侣关系"制度，专门为同性伴侣提供了共同生活的法律形式。2004 年，出台了《关于修改生活伴侣关系法的法律》，此次修改取消了几处烦琐规定，这些烦琐规定本是立法者刻意设立，避免让其和婚姻过于相像。修改之后仍规定于单行法中，没有并入《德国民法典》。但该单行法有很多地方援用婚姻法或比照婚姻法的规定而设立。

立法者在该制度的专用词汇上存在不当之处。② 用"生活伴侣"专指同性的并且登记过的生活共同体，无疑缩小了该词的含义，容易发生误解。所以基于前车之鉴，我们在撰写专著过程中对各种生活共同体的称谓

---

① 《德国民法典》第 1310 条第 3 款第 1 项：没有获得民事身份官协助的婚姻契约，在满足下列条件时可以视为有效婚姻，其中包括双方已经作出结婚的意思表示；民事身份官员已经将婚姻登记于婚姻登记簿；配偶双方从结婚期已经共同生活 10 年，或一方死亡时至少已经共同生活了 5 年。

② 参见［德］迪特尔·施瓦布《德国家庭法》，王葆莳译，法律出版社 2010 年版，第 956 页。

选择上都是经过反复推敲筛选的。德国在这项新制度的设立中伴随"生活伴侣"概念的设立，产生了诸多概念上的新创设，例如生活伴侣契约（与婚姻契约相对）、生存的生活伴侣（与寡妇鳏夫相对）等。

同性婚姻合法前，德国生活伴侣的法律权利、义务经过十多年的逐步修改，在税务、继承等方面已经达到同婚姻配偶基本一致，但唯独未改变不能共同收养小孩，但可以各自单独收养的条款。

2. 迟缓实现的同性婚姻

在德国"仅仅"不支持同性在法律上与异性完全婚姻平权的观点，如今不再代表多数人立场。政党基民盟以往反对同性婚姻，也一定要明确区别于极端"恐同"。德国新教教会 Evangelische Kirche 在投票前就公开表示支持通过同性婚姻合法化。① 但对德国大多数普通平民来说，虽然可能不具备为同性婚姻平权主动争取的动机，但同时也缺少积极反对同性婚姻平权的动机，因为在德国社会主流的、基础的价值观就是不干涉他人私生活。这就是德国从前一直在同性婚姻平权问题上比起其他欧洲国家，显得不特别激进，但是同性恋在德国普通平民生活中也基本不会被系统性歧视的原因。

2017 年 6 月 30 日，德国联邦议会通过修改民法实现同性婚姻合法化。共计 623 位联邦议员，393 位赞成，226 位反对，4 位弃权。令人意外的是原本反对同性婚姻合法的基民盟与基社盟议员，25% 投了赞成票，基民盟党主席默克尔投了反对票并认为，社民党联合绿党、左翼党以这样快的速度在联邦议会上施压强推同性婚姻的做法非常"令人伤心"，而且"没有必要"②。但是同性婚姻合法化进程中充斥着的政治气息，德国各党派更像以一个政治正确的典型问题划分派系并站队，进而拉拢选民中的激进派、保守派或温和的中间派。

此次议会决议通过修改民法（多数法学家认为不必修改宪法），同性伴侣此次收获最大的是一旦登记结婚，他们可以合法共同收养小孩，而不再是只能以分别收养来解决问题。

---

①　按照基民盟的自我定位和选盘传统，新教教民是相当重要的选民基础。

②　从默克尔此前的讲话来看，她原本希望与执政盟友社民党共同商讨出更妥协的结局方案，但没有意料到社民党会与绿党、左翼党在这一议题上绕过执政联盟，在议会推进通过法案。

二　英国伴侣家庭类型化法律调整现状

（一）异性共居家庭法律调整

1. 异性共居家庭法律规调整采用零散立法模式

20 世纪 70 年代前英国基本上不对非婚同居进行保护。但在继承、房屋租赁和福利救济等方面开始慢慢出现了承认非婚同居的迹象。尤其 50 年代英国开始了有关"事实上伴侣""法律上伴侣"和"家庭成员"的争论，显示了其在立法价值上的松动。尽管英国在 60 年代进行了离婚法改革，也没阻挡 70 年代后愈来愈多的人选择非婚同居，所以法律开始尝试肯定、保护非婚同居，在继承、房屋租赁、家庭暴力等方面给予非婚同居一定程度的肯定和保护，但这些改革极其零散、不确定。到了 80 年代，学者们的措辞由非法同居转变为"稳定的家庭结构"，但还没有上升为可供选择的家庭形式之一。曾经坚定的法官的漠视态度开始转变，但相当保守和限制地适用信托原则等是非婚同居者获得权利的重要方式。进入 90 年代，英国第一次对同居者进行立法尝试即《同居（合同强制执行）立法法案》，以失败告终。此外的改革建议多种多样，包括鼓励同居者签订同居合同、作出信托权益声明、法官对同居者财产问题援引离婚时自由裁量制度、建立登记伴侣关系制度等。是否改革，如何改革，在很大程度上取决于英国政府的选择。英国政府一贯采取的是"实用主义"路线。非婚同居领域始终贯穿着政治因素，所以政策体现出缺乏整体性、连贯性的特点。英国政府的态度总体上是对非婚家庭模式表示宽容，同时政府仍然信奉但凡可以结婚的伴侣都应该结婚，[①] 因为难以确定婚姻和非婚家庭模式最佳平衡点，政府的态度举棋不定，这就决定了非婚同居法律制度的改革方向难以确定。20 世纪末至 21 世纪初，那些关于能够结婚的异性同居伴侣的权利问题暂时搁浅，不能结婚的同性同居者转为立法者关注的焦点。

总之，英国一直没有出台专门针对非婚同居关系的立法，非婚同居伴侣在家庭法中的地位十分模糊。就非婚同居者的法律权利而言，不同领域的零星立法使非婚同居的地位出现两种情况：一是次于婚姻，二是被完全忽视。

---

① 这与美国在相关立法上的态度如出一辙。

英国非婚同居伴侣享有权利主要倚赖于同居合同①和衡平法上的归复信托、推定信托及禁止反言等规则。② 这种情况使得非婚同居相关诉讼在判例法上不统一，只能依照个案情况，导致类似案情判决结果大相径庭。但这种方式有利于法官行使自由裁量权，具有相当的灵活性。衡平法和法典相比，具有灵活性、变通性及适应性，能更有效率地创设法律，适应迅速变化的市民生活。有法官曾表示：与变革法律和制定新法相比较，"允许法官可以通过案例继续发展法律是更好的选择"③。

非婚同居伴侣在财产继承、家庭暴力、住宅租赁和抚养等方面享有的权利分别来自《继承法》（家属和受抚养者条款）、《法律改革法》（继承）、《家庭暴力与婚姻程序法》《家事诉讼和治安法院法》《住房条例》《死亡事故法》及《家庭法条例》中的有关规定。有关同居者的立法改革都是系统法律改革的副产品。④ 所以在一些根本没有提及非婚同居者的制定法领域，非婚同居关系就当然是被忽视的，如在税收、移民、社会福利等方面。

2. 继续改革的两难境地

任何改革都将不得不寻求平衡家长式管理政策与当事人自决之间冲突的道路。⑤ 英国政府犹豫的态度表明这种平衡点着实难以把握。曾有英国学者对此解释：没有统一针对异性同居伴侣的法律并不必奇怪，因为家庭法在本质上就充满矛盾、混乱、不统一。家庭法同时涉及社会生活与情感领域，即感情、亲密、承诺和背叛，充满着矛盾和悖论。⑥ 很多异性同居伴侣强调双方相互依赖，希望得到婚姻的待遇，但也有很多异性同居伴侣本意就是不愿接受法律调整。法律既要考虑保护弱者和稳定生活共同体，

---

① 理论上法律认可同居合同的效力，但实际上很少适用同居合同理论，不具有普遍性。

② Anne Barlow and Rebecca Probert, "Regulating Marrige and cohabitation: Changing Family Values and Policies in Europe and North America-an Introductory Critique", *Law & Policy*, Vol. 26, No. 1, 2004, pp. 1-11.

③ Kate Standley, *Family Law* (4th edition), New York: Palgrave Macmillan, 2004, p. 77.

④ Rebecca Probert, "Cohabitation in Twentieth Century England and Wales: Law and Policy", *Law & Policy*, Vol. 26, No. 1, 2004, pp. 13-32.

⑤ 蒋月:《英国家庭财产关系研究》，载陈苇主编《家事法研究》，群众出版社 2006 年版，第 162 页。

⑥ John Dewar, "The Normal Chaos of Family Law", *Modern Law Review*, Vol. 61, No. 1, 1998, p. 468.

也要尊重异性同居伴侣不选择婚姻的自由。①

　　这种改革的两难境地着实使立法者思索良久，但终归没有得出解决的方案，英国法律委员会也认为在普通法框架下无法提出实质性的法律改革建议。② 这也并不是说在英国异性同居伴侣的法律规范改革进程就截止了，只是英国目前尚未有改革的巨大压力，因为前文已经提到过，在制定法之外，还有另一种救济方式就是衡平法的个案裁判方式。所以看来英国的改革只有当个案裁判方式无法应对异性非婚同居的发展时，③ 才会重新提上日程。

　　（二）同性家庭法律调整

　　1.21 世纪焦点转向同性伴侣保护

　　20 世纪有关异性同居伴侣的法律争议大多集中在同居与婚姻比较层面。在何种程度上给予异性同居伴侣像婚姻配偶那样的权利这个问题还没有得到圆满解答之时，焦点逐渐转变为在非婚同居关系中同性与异性伴侣的比较。异性同居的法律地位在零星的改革中毕竟得到了显著提高，而同性伴侣的权利却是被忽视的。曾有学者将英国家庭法保护家庭伴侣问题分为三个层次，第一层次是婚姻，拥有最多法定权益、救济措施；第二层次是异性非婚同居关系；第三层次是同性同居关系。④

　　进入 21 世纪后，伴随一些司法判例、新的立法的出现，上述的家庭法等级层次开始发生转变。典型如从 Fitzpatrick v. sterling Housing Association Ltd. 案⑤、到 Ghaidan v. Mendoza 案⑥中法官裁判的变化。同性伴侣可能依据《欧洲人权公约》第 8-14 条要求获得与婚姻一样的待遇。同性伴侣的权益在 2000 年的"移民规则"和 2001 年的《刑事伤害赔偿

---

　　① 在"登记伴侣制度"的立法过程中，曾提出过一个同性和异性伴侣都可登记的方案，讨论过是否应将异性非婚同居伴侣包括其中。英国政府最终决定，不包括异性伴侣。其理由是：异性伴侣可以通过婚姻得到法律和社会认可的身份，不需要民事伴侣登记制度。如果他们选择不结婚，那么他们的选择应当得到尊重。

　　② 参见王薇《非婚同居法律制度比较研究》，人民出版社 2009 年版，第 240 页。

　　③ 已经有案例是异性同居伴侣期望登记为民事伴侣，但被裁定仅适用于同性伴侣。

　　④ Anne Barlow and Rebecca Probert, "Regulating Marrige and Cohabitation: Changing Family Values and Policies in Europe and North America-an Introductory Critique", *Law & Policy*, Vol. 26, No. 1, 2004, pp. 57-86.

　　⑤ Fitzpatrick v. sterling Housing Association Ltd. (1999) 4 All ER 705.

　　⑥ Ghaidan v. Mendoza (2002) EWCA Civ l533, (2002) ALL ER (D) 32 (Nov).

权法案》中都得到了保护。甚至在 2002 年《收养和子女法》中允许形成长久关系的同性同居伴侣收养子女。

2. 从民事伴侣到同性婚姻

与异性同居伴侣拥有平等的法律地位并不能使同性伴侣满足，他们进而要争取与婚姻平等的法律地位。而且这种争取的理由比异性同居伴侣更为充分，因为不能够结婚，但是同性伴侣需得到像婚姻一样的法律承认和保护。这意味着英国或者承认同性婚姻，或者赋予同性伴侣类似夫妻般的权利和义务。此时北欧国家早已经出现了"民事伴侣登记制度"，这看起来像更佳的选择。于是两种选择成为讨论的焦点。就像有的英国学者说的那样，法律在公平处理同居者问题时无益地拐了个弯。[1] 改革开始指向婚姻，但这种改革并非一蹴而就，还是经过了一个发展阶段。

2001 年 6 月 28 日，伦敦市政府宣布承认同性伴侣关系，并从同年 9 月开始为同性伴侣登记，伦敦成为英国首个承认同性伴侣关系的城市。此时伦敦市的同性伴侣还没有获得与婚姻同等的法律地位，但是在房屋租赁、退休保险及移民等事项上开始得到认可，承认双方关系的存在。[2] 2001 年 10 月，英国下议院通过了《伴侣关系（民事登记）法案》。2002年英国政府公布《民事伴侣关系法草案》，于 2004 年提交到上议院通过。2005 年 12 月 21 日，《民事伴侣关系法》正式生效，同性伴侣取得了与婚姻配偶同样的权利。

近十年后的 2014 年 3 月 29 日，同性婚姻法开始生效。在英国部分地区，婚姻是一个权力下放的议题，而且英格兰和威尔士、苏格兰、北爱尔兰的同性婚姻地位各不相同。[3] 在《婚姻平权法案》第 9 条规定同性婚姻的法条生效后，曾经登记为民事伴侣关系的伴侣均有资格将民事伴侣关系转换为婚姻关系。

---

[1]　Kate Standley, *Family Law* (*4th edition*), New York : Palgrave Macmillan, 2004, p. 76.

[2]　陈苇：《外国婚姻家庭法比较研究》，群众出版社 2006 年版，第 137 页。

[3]　英格兰和威尔士的同婚法制化的立法是在 2013 年 7 月由英国国会通过的，并于 2014 年 3 月 13 日生效；苏格兰的同婚法制化的立法则是在 2014 年 2 月由苏格兰议会通过的，并于 2014 年 12 月 16 日生效；北爱尔兰还没有实现同婚法制化。在 2017 年 3 月的选举之前，北爱尔兰首席部长阿琳·福斯特发表声明称，民主统一党会继续使用担忧请愿书来阻挡任何会使同性婚姻法制化的法案。管辖区的同性婚姻都被当成民事伴侣关系对待。

第三节　其他伴侣家庭类型化法律调整

一　涉中性人伴侣家庭法律调整现状

前文已经阐释过，中性人在医学概率学上来讲，是一种必然存在，并且中性人以及跨性别人非常有可能一直保持性别不清的模糊状态。"两性"世界是人类社会文化人为构建出来的性别结构，这种"人为构建"因为片面性会遇到一些现实问题。例如南非田径运动员双性人卡斯特尔·塞门亚参加女子组比赛获得冠军。①

（一）中性人法律地位的斗争

以美国为例，2015 年同性婚姻被美国最高法院裁定合法化，伴随着的一系列争论中还有另一种对争取同性婚姻权利运动的不同看法，来自更加处于阴影之中，也更加庞杂而难以归类的人群，即"跨性别者"（transgender）。他们所关心的议题，一部分与同性恋人群相重合，例如婚姻问题，另一部分则具有完全的独立性。相对于被大众传播塑造为更具时尚品位、更加温和，因而获得更加积极社会形象的同性恋人群而言，跨性别者有更大的概率仍然被视为"怪胎"，相应地，他们更加关心的是"反歧视"议题。而围绕着这一议题，又存在着种种争议。当前美国有关工作领域反歧视的法律并未将"自我性别认知"（gender identity）明确列为一项反歧视内容。因此在相关法律得到修订之前，针对跨性别者在工作机会领域遭受的歧视，律师们发展出不同的应对策略。其中一种策略是援引联邦身心障碍者法案（Americans with Disabilities Act），将跨性别者定义为身心障碍者，因此要求相应的反歧视保护。这种策略首先在法律上面临的挑战是联邦身心障碍者法案明确规定"跨性别、非因物理创伤导致的自我性别认知失调及其他性别相关行为失调"不属于法案保护范围，为此在部分案件中律师选择要求宣告该排除条款因违反宪法平等保护规定而无效，例如在 Blatt v. Cabela's Retail 案中，目前尚未取得实质性进展。其次，这种策略在跨性别者群体中引发了极为强烈的反对之声。持反对意见

---

① 南非田径运动员卡斯特尔·塞门亚（Caster Semenya），因在 2009 年柏林田径世锦赛上以 1 分 55 秒 45 夺得女子 800 米冠军引起世人关注，但她被外界质疑为双性人，她的性别曾遭到公众的严格审查。

者认为，尽管英文单词"Disability"有不同的定义，但社会大众往往会将其与残疾或缺陷联系起来，因此将跨性别定义为一种身心障碍的努力本身就是对跨性别者的歧视，反而会固化社会对于跨性别者的偏见。同时，持反对意见者也提出，跨性别者本身包含多种不同的"自我性别认知"类型，对于其中相当一部分来说，并不存在任何需要医学干预的性别认知失调问题，因此也不应当由联邦身心障碍者法案予以保护。从这一反对意见出发，事实上又涉及跨性别者性别变更的问题。在目前美国法律体系下，跨性别者无论是变更出生证明上登记的性别、更改异性姓名或变更驾照上登记的性别，均需要提供已经进行医学变性手术或被医学诊断为自我性别认知失调的证明，那么对于跨性别者中并不在外表上表现出性别失调的人群或者无力负担医学诊疗费用的人群，事实上可能无法满足变更性别设定的前提条件。随之而产生的争议是，如果个人的自由权利应当得到尊重，那么通过医学证明才能够官方地变更性别或姓名，这是否构成一种对跨性别者的歧视？还是说应当完全凭借自己的自由意愿来变更而无须出具任何证明？更进一步地，这些争议可以被引向更加广泛的意义之上，要求医学诊断是否属于社会文化传统强行施加给跨性别者的一种负担？跨性别者是否需要符合社会对于男性或女性的想象，才能转换其登记的性别或姓名？假设一名女性，是否必须喜爱哈雷机车、喜爱粗口或烈酒才有可能被社会认定为存在性别失调？是否可以自由决定自己的性别而无须与社会文化传统上对于该性别的认知相符？由这些问题展开的讨论，事实上已经不再局限于跨性别者权利的范畴，而是与整个社会对于性别的定义和认知相联系。这些问题的答案，或许不在当下，但将会是关于重新定义性别的更广泛的运动的一部分。来自跨性别者们的争议，展示了为什么同性婚姻合法化运动被批评为占用社会资源过多的另一个原因。然而无论如何，在同性婚姻已经获得胜利的今天，更多人开始将目光投向 LGBT 平权运动的下一步发展，当前为同性婚姻议题占据的巨大社会资源至少会有部分能够释放到 LGBT 平权运动的其他议题之中，这对当前受到重视程度相对较低的那些议题而言，不啻为一个利好消息。

以上讨论的同性婚姻合法化以及由此延伸的跨性别者问题，其意义绝非仅仅局限在 LGBT 人群之中，而是象征着我们所身处的这个社会的多元化与个人化进程的不可逆转。如以上所讨论的，同性婚姻在某种意义上可以被视为伴侣关系多样化的开端，而跨性别者议题的广泛和深入，象征着性别这一包含最多刻板印象的领域的逐步开放，传统的"男子气概""女性气质"概念将受到更大的挑战。从这些角度而言，LGBT 人群所引发的这些议题，与全社会每个人的利益都息息相关，这将是一个更加注重自我表达，而非社会约束的时代。这也将是一个更加相互尊重，而非党同伐异的时代。人类数千年数百年来逐渐积累养成的社会传统，正经受每一个公民从主体视角的思察。我们该怎样认识自己？以怎样的方式结合成一个家庭？又以怎样的方式组合成一个社会？更加自我，更加独立，更加分散，却更加充满责任。尽管 LGBT 人群所面临的艰难处境不会为其他人群所经历，但在更广泛的意义上，多元化和平等社会紧密相关，自由意志和尊重人权相伴相生，社会中少数派被对待的方式正是全体公民权利的边界。①

美国肯塔基州一对同是跨性别人夫妇，因二人均保留着原始性器官（不完全变性人），作为充当丈夫角色的尼克怀孕生子，并且已经生育两个孩子。②

（二）中性人法律主体地位立法尝试

依据"北美中性协会"（Intersex Society of North America）的说法，如果一个人先天的"生殖或性器官并不符合男性抑或是女性的典型定义"，那么这个人就应当被定性为中性。

中性人作为法律主体，享受人权问题是近年的国际热点之一，澳大利亚、新西兰、尼泊尔、泰国、英国、印度、德国、美国等通过立法、法院裁定、行政管理、设立中性设施等方式认可中性人的法律、社会地位。

澳大利亚通过官方颁发身份证明的方式来确认中性人的性别状态与法律地位。新西兰同澳大利亚一样已经允许中性人注册为第三性。身份证件上设立新的性别标志"X"。并且新西兰在商场、车站等公共场所设置了"中性卫生间"。在尼泊尔也已经实现"X"性别的适用。在美国纽约，已经对一名新出生的婴儿颁发了首张中性人出生证明。并且为起到表率作用，时任总统奥巴马曾签署行政命令：美国白宫将设立"中性卫生间"。加拿大在 2017 年官方已经开始在护照和其他证件中尝试设立一个新的性别标志"X"，提供给中性人填表使用。

---

① 《同性婚姻合法化结束不了争议》（http://cul.qq.com/a/20150628/006725.htm）。

② 《美国一对变性人夫妇，丈夫生娃妻子当爸》（http://news.china.com/hd/11127798/20140812/18702307_5.html）。

在德国，2017 年联邦宪法法院已经作出裁决：公民可正式注册为第三性。① 2018 年 11 月 8 日，德国联邦宪法法院通过法案，要求立法者在2018 年底之前，确定注明第三性别的标准用词。届时，在各种表格的性别选项中，将出现男、女以外的第三种选择。承认第三性别，最有利的一个推动因素是一桩诉讼。数年前，有一个身份证件为"女"的第三性别者对此存疑。其多次向法院提起诉讼要求更改性别选项，却屡次败诉。但这桩案子引起了多方关注。2012 年，德国伦理委员会和联邦反歧视机构提出，应当对这一群体的利益加以关注，应当对他们平等对待。他们认为，这些人的出生证上不应该标注男、女性别。性别是男是女，应当等他们长大以后自行选择，而不是在婴儿时代由父母决定。这种呼吁得到了回应。2013 年 11 月起，德国婴儿出生证明上不仅可以写男、女性别，也可以选择打×，留待以后决定。当时，不少人都称赞这是德国社会进一步"现代化"的标志。但也有人认为，不该对这个变化进行过度解读。当时的内政部发言人曾泼冷水道："此举不过是为了缓解父母们迅速决断婴儿性别的压力，但这些未标注性别的孩子早晚要决定自己的性别。这项新规定并不意味着有第三种性别。"《法兰克福汇报》称，德国现在大约有十万人可以归类于第三性别。这些人曾被视为患有遗传疾病。有些人不得不接受手术，强行让自己归类于"男人"或"女人"。在心理层面上，也只有部分人认同自己是男人或女人，另外一部分则完全不认同这种性别分类方法。目前，可用于表示第三种性别的德文词汇有 inter 或者 divers。卡鲁法院表示，立法者可以从这两个词中选择一个，也可以另外创造一个适用于表示第三性别的积极词汇。立法本来就是为了让男、女、第三性别平权，但从 inter 和 divers 中明显能感受到：第三性别被视为一种衍生出来的性别，成为"后来者"。所以，一旦采用这两个词之一，新一轮的批评和质疑恐怕在所难免。2018 年 12 月德国议会通过法案，政府将在各类登记文件中引入第三性别选项"间性"（intersex）。第三性别将应用在出生

① 本次案例的申述人在出生时的注册性别为女性，但据法院称，该申述人拥有"一套非正常的染色体组"且其本人"一直感觉自己既非女性也非男性"。申述人此前曾向卡尔斯鲁厄（Karlsruhe，德国城市）联邦最高法院要求将性别正式注册为"中性"或是"变化待定"，但由于缺少此类性别注册的法律依据，法院持续驳回了申诉人的申请。卡尔斯鲁厄联邦最高法院当初驳回申述人的申请是直接基于宪法得出的最终结论，如今联邦宪法法院通过了这项申请，这意味着其他法律惯例将会受到很大的连锁影响。

证明、驾驶证和其他政府文件中。相比此前那些认为自己既不是"男性"也不是"女性"的人只能留空性别栏的境况,德国政府这项举措的推出可谓一大进步。但 LGBT 平权运动人士认为,目前政府做得还不够好,他们想要新的法律来让登记文件中性别项的修改变得更加容易。

就算"称谓"的问题已经解决,第三性别也面临着很复杂的法律地位,特别是在婚姻和家庭方面。德国刚刚承认了同性恋婚姻合法,那么第三性别的婚姻如何保障?这大概又是一场旷日持久的权利抗争。所以,关于第三性别的讨论,不止历史很长,未来同样漫漫。

(三) 涉中性伴侣家庭法律调整动向

1. 专门立法动向

在英国,在 1967 年的"Talbot V. Talbot"的案件中,大法官 Ormerod 说,"婚姻关系是依靠性行为而建立起来的情侣关系,而不是依靠社会性别",不赞同禁止相同社会性别的人结婚的情形被保留,并延伸至了配偶一方是做过手术的跨性别的情形。

在西班牙,2004 年 6 月 30 日时任司法部长胡安·费尔南多·洛佩斯·阿吉拉尔宣布,众议院已临时批准了一项政府的立法计划,将婚姻的权利延伸至同性伴侣。洛佩斯·阿吉拉尔还公布了由加泰罗尼亚会合联盟提出的两个项目:一个是给予同性和异性"事实婚姻"(Parejas de hecho) 的法律地位;另一个是允许跨性别人士无须进行性别重置手术,也可以合法更改姓名和性别。

在泰国,临时政府 2015 年欲起草一份关于增加性别属性的法案,假如法案通过,那么变性人法律地位将可能有一定提高。由于泰国变性人不能改变出生时的性别,所以泰国变性人的性别无法定性,我们暂归类为第三性别。约兰达·苏安约特(Yollada Suanyot)是泰国的第一位变性人议员(男性变为女性),同时也是泰国级别最高的变性人政治家。她是泰国变性妇女协会主席,与她的变性人伴侣(女性变为男性)组成家庭。①

南非是世界上第一个在其宪法中把性倾向作为一种人权进行保护的国家。1994 年 4 月 27 日生效的临时宪法和 1997 年 2 月 4 日取代临时宪法的最终宪法,都禁止基于性、性别或性倾向的歧视。南非是非洲大陆唯一在

①《泰国变性人情侣的生活、爱情和权利》(http://news.ifeng.com/a/20150216/43190190_0.shtml)。

法律上认可同性结合的国家，而且会为同性恋及跨性别恋者提供帮助。《南非宪法》保障所有公民不分性向而在法律面前平等——给国会一年时间修正婚姻法规中的不平等。2016 年，在南非同性婚姻合法后的 10 年，南非教会正式认可同性、双性、变性人婚姻的合法性。①

在新西兰，2013 年的《婚姻（婚姻定义）修正案》修正了 1955 年的《婚姻法》，使其包含了明确允许同性婚姻的婚姻定义，也修正了其他有必要一同修正的法律法规。修正后的婚姻定义是："婚姻是指两个人的结合，不分性别、性向，或性别认同。"

总体上，涉中性人伴侣家庭的法律几乎可以说是空白状态。在法国，2017 年 5 月 4 日，最高法院驳回了双性人以中性法律主体身份申请民事登记。② 早在 2015 年 8 月，当事人就曾向图尔的家事法庭申请过，不幸的是在 2016 年 3 月被法国奥尔良上诉法院裁定驳回，2017 年上诉再次被最高法院裁定驳回。③

2. 借用传统法律

中性人在没有独立的法律地位时，只能选择在现有的男和女的"二元制"性别中选择，所以借用传统法律，实现权利保障也是实践中经常出现的情况。

例如在俄罗斯，据《每日邮报》报道，2014 年 11 月 7 日，圣彼得堡的一名男子在接受了激素治疗后变为女性外貌及特征，即跨性别人，再利用自己原来的男性证件与女友结婚。两人成为俄罗斯首对合法注册结婚的女同性恋。④ 但是俄国同性权益活动家认为这绝对不是同性婚姻，应该属于跨性别议题范畴。

二　非性联系伴侣家庭法律调整现状

（一）非性联系家庭法律调整的争议

制定这种同居关系法律的一个极大阻碍是如何定义"同居者"，或者

---

① 《南非教会正式认可同性、双性、变性人婚姻的合法性》（http://www.nanfei8.com/news/nanfei/2016-02-29/27506.html）。

② "双性人"名叫加埃唐（Gaëtan，化名），出生时不具备男性和女性的生殖器官。法国每年大约有 200 名这样的新生儿。

③ 理由是，"法国法律不允许民事登记文件中出现男性和女性之外的性别"。

④ 《俄罗斯"同性恋人"合法结婚》（https://www.danlan.org/disparticle_48852.htm）。

如何确定法律调整的对象范畴。① 我们在第二章中论述了类婚姻、非性联系家庭等概念，也是试图使法律具有确定性。但是像法国在 PACS 中的同居概念②就使具体诉讼中确定所涉的当事人能否适用同居者法变得困难。③

许多国家立法机构对此规定都不够清楚。部分国家早已开始讨论同胞兄弟或其他非性联系的家庭关系。因为世界都在经历"人口老龄化"的挑战，单户和空巢家庭逐渐增多。有些国家已经对这一类型的同居家庭关系进行了法律规制———有时是单独地作出规定，因为其本质上与性联系伴侣家庭（类婚姻）不同。

同性恋运动高涨使学理讨论和立法改革都聚焦在性关系或类婚姻关系上。大多数的改革和讨论都体现出对"性关系"的不适当定位。立法关注同居中的生育、共同生活费、家务开销和预算、承诺及后果等问题。除去生育子女方面，性关系在其他几方面中根本不重要。那么兄弟姐妹共居家庭可否受法律调整？成年残疾子女与父母共居家庭可否受法律调整？分担责任、相互照料的老年伴侣家庭可否受法律调整？

目前，非性联系家庭都在模仿婚姻法建构，或者干脆将非性联系家庭包括超过二人非性联系家庭都排除在外。这是不合理的，其本质上与性联系同居（类婚姻）不同。二者不能共用一套制度，起码不能完全共用，而且共用在下定义时会出现很多技术性问题。与性无关的登记伙伴家庭是为那些被排除在家庭法以外，但当事人自由决定想终身厮守承诺，而且希望对彼此有约束力，而提供法律所认可的身份。

部分国家在研究伴侣家庭问题时，关注点不止于以性为连接的伴侣家庭，同时关注一般共同居住者的法律问题，就是对于"非性联系共同居

---

① 例如《稳定伴侣结合法》规定，异性伙伴需要 2 年的等待期间，除非他们已生了小孩，而同性伙伴必须正式宣誓他们愿意他们的关系由法律规制。参见 ［德］M. 克斯特尔《欧洲同性恋立法动态的比较考察》，邓建中译，《比较法研究》2004 年第 2 期。

② 任何一对以一种稳定结合关系共同生活的伙伴（不论其性别）都被认为是"同居"（concubinage）。《法国民法典》第 515—518 条原来关于非婚同居的内容，由 1999 年 11 月 15 日的 PACS 中的第 99—944 条所修改。类似的定义已经由德国宪法法院确立，见《联邦最高法院民事裁判集》第 87 卷中第 23、267 页。

③ 新西兰的 1976 年的《财产（关系）法》（2000 年该法被修改）列举了九项因素供法院判定"事实关系"。但最终的判决还要依靠法官根据具体个案进行裁量。结果是必然增加了"事实关系"的不确定性和纠纷。参见阿特金《新西兰的析产改革：从婚姻到关系》，《欧洲修法研究》2001 年第 3 期。

住者"等的考虑，即不把性作为同居的当然内容。

（二）非性联系家庭法律调整立法尝试

德国宪法法院在已有的案例中显示了一种态度：非性联系同居也是同居。因为《德国宪法》没有禁止这种结合的规定，但是它也不鼓励之。

法国的《紧密关系民事协议》草案包括兄弟（"同胞"）结合体。[①] 但是最终草案的这部分被立法机构删除。法国改革中也曾考量过PACS是否适用于非亲属的搭档，如朋友、同事等，最终法国PACS新法的革命性特点之一就是PACS是建立在互助基础上，而"性"关系并非必然条件。

比利时1998年11月23日的法令通过在《比利时民法典》的法定同居规定中插入一部分新内容，且通过修订《比利时民法典》和《比利时司法法典》中的一些规定，给予了同性伴侣和异性伴侣有限的权利。然而，成为伴侣并不是作出一项法定同居声明的必要条件，亲属也可以这么做。这项法律于1999年1月12日出台但并未生效。比利时的《建立法定同居关系法》对调整主体限制很少，同性、异性伴侣都适用，理论上包括禁止结婚范围内的亲属（如兄弟姐妹、父女）。比利时的"法定同居关系"是一个非常广泛意义上的"二人共同生活关系"，不拘泥于类似夫妻的伴侣范畴，但仍限定于二人之间。

美国的一些市、县和州出台了针对非婚同居伴侣的登记制度。例如美国夏威夷州的《互惠法》调整对象包括同性伴侣、部分异性伴侣，也包括共同生活的母亲和成年儿子（或孙子）。还有一些家庭伴侣关系方案通过市或县的条例而法律化，规定没有亲属关系、相互忠诚，并愿意共同负担基本生活费用的同居当事人可以成为家庭伴侣。如1989年8月7日，纽约市市长签署行政命令赋予家庭伴侣丧假权：当对方家庭伴侣死亡，或对方家庭伴侣的父母或子女死亡时，一方可以休丧假。纽约市市长还特别指出，该行政命令的出台与同性恋权利运动无关，"最大的受益人群是像夫妻一样共同生活但没有结婚的异性恋者、相互为伴的老年人、形成家庭伴侣关系但不一定有性关系的人"。又如麦迪逊市有行政命令规定：所有未婚员工都可指定一位单身家庭伴侣休丧假和休病假。对所指定伴侣的唯一要求是与该员工共同居住，且没有亲属关系限制。

[①]　参见1998年10月14日法国《国民议会》第1138卷，第27部分。

澳大利亚新南威尔士州 1999 年修订《事实伴侣关系法》,其调整对象包括异性和同性伴侣、"事实关系""两人共同生活或相互提供家庭似的供养、照顾的亲密关系(不论是否与家庭相关)"。后来又在 1999 年修订基础上参考其他国家立法,考虑扩充"家庭关系"的定义。澳大利亚首都直辖区制定法将"家庭关系"界定为:两个成年人彼此承担身份、财产责任,且彼此提供家庭似的经济扶持关系。从概念上似乎很难排除非性联系的生活共同体。

加拿大新不伦瑞克省《家庭服务法》以及艾伯塔省的《成年人相互依赖关系法》也有类似的立法动向。

英国在 1991 年提出的《同居(合同强制执行)法案》中,"共同居住者"包括朋友、亲属或伴侣。该法案是第一个针对同居者的立法尝试,失败了,但关于"共同居住者的财产问题"项目,英国法律委员会从 1993 年至 2002 年花了十年时间研究,最后认为无法在普通法框架下提出实质性法律改革建议。我们认为这是对家庭成员体系分类没有搞清楚的前提下,做了无用功。因为同居者的财产情况类似于婚姻,同属于伴侣家庭,而有性联系伴侣家庭的人身、财产问题是不能够和非性联系共居者混同的,这是伴侣家庭研究不成熟的典型体现之一。

有无亲属、疾病方面禁止性规定取决于是否把"性"关系作为共同生活关系的中心。它旨在承认更为广泛的亲密共同生活关系体。在呼吁多元化、个性化生活方式的社会里,加上家庭生育功能在个体生活中的逐渐淡去,这种立法考量有一定的合理性。但是很明显的是,用规范类似婚姻的伴侣关系法来调整亲属、朋友、同事等共同生活体的关系并不妥当。这也是绝大多数国家没有在非婚同居法律制度中囊括亲属、朋友、同事等之间的共同居住关系的原因。

第四节　域外伴侣家庭类型化法律调整通考

世界各地伴侣家庭在现实中都确实存在着,但法律调整现状确实千姿百态,虽然有很多规律可以遵循,但众多的特例也数不尽数。笔者粗略梳理了世界伴侣家庭调整现状,具体参见附录"世界伴侣家庭立法概况一览表"。

一　欧洲国家

(一)　各安其所的北欧

北欧国家包括三个斯堪的纳维亚王国挪威、瑞典、丹麦和两个共和国芬兰、冰岛。这五个国家的各种法律制度放在一起是罗马—日耳曼法系的一个分支。[①] 从 1872 年开始北欧国家趋向立法合作，直至 20 世纪 60 年代末家庭法几乎完全相同，尤其在非婚同居法律规制问题上北欧国家有着显著的区域特色。由于北欧有着特殊的文化、经济、政治环境，所以北欧的各类型伴侣家庭均能各安其所，无论采用何种模式调整，在法律效果上每一种伴侣家庭都比较相近，各类型伴侣家庭权利、义务出现趋同。

1. 丹麦

丹麦对于异性、同性的同居法律对策是承认"正式同居"类似于事实婚姻。依据 1968 年 8 月丹麦《正式同居及其解除法案》第 29 条规定，[②] 男女只要年龄达到 21 周岁，并且同居关系相对持续（其间无明显中断）达到 3 年，就可以向当局申请认可双方同居关系，同居伴侣在整个法律系统内，完全拥有同传统婚姻相同的法律效力。同居伴侣在税收、福利和继承等方面与婚姻配偶几乎相同，但在收养子女方面有所区别。符合"正式同居"法律条件的伴侣便会自动地承担婚姻的法律后果。所以，有学者认为丹麦法律赋予"正式同居"的权利不够民主、自由，似乎直接抹杀了自由同居中的自由选择意志。丹麦在众多领域均体现着特别的自由传统，但与北欧国家相较（如与瑞典相比），丹麦更加强调重视法律、协议和组织去调整控制社会生活。自由并不是没有边界，而是适度地与实用地调整规范。这其实根源于丹麦民族文化中强烈的"约束"因素。丹麦对异性、同性事实婚姻与同居混同后加以综合性规定。

丹麦于 1989 年通过《登记伴侣关系法》，登记同性同居伴侣获得与婚姻类似的权利。2012 年 6 月通过《同性婚姻法案》，同性伴侣可以

---

①　［德］K. 茨威格特、H. 克茨：《比较法总论》，潘汉典等译，法律出版社 2003 年版，第 417 页。

②　《正式同居及其解除法案》第 29 条：男女双方年满 21 岁，同居达 3 年，其间无明显中断，任何一方都有权向当局申请承认其同居关系，同居关系的人，在所有法律领域内，具有与婚姻相同的法律效力。

结婚。

2. 挪威

挪威立法委员会于1999年提交了一项报告，为非婚异性同居伴侣设计了一套更类似于婚姻的制度《联合家庭法》，调整规范持续共同生活2年以上的同居伴侣，和已经拥有或者正在准备共同生育子女的同居伴侣。同居伴侣法律效果不绝对等同于婚姻。委员会的基本立法理念是：既不惩罚同居家庭，也不奖励婚姻。充分尊重同居者自主决定伴侣生活形式的权利，使挪威家庭法能够平稳且务实地适应婚姻、家庭形式的演变与变迁，但是不能绝对抹杀同居伴侣同婚姻配偶间的区别。挪威将异性事实婚姻与异性同居混同后加以综合性规定。对同性的事实婚姻和一般同居没有规定。

挪威在同性家庭问题上，于1993年4月30日通过与丹麦十分类似的《登记伴侣关系法》，同年8月1日实施，并于2000年和2001年实施修订，总体内容上与丹麦法案基本相同。

3. 瑞典

对于异性同居伴侣和未登记的同性同居伴侣，瑞典有专门的同居法，即1987年《同居（联合家庭）法》。瑞典将异性、同性的事实婚姻与同居混同后加以综合性规定。

瑞典于1994年6月23日通过了类似丹麦和挪威的《登记伴侣关系法》，1995年1月1日起实施。瑞典的《登记伴侣关系法》的内容与挪威基本相同，并且增加了一条来解决冲突法问题，在瑞典之外的其他国家登记的相类似的伴侣关系在瑞典予以认可。

4. 冰岛

在异性同居伴侣关系调整方面，只要双方愿意，不必任何手续就可以同居。相处几年、十几年，或者几个月，如果合不来可以分手，这并不妨碍冰岛人对爱情、婚姻非常严肃。同居生子的生活方式普遍存在促使冰岛政府颁布了"合法同居"的法令，使得非婚生的子女和婚生子女一样受到法律保护，享有教育、医疗、住房等福利。在同居期间一方如有不忠事实，另一方可以向法院起诉，法院可以判罚不忠方有罪，同居期间所生子女的所有费用，法院将判罚全部由不忠一方负担，国家就不再大包大揽。并且往往伴随道德批判，如所在工作单位会炒掉不忠一方，一辈子都休想在冰岛再找到工作。朋友会因蔑视而离开你。在这样的法律和道德约束下，同居不忠现象确实非常罕见。冰岛将异性、同性的事实婚姻与异性一般同居混同后加以综合性规定。事实上，同居或结婚对于冰岛伴侣们区别不太大。

在同性同居伴侣关系调整方面，1996 年通过《登记伴侣关系法》调整同性伴侣关系。2010 年同性婚姻合法化。

5. 芬兰

在异性同居伴侣关系调整方面，有个有趣的现象：在芬兰开展的一次关于"同居"的全国性大调查中发现很多人选择同居不结婚，竟然只是由于不愿使用"丈夫"这个称呼。芬兰法律保护没有登记的同居伴侣，基本上也是事实婚姻和同居混同后加以规定。

在同性同居伴侣关系调整方面，2001 年通过《登记伴侣关系法》调整同性伴侣关系。2015 年同性婚姻合法化。

6. 小结

在北欧同居基本没什么风险，享有跟婚姻完全一样的待遇，相当于短途婚姻。北欧五国法律规定：同居伴侣和婚姻配偶一样享有平等法律地位，也需要缴纳相关税款，同居伴侣子女享有婚姻子女同等福利。五国政府对待新做父母者（不论结婚与否），均给予周全大方的经济援助：女性享有 12 个月的产假，期间工资发放 90%。父亲也能享受 6 个月的陪护"产假"，从怀孕到分娩产生的一切医疗免费。同居关系解除时，同居期间的房产和家庭用品等财产平分。现在很多北欧人只同居，不结婚。因为同居是那么常见，而且法律保护，道德也认可，这些因素也导致了北欧五国离婚率大为减少。

在研究北欧国家非婚伴侣法律规范时，我们发现，由于北欧国家存在的特殊的条件，比如良好的社会保障、女性经济地位的独立、宗教和社会传统没有深刻的束缚等，使得北欧国家非婚状况普遍，婚姻与非婚模式并存更加和谐。这似乎再一次印证了我们在专著第一章里提出的观点：婚姻与核心家庭的经济功能若出现分离，婚姻就会变得松散。古代社会中核心家庭的经济功能是在家庭公社中，所以核心家庭松散，婚姻松散。经过人类社会发展，核心家庭的经济功能慢慢回归核心家庭内部，也可以说回归婚姻内部，婚姻才变得稳固起来。进入现代社会，在彰显个人权利的法律价值理念里，如果婚姻内部依然采用个人本位的立法理念，婚姻自然会变得松散。① 如果家庭法及其配套制度均是以"家庭本位"为价值理念的话，婚姻会相对稳固一些。

总体上，第一，北欧这些福利国家基本上对于每个人都有优厚的社会福利，实际上，纳税人承担了传统意义上由丈夫扮演的那个保护者的角色。尽管非婚同居法律制度没有给予当事人像婚姻一样的保障，但社会保障制度给予的保障力度不逊于婚姻。所以本质上福利国家的福利是对个人，而不是婚姻，所以婚姻的吸引力大大降低了，也变得脆弱了。第二，北欧国家的妇女不仅经济独立，社会地位也高。以往，婚姻是女性寻求生活和经济依赖的形式，当女性经济上依靠自己，而非婚姻，婚姻能为女性带来的获益相对减少，女性们丧失了结婚的经济策动力。婚姻的吸引力降低，变得脆弱。所以我们看到无论什么原因引起的婚姻中个体性经济特征的增强，都会引起婚姻能力减损的反向变化，这就意味着婚姻稳定性的式微。

（二）欧洲概况

在欧洲，虽然欧洲人权法院已经确认《欧洲人权公约》第8条项下的"家庭生活"属于事实问题，可以包括非婚同居家庭。但是欧洲人权法院和欧洲法院②都没有施加压力强行要求建立保护非婚同居的法律制度，允许成员国就此问题有一定的自由空间。欧盟法律亦允许不把同居伴侣作为"家庭成员"对待。所以一部分欧洲国家并不急于对非婚同居法律问题作出急切回应。如在爱尔兰，同居的社会认可程度已经相当高，很久以来一直没有判例或制定法有效保护同性、异性同居伴侣，直到2015年爱尔兰同性婚姻合法化。西班牙非自治地区、意大利、葡萄牙、希腊等其他欧洲国家和地区，同居现象日渐普遍，但也仅有葡萄牙、西班牙联邦议会曾经讨论过相关问题，并逐步予以法律调整。

北欧、西欧的家庭结构凸显出自由独立的特点，相较于南欧、中欧、和东欧，西欧、北欧更倾向尊重以"感情"和"自由"为基础去结合与

---

① 如同挪威的所得税基本以个人收入，不以一对伴侣收入计算。对于只有普通收入，没有或只有很少私有资产的人，不论选择结婚、同居或单身，纳税义务都一样。又比如挪威在很多方面单身者可以得到的社会救济多于已婚者。这种政策设计会潜移默化地促使人们宁愿同居或单身，也不愿意结婚。再比如良好的社会保障，使核心家庭的经济负担相对社会化后，也会产生类似的结果。

② 分别位于斯特拉斯堡、卢森堡。

生育。在北欧和一些西欧国家，政府大力推行有利于女性权益和收入的政策，使社会资源更加公平，也带来了家庭观念和两性关系上的改变。因此在对待同居、同性家庭、丁克家庭、非婚生育等多元化家庭模式时更加显得宽容。多元化家庭成员关系必然在家庭关系上稳定性要差一些，难以维持长久，这一点与子女教育问题关系最为紧密，往往通过公共服务系统补足，所以相关社会福利比较周全。

南欧地中海国家家庭结构同亚洲十分相似，广大社会居民喜欢规范的群体生活，不推崇个人主义与自由风气。家庭仍是教育和养老等功能为一体的基本"保障单位"。女性以家庭为主，教育下一代，赡养上一代，对现代社会中那些新型家庭宽容度不高，总体上南欧崇尚"家庭至上""家庭互助"的理念，与之相对的北欧人则崇尚"独立生活""公共福利"。例如在意大利和希腊虽然社会保障总体程度远低于北欧、西欧，但"家庭互助"关系有效地缓解了"人口老龄化"和贫困儿童问题。[①] 在保守的南欧家庭多元化步伐较慢。希腊先出台《民事结合》制度规范异性共居家庭，后来又将同性家庭也作为调整对象。意大利目前出台《民事结合》制度规范同性家庭，异性方面事实婚姻受保护。意大利社会传统相对保守，是欧洲国家中对于婚姻最为看重的国家，对于婚姻和家庭的看法事实上和东方儒教国家很像，是欧洲国家中第 27 个通过同性民事结合法案的国家。自此，西欧（有时意大利也被归入西欧）所有国家的同性伴侣关系均得到法律保障。

东欧的家庭结构在整个欧洲最为复杂，部分国家保守类似于南欧，部

---

① 在男女家务劳动分工问题上有统计数据显示：瑞典男人在家事劳动上的时间占夫妻二人所花总时间的 40%，基本实现男女共主内外的平权。但是在意大利、西班牙、希腊，女性仍是家务劳动的主要负责人，男性投入时间仅占家务劳动所需全部时间的 20%。所以这些南欧国家更像日本、韩国这样严守传统"性别规范"的东方社会，已婚女性的工作仍然是主要围绕家事劳动，职业活动则不被鼓励。很多女性即使婚前事业有成，婚后、产后也可能会舍弃职场发展、回归家庭。南欧的西班牙、希腊、意大利都是产后女性就业率较低的欧洲国家。这都侧面说明南欧国家女性经济地位不独立，所以传统"性别"文化盛行（德国也有类似情形）。在西班牙和意大利"家庭养老"是最被推崇的，老年人不能脱离家庭，家庭也不能弃老年人于不顾，这一点跟东方社会颇为相似。凡·尼姆维根（Van Nimwegan）和摩尔斯（Moors）所做的实地调查也反映了南欧人与北欧人在对待家庭养老问题上的不同意见。他们的调查显示，在南欧的西班牙、葡萄牙、意大利、希腊，74%的老年人打算与子女共度晚年。而在英国以及几个北欧国家（芬兰、瑞典、挪威）只有 25% 的受访者有同样的计划。

分国家开放甚至超过北欧，然而国家福利制度严重滞后，所以单亲家庭、非婚生子女、多子女家庭没有基本保障，导致下一代教育问题非常突出。总体上，大多数东欧的国家家庭关系稳定性差，公共设施、服务和保障相当匮乏，所以造成东欧贫困家庭比率非常高，儿童健康和教育等指数均排在欧洲榜上末尾。其中爱沙尼亚出台《民事结合法案》规范同性伴侣。在克罗地亚出台《民事结合法案》规范同性伴侣，但不予以登记。

经济相对较弱势，文化相对保守的东欧和南欧，在伴侣家庭法律规制上不容乐观，但南欧较东欧好一些。

二　美洲国家

北美洲加拿大普通法系地区，如不列颠哥伦比亚省，通过 1999 年、2000 年的《配偶定义修订条例》《遗产管理条例》《遗嘱变更法》《劳工补偿条例》《职业养老金计划法》等，保护非婚伴侣在继承、工伤赔偿、养老金等方面的权利，包括同性、异性伴侣。加拿大已经从民事结合制度升级为同性婚姻。

南美洲即拉丁美洲，同性婚姻权利最进步。需要注意的是，主要是通过判例逐步推进同性婚姻合法。阿根廷 2002 年 12 月开始实施民事结合法。2010 年 7 月成为拉丁美洲第一个同性婚姻合法的国家，之后乌拉圭2013 年跟进，巴西也从 2013 年 5 月通过联邦司法委员会裁决批准同性婚姻。2008 年厄瓜多尔宪法容许同性民事结合，2015 年 4 月批准同性婚姻。哥伦比亚即是通过判例形式承认，2009 年 1 月 29 日，哥伦比亚最高宪法法院裁定同性伴侣应享有与异性伴侣平等的权利，同性民事结合合法化。2015 年 11 月，哥伦比亚法院通过决议承认同性恋者具备收养权。2016 年4 月 28 日，哥伦比亚同性婚姻合法，其成为拉丁美洲第四个同性婚姻合法的国家。此外，在哥伦比亚，同性恋者还享有社会保障与继承权。哥伦比亚最高法院允许同性伴侣通过法官或公证人进行登记，以证明两人的关系。此外，南美很多国家的宗教婚类似事实婚姻，也予以保护。

三　大洋洲国家

澳大利亚联邦没有非婚同居专门统一的成文法，非婚同居也不适用《家庭法》，非婚同居立法权限属于各州。澳大利亚六个州和两个地区分别制定了相应立法，其中最早的是新南威尔士州在 1984 年出台的《事实伴侣关系法》，最晚的是西澳大利亚州在 2002 年出台的《事实伴侣关系法》。2017 年澳大利亚实现同性婚姻合法化。

新西兰出台的《事实结合关系（财产）法案》和《财产法》适用于异性伴侣和同性伴侣（同性伴侣是在 2002 年 1 月 1 日开始调整）。澳大利亚与新西兰出台的新法案同样不要求登记，适用于存在事实关系的同性、异性伴侣（有的州限于异性伴侣）。新西兰比澳大利亚早一步，于 2013 年 8 月 19 日通过《婚姻补充法案》，允许同性伴侣结婚。

四　亚洲国家

（一）保守的日韩

东北亚区域法律文化布局从历史角度考察经历了若干阶段："早期的多元"—"中华法文化中心"—"西方化"—"全球化时代的法律多元主义"。[①] 日本、韩国经济较为发达，并且两国的法律完善角度各有千秋，具有较强比较法研究价值。

1. 日本伴侣家庭法律调整现状与趋势

在异性共居家庭方面，日本通过判例承认未经结婚登记，而事实上与婚姻同样的伴侣有"准婚姻"的效果，在解除同居关系时可请求损害赔偿和分割同居财产。日本 1915 年有判例显示：无缘故解除"准婚姻"同居关系一方赔偿另一方物质及精神全部损失。这一判例后续的判例和学说都具有共识性：一般承认同居关系拥有婚姻身份效力，同居伴侣间担负同居、协助和守贞操等义务。并且通过民事法律规范以外的零散法律保护非婚伴侣享受社会保险、社会保障的资格，规定于"厚保 3 条 2 款""劳基79 条"和"国公灾 16 条"等。同居伴侣可作为"遗属"享受日本社会保险、社会保障，"雇保 31 条"规定同居伴侣可被视作"依靠其同居亲属维持生活的人"而享受保险权益。[②]

在同性家庭方面，2015 年 3 月 30 日，日本涩谷区政府首开亚洲先河，通过了《推动男女平等及尊重多样化社会条例》，承认同性伴侣的"民事伴侣关系"，并承认其等同于婚姻关系，保证了同性伴侣的权利，如医院探视权与公寓租住权等。同年 10 月 28 日起可以领取"伴侣证

---

① 李晓辉：《东北亚法律文化格局的流变》，《东疆学刊》2016 年第 2 期。

② ［日］我妻荣、有泉亨：《日本民法亲属法》，夏玉芝译，工商出版社 1996 年版，第84—89 页。

书"，这个证书虽然没有法律约束力，但可处理民事事宜，如医院的探视权等。此后的世田谷区、宝冢市等地区也相继效仿。但目前 LGBT 法律专家正准备向日本首相及法务大臣提交同性婚姻法案。同性婚姻合法化最大的问题可能是修宪。日本宪法中的第 24 章规定，婚姻必须建立在"男女"双方同意的基础上，如果想要修改日本宪法难度巨大，目前日本执政党自由民主党也并不支持同性婚姻。这意味着即便有民众的广泛支持，日本同性婚姻要合法也不是一件容易的事。日本作为亚洲重要国家，毗邻我国，其在伴侣家庭方面的立法走向必然对我国影响深远。

2. 韩国伴侣家庭法律调整现状与趋势

一方面，韩国现代家庭关系表现出个人化、平等化、多元化及脱制度化的特点。这些变化使得家人间的连带关系更加松懈，家庭开始变得不稳定，个人的选择机会增加，社会出现了多种多样的结合形态，事实婚姻以及同居的现象增加。另一方面，韩国社会观念仍然具有明显的东方文化特征，传统的家庭伦理观念还有深厚的基础。事实婚姻和同居在法律上没有明确的保护，而且相关研究严重不足，造成了一定的社会不公现象。韩国民法典没有关于非婚同居的定义，但是韩国的最高法院，把它作为一种同居关系认定，只要一男一女有未来结婚的意愿，像结婚了那样一起生活，就可以认定这种同居关系。但是同居关系不能与社会秩序基本原则相矛盾。要求这种同居关系的男女看起来是具备结婚意识的，只是尚未到婚姻登记机关登记，实际上就是事实婚姻。学者们关注的问题主要包括非婚伴侣及其子女的权利保护；财产分割；同居伴侣关系解除；死亡赔偿金归属；无子女和有子女的事实婚姻和同居的分离调解等。

下面我们来具体观察韩国伴侣家庭法律规制的情况。

在异性共居家庭方面。首先，事实婚姻的概念、保护范围以及程度成为问题，是因为韩国采取法律婚姻主义。但从事实婚姻与法律婚姻一样是夫妇共同生活这一点来看，即使没有婚姻登记也应该行使正当的权利。因此，学说和判例都采取了准婚姻理论，对事实婚姻保护的范围进行了扩大，并让其具备和婚姻类似程度的效力。与迄今为止所讨论的一样，在司法实践中，事实婚姻关系中形成了共同努力而得到的财产，对于死亡配偶名义下的财产进行继承时，会造成不利于曾经共同努力过的生存着的事实婚姻配偶的问题。对此，不应该讨论是法律婚姻还是事实婚姻这种形式上的问题，而应该从正当的权利者的权利归属的层面上解决。因此，应当根据婚姻中形成的实质性夫妇共有财产的清算目的，类推适用财产分割请求权。其次，对于非婚同居问题，虽然它是以共同生活的方式存在，但因为没有婚姻意识和婚姻登记，因此不受法律保护。但非婚同居形成并且持续生活共同体的情况与法律婚姻及事实婚姻中生活共同体的形成和维持并无不同，因此需要对非婚同居进行一定法律保护，并且在非婚同居关系解除后有必要进行财产清算。一方要求另一方给付一定财产的诉求是由法院加以确认。非婚姻同居伴侣幸存者没有法定继承权这一点饱受学者诟病。同居关系无法形成家族法上的一定关系，因此首先要遵循当事人的约定，但如果并无约定，应推定存在默示协议。有学者预测：生活伴侣相关法案得到认定后，由于与事实婚姻无多大差别，反而一定程度上享有更多权利，因此在不想结婚的当事人中比起事实婚姻，更想建立生活伴侣关系。

在同性家庭方面，韩国是世界上接受同性恋程度最低的富裕发达国家，虽然韩国认可同性伴侣的人也在逐步增多。同性恋是在政治上不受欢迎的话题，新任总统文在寅在竞选中也宣称"反同"以获取保守选民支持。除保守的国民性外，宗教团体的打击也导致了性少数团体的平权运动迟迟没有进展。但同性结合从法律层面上得到保护的法案正在被部分学者和支持者艰难推进。

从世界范围来看，东北亚地区在伴侣家庭法律规制方面总体上较为保守。但是日韩两国在异性共居家庭、同性家庭法律规制方面正在进行积极的立法尝试，我国台湾地区在同性家庭法律规制方面在亚洲来看处于首位，在异性共居家庭（事实婚姻、非婚同居）法律规制方面，日本给予相应的救济与规范，韩国仅在事实婚姻上进行一定法律规制。

（二）亚洲概况

在亚洲，总体上南亚地区由于政治①和宗教②因素，政局都不太稳定，同居法律规制匮乏。西亚、东南亚由于宗教、经济等因素，同居法律规制

---

① 由于英国殖民统治实行"分而治之"政策造成的恶果，南亚国家从取得独立起，就存有许多错综复杂的地缘政治问题，并与各国的种族、民族、教派等矛盾交织在一起，再加上冷战时期美国、苏联在南亚的渗透和争夺，使该地区战后几十年来长期动荡不安。40多年来南亚各国虽然不断进行双边谈判，但许多问题始终没有得到妥善解决，直接影响着南亚各国的稳定与安宁。

② 南亚是印度教、佛教、耆那教、锡克教的发源地。印度居民多数信奉印度教，巴基斯坦、孟加拉国居民多信奉伊斯兰教。斯里兰卡居民多信奉佛教。

同样匮乏。

以色列、尼泊尔、菲律宾、中国台湾地区、泰国、中国香港地区、日本和塞浦路斯（北塞浦路斯除外）是对 LGBT 社群比较开明的国家或地区。其中，日本、泰国、以色列和尼泊尔正推动立法，保障同性恋权利。我国台湾地区成为"亚洲先驱"。泰国、尼泊尔、越南都有可能实现同性婚姻合法化。泰国是因为超过 94% 的民众信奉的佛教对同性恋没有严格的约束，并且性别重建手术成熟。越南因受到前殖民宗主国法国的影响（法国同性婚姻在 2013 年 5 月生效），所以对于同性恋接受程度较高。

亚洲其他地区的文化和社会氛围，就显得沉闷得多。目前至少还有20 个亚洲国家和地区禁止同性性行为。在新加坡、缅甸、印尼、马来西亚等亚洲其他国家，同性恋被视为违法行为。印尼和马来西亚对同性恋"有根深蒂固的歧视态度"，在文莱，新刑法规定寻求参与同性婚姻者可能面临鞭刑和很长的刑期。与越南不同，即使前殖民宗主国英国已经在2014 年通过了同性婚姻合法化的法案，新加坡和缅甸仍旧延续英国殖民时期的反同性恋条文。

沙特（斩首）、伊朗（绞刑）＞阿联酋＞印度＞新加坡／马来西亚＞韩国≥菲律宾≥中国＞尼泊尔＞越南≥日本＞以色列＞泰国＞中国台湾地区

图 3-1　亚洲主要国家、地区里反对同性恋程度

菲律宾的《菲律宾共和国家庭法》（1987 年 7 月 6 日颁布）第二章第34 条规定，两名异性以夫妻身份共同生活 5 年以上，且不存在法定结婚障碍的伴侣，在法律效力上与婚姻等同，分开时走离婚程序。[①] 对于普通同居没有法律相应规定。菲律宾是全世界对同性恋较为友好的国家之一，也是全亚洲对 LGBT 较为友好的国家之一。据皮尤研究中心统计，高达73% 的成年菲律宾人同意同性恋应该被社会所接受，但其同性恋婚姻合法化之路也还漫长。菲律宾人的内心充满了矛盾。2015 年的民调也显示，

---

① The Family Code Of The Philippines, Chapter 2. Marriages Exempted from License Requirement, Art. 34. No license shall be necessary for the marriage of a man and a woman who have lived together as husband and wife for at least five years and without any legal impediment to marry each other. The contracting parties shall state the foregoing facts in an affidavit before any person authorized by law to administer oaths. The solemnizing officer shall also state underoath that he ascertained the qualifications of the contracting parties are found no legal impediment to the marriage. (76a)

超过七成菲律宾人反对同性婚姻。

五　非洲国家

在非洲，许多国家将同性恋视为犯罪行为。其中南非比较特别，南非兼受大陆与英美法系的双重影响，所以立法具有"博采众长"的突出特点。南非是非洲大陆唯一在法律上认可同性结合的国家，而且会为同性恋及跨性别恋者提供帮助。

（一）特殊的南非

1. 民事结合

2005 年 12 月 1 日，南非宪法法庭作出裁决，婚姻法因为歧视同性恋，违背了宪法，要求政府及议会应该作出努力，在 2006 年 12 月 1 日前修改婚姻法。南非宪法法庭的该裁决属世界首例，于此之前世界上尚未有任何一个国家的宪法法庭以"歧视性取向"为由裁决法律违宪。2006 年 11 月 4 日，南非同性婚姻合法化法案通过。2006 年 11 月 14 日南非议会（230 票赞成，41 票反对，3 票弃权）高票通过《民事结合关系法案》（2006 年 17 号法案）。民事结合是一种法定的婚姻或家庭形式，双方同性或异性别当事人在登记时可自由选择将关系登记为婚姻或者民事伴侣关系，即是两个年满 18 周岁的相同性别或不同性别的人之间的自愿结合。按照《民事结合关系法案》规定，《婚姻法》可完全适用于《民事结合关系法案》登记的婚姻或民事伴侣关系，包括人身关系与财产关系。[①] 这看似非常周全，让当事人可以拥有更丰富的选择余地，同性伴侣将民事结合登记为婚姻或者民事伴侣关系都没问题，但此般"二元化的"制度设计使原本已经非常复杂混乱的南非婚姻家庭法律制度更是矛盾重重。该种在世界上都罕见的立法模式引起了诸多学者的疑虑，南非议会抛开婚姻形式，而是选择创设了全新形式的"民事结合"来界定同性伴侣关系，Laycock 等人认为"民事结合"的推出侵犯了同性伴侣的"平等权"。[②]

我们无法否定"民事结合"立法承认同性伴侣平等权的积极意义，却也无法忽视立法技术不当和制度安排不利造成的影响。普通法上的"婚姻"被宪法法院宣告违宪后，《民事结合关系法案》也并未重新界定

---

① 张德坤：《南非婚姻法律制度研究》，硕士学位论文，湘潭大学，2012 年。

② See the review by Gill of Laycock, Picarello and Wilson (Eds) *Same-sex Marriage.*

"婚姻","婚姻"在南非成为一个立法空白。对于同性伴侣关系有两种名称选择的立法模式必然造成司法实践麻烦。《民事结合关系法案》也蕴含着针对同性伴侣的"合法区分",2016 年在南非同性婚姻合法后的 10 年,南非教会正式公开认可同性、双性、变性人婚姻的合法性。① 南非的"同志"虽然生而自由,却死于仇视,法律与南非民众对待同性恋问题态度上差异巨大。虽然南非法律已经认可同性结合,然而性少数群体依旧不能被社会大众所认同,依然歧视并排斥他们。一直以来仇视同性恋者的犯罪活动频发,南非政府并没能创造出非洲大地上真正独树一帜的彩虹国度。政府正在准备着手立法禁止仇恨暴力及言论,以便可以更有效地监测针对同性恋群体的暴力犯罪活动。南非司法部副部长约翰·杰弗瑞直言,对于这一难题目前还没有灵丹妙药,只能是"时间"来解决,这是一个过程。

总之,正如 Kakabadse 所言:"法律乃是包涵权利平等的公平公正思想体系,该权利平等体系可以促进个人和社会的公正。"② 那么,法律对同性伴侣和异性配偶间"合法区分"不仅造成了南非社会的偏见,更加造成了法律的困境。

2. 事实婚姻

南非的"习惯婚姻"类似于事实婚姻。这种婚姻形式主要在南非当地居民之间订立。2000 年 11 月 15 日之前法律对习惯婚姻并不保护。2000 年开始实施 1998 年《习惯婚姻承认法》,法律对习惯婚姻开始保护,包括一夫一妻制、一夫多妻制。

(二) 埃塞俄比亚

在埃塞俄比亚,《埃塞俄比亚民法典》中家庭与继承编—血亲和姻亲关系题—非法同居章 (第二编第四题第八章第 708—721 条) 是关于非婚同居的规定:通过身份占有或公证文书证明,像夫妻一样共同生活的异性构成"非法同居",当事人间不产生姻亲关系、不要求生活保持义务、没有法定继承权和不产生共同财产制。虽然看似男女双方不受法律保护,但是法律还规定:男方对女方的某些生活必需债务承担连带责任。单方或双方随时可解除"非法同居"关系,但男方解除"非法同居"关系时,法院可判令男方向女方支付生活保持费,以不超过 6 个月为限。

---

① 《南非教会正式认可同性、双性、变性人婚姻的合法性》 (http://www.nanfei8.com/news/nanfei/2016-02-29/27506.html)。

② 转引自张德坤:《南非婚姻法律制度研究》,硕士学位论,湘潭大学,2012 年。

在其他方面，埃塞俄比亚的婚姻法就不具有区别于非洲其他国家的特殊性了。

第五节　域外伴侣家庭类型化立法镜鉴

处于婚姻、家庭发展变革期的各国在伴侣家庭法律规制上混乱不堪，经过梳理后，一些规律性、共性问题就浮出了水面，可以让我们摸索到伴侣家庭法律调整规律。所以下面我们就同性家庭与异性共居家庭法律规制的主要两条线索对规律性问题进行剖析，以资镜鉴。

一　立法名称

立法名称上，在丹麦叫《正式同居及其解除》，在挪威、瑞典称为《联合家庭法》，在冰岛称为《合法同居》，在比利时称为《建立法定同居关系法》，在法国称为《紧密关系民事协议（PACS）》，在匈牙利称为《同居伴侣关系法》《伴侣关系登记法》，在西班牙称为《稳定伴侣结合法》《非婚姻的伴侣法》，在安道尔称为《稳定伴侣法》，在美国称为《同居伴侣关系法令》《互惠法》《家庭伴侣关系法》《家庭伴侣权利义务法》等，在澳洲称为《事实伴侣关系法》《事实结合关系法案》，在南非称为《习惯婚姻承认法》，还有众多国家称为《民事结合》。关于各国相关法案的名称可以参见附录《世界"伴侣家庭"立法概况一览表》。

调整非婚伴侣关系的法案名字中出现概率较高的词汇是"同居""家庭""伴侣""结合"。

在调整同性婚姻替代制度的法案中出现概率较高的词汇是"登记""伴侣""民事结合"。

各国法案有时名称虽然相同，但所调整法律关系主体和具体权利义务内容大相径庭。我国在法案名称上应尽量选用接受度好，词义明确的称谓。在同性婚姻替代制度这个层次上，"民事结合"与"登记伴侣家庭"最为贴切，各国使用概率也最高，但是"民事"结合一般与"宗教"婚相对应，在我国不是很适合，所以笔者认为采用"登记伴侣家庭"比较合适，强调了"登记"和"伴侣家庭"的含义；在同居法律调整这个层次上的称谓，笔者认为"同居家庭"既可以体现"同居"状态，也可以与我们的研究一脉相承，落脚到"家庭"上。

二　立法模式

（一）立法模式分为统一立法和零散立法

总体上，在立法模式方面针对同性伴侣一般均采用统一立法（例外有零散立法），对于异性伴侣则两种立法模式皆有（统一立法多一些，零散立法相对少）。两种方式各有所长，"集中统一"与"灵活机动"是各国在立法技术上的不同选择而已。实行统一立法的国家专门针对同居关系在民法典、婚姻家庭法内部进行规定或设立单行法。实行零散立法的国家不设立非婚同居专门性法律，而是通过不同领域的零散立法给予符合一定条件的非婚同居以一些类似于婚姻的效力或者类推原有的法律来调整。英国、日本、德国（类推方式）对于异性伴侣即是采用零散立法模式。加拿大普通法系地区作为一个例外，同性、异性同样是零散立法。

具体说来，统一立法有的以单行法出现，有的被规定在民法典里，有的通过修正案实现，有的是通过判例形式裁定（主要是在北美和南美）。在民法典里的位置也有区别，有的规定于主体法部分，如法国 PACS 规定于《法国民法典》人法卷第 12 编，荷兰《登记伴侣关系法》规定于《荷兰民法典》自然人及其家庭编。① 有的规定于婚姻家庭编，如加拿大将民事结合规定于《魁北克民法典》家庭编第一题附一题，埃塞俄比亚关于"非法同居"规定于《埃塞俄比亚民法典》中家庭与继承编。有的规定于民法典财产法部分，如比利时《建立法定同居关系法》规定于《比利时民法典》财产权利的取得编。在西班牙实现同性婚姻法制化的法案很短，它在《民法典》第 44 条增加了一段话："结婚都应具有相同的要件和效力，无论结婚的人是相同的还是不同的性别。"瑞典注册伴侣关系是由几项单独的法律规制组合而成。苏格兰政府于 2013 年 6 月 27 日在苏格兰议会中提出《婚姻和民事伴侣关系（苏格兰）法案》，2014 年 2 月 4 日，法案以《婚姻与民事伴侣关系（苏格兰）法 2014》的名称获得了御准。阿根廷的 2939 号《民事婚姻法》，是在 1888 年 11 月通过的（1889 年有过一次增补）。同性婚姻合法化就是在该法律中加入了一条"革命性"修

---

① 2001 年 4 月 1 日生效的《荷兰民法典》第 30 条第 1 款作出如下规定："婚姻法是异性或同性的两人之间所缔结的契约关系。"

改，同性婚姻以及其相关的所有的权益以成文法律形式在阿根廷获得承认。巴西国家司法委员会于 2013 年 5 月 14 日通过判决，命令该国所有的民事登记机关都必须执行同性婚姻。2017 年 3 月，巴西参议院的宪法及司法委员会通过了一项修改国家《民法典》的法案，目的是认可两个相同性别的人之间的"稳定结合"，并使这种结合可以转换成婚姻。这项法案改变了家庭主体的定义，将"一男一女的稳定结合"改成了"两个人的稳定结合"，并保留了这个条款中其余的原始文本。这项法案需要在参议院和众议院都通过才会成为法律。2013 年新西兰的《婚姻（婚姻定义）修正案》修正了 1955 年的《婚姻法》，使其包含了明确允许同性婚姻的婚姻定义，也修正了其他有必要一同修正的法律法规。修正后的婚姻定义是："婚姻是指两个人的结合，不分性别、性向，或性别认同。"通过判例实现非婚伴侣家庭的合法性主要是在北美洲与南美洲同性婚姻法案上，而民事结合制度一般是以统一立法形式出现。其中南美的巴西比较具有代表性的是，其在民事结合与同性婚姻的合法性问题上都是通过巴西最高法院合法性裁决实现的。

在分散立法模式中，判例的作用非常重要。比如英国、日本、德国的个体案例中，法官裁判对于同居伴侣权益保护变得至关重要。又如澳大利亚是英美法系国家，对非婚同居的法律调整可分为成文法和判例法，当州成文法规定缺失、规定不明确、规定可能导致严重不公等情况时，那么法官就可以依据联邦判例法和先例来裁判案件。

我国作为发展中国家，对于各种新型伴侣家庭，可能要经过从零散立法再到统一立法的阶段。比如目前我国大陆地区已经实现在《反家暴法中》保护同居伴侣。也可能会先出台《反性别歧视法》。在很多发展中国家中，对同性家庭开始法律调整之前，都先出台《反性别歧视法》，我国目前也有部分学者在启动相关研究。

（二）法律调整方式普遍认可家事契约

绝大多数国家都认可同居契约，只要双方主体意思表示真实，不违反法律强制性规定，不违反社会公序良俗，完全可就双方之间的权利和义务进行自由约定，这是非婚同居与婚姻的一大显著不同之处。① 德国、英

---

① 非婚同居关系的内容基本上可以由当事人自己把握，充分尊重当事人的意思自治。如非婚同居双方可以协议互不承担忠实义务、扶养义务等，这些是婚姻关系中不能协议排除的法定义务。

国、美国在异性同居规制上认可同居契约。在澳大利亚事实伴侣可以通过订立协议安排在同居关系持续期间的财产事项以及同居关系终止后的财产分配等事宜。荷兰在司法实践中认可伴侣间订立的同居契约，契约必须经公证后生效。在没有书面契约时，法官可依"事实推定"在合理期待、一般行为之基础上的默示契约。北欧国家认可同居协议，但事实上通过同居协议获得保护的并不多，因为对于同居的相关制定法非常完善。法国、比利时、卢森堡在同性和异性非婚伴侣规制上采用 PACS 模式，可以说是契约同居的终极形式，在这三个国家中不论法定同居还是非法定同居，都可以订立同居契约。

各国伴侣契约的有效性与本国法律紧密相连，这涉及一个具体问题：家事契约内容可以协议的边与界是什么？这也和法官的自由裁量权紧密相连。这个问题需要另做专项研究，立法者应提供不同类型伴侣家庭的范式契约，对当事人加以引导。

三　登记问题

统一立法普遍伴随"登记"程序，但如果依靠零散立法或认可事实同居调整一般不需要登记；关于同性伴侣的统一立法几乎普遍要求登记，不要求登记的事实同居为少数，例如克罗地亚出台《民事结合》规范同性伴侣，但不予以登记。关于异性同居的法律规制一般不登记，要求登记或备案的为少数，例如法国、比利时。如果法律要求异性同居伴侣登记或备案，登记程序则排除了具备实质要件却未登记的伴侣，会导致对这部分同居中的弱势方保护不力，该制度没有涉及未登记非婚同居的法律调整，在自由、正义二者的价值选择中，倾向了自由，自由往往意味着保护不足。总体上讲，同性婚姻替代制度，一般要求登记。一般同居和事实婚姻，则无须登记。

同性伴侣的统一立法几乎普遍要求登记，不登记的为少数。关于同性伴侣普遍要求登记是因为关于同性非婚伴侣的新制度出台普遍是为了解决同性伴侣不能结婚的问题，而不是同性伴侣同居的问题，所以会要求类似于婚姻那样的登记程序。如德国、美国、法国、荷兰、比利时以及所有北欧国家的《登记伴侣关系法》在规范同性同居伴侣时都要求登记。作为不登记的少数如承认事实伴侣的国家在设立新制度时，无须登记，如澳大利亚、新西兰。这是对同居保护程度最高的体现。

　　关于异性同居的法律规制会因为有统一立法和分散立法两种而包括登记和不登记。另外，少数承认事实同居也会导致不需要登记。对于自由选择同居的异性伴侣大多数不要求登记程序完全是出于"自由"的考虑，有的国家要求登记，这事实上还是强调社会生活受到法律调整的理念，是社会生活中"约束"的价值选择。这种自由显然是相对的，比起不需要登记就承认"事实关系"伴侣的国家就显得自由不足了。登记的如美国（仅包括部分异性）、法国、荷兰、比利时，不登记的如德国（分散立法）、北欧五国（承认事实同居）、澳大利亚、新西兰。

　　其中部分国家同性、异性伴侣都需要登记，如美国（仅包括部分异性）、法国、荷兰、比利时、卢森堡。其中部分国家同性、异性伴侣都不需要登记，如澳大利亚、新西兰、加拿大（普通法系地区）。

　　英国、丹麦和瑞典三国对于同性伴侣有专门伴侣关系法，都需要登记，起到同性婚姻的替代效果。对于同性和异性的一般同居问题，三国都给予法律调整，不要求登记。这就出现了在一个国家内同性伴侣有登记和不登记两种模式，这是特别之处，这种特别之处恰恰也体现了一定的科学性。加拿大（大陆法系地区）、匈牙利同性和异性伴侣统一立法于民事结合制度中，同时要求登记。同时，同性和异性伴侣在法律上承认事实结合，不要求登记。这就出现了在一个立法域内，同性伴侣有登记与不登记两种模式，异性同时有登记与不登记两种模式。这也恰恰引导我们思考这种制度安排是不是最全面、科学的。这也隐隐地体现了同性和异性伴侣需

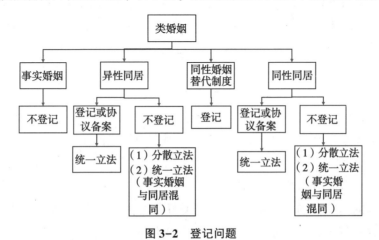

图3-2　登记问题

要两个制度层次来保护权利，一个制度层次（登记伴侣）需要登记，一个制度层次（同居）不需要登记。

我国在登记问题上可能还是要依据体系的制度构成来确定登记问题，切忌"一刀切"。首先应避免事实婚姻与一般同居混同情况，这是两个层次的诉求群体。例如在澳大利亚、爱尔兰、北欧国家，存在事实婚姻和同居混同情形。总体上应把握的是，原则上一般同居层次不需要登记，事实婚姻不需要登记，同性婚姻替代制度需要登记。

四　法律主体

（一）民事结合法律关系主体

1. 民事结合调整对象为同性伴侣

有的国家只有同性婚姻的替代制度，即异性不作为民事结合或登记伴侣家庭的法律主体，所以对于非婚同性伴侣保护程度高于非婚异性伴侣。婚姻和家庭领域的变革、非婚同居者的权利争取、同性恋运动的强大压力，使各国立法机构不得不正面应对这一领域的立法改革。因为对于非婚家庭伴侣保护的立法改革的动力主要来源于同性伴侣权利保护的问题，所以异性同居伴侣的权益保护往往是改革的顺便受益者，例如英国、美国、德国等。

这种情况下，一旦出现同性婚姻合法化，非婚伴侣制度是否还有存在的价值？数据显示，同性婚姻合法后，同性婚姻替代制度登记率陡降，并且法律允许同性登记伴侣转化登记为同性婚姻，那么同婚替代制度价值逐渐退化。如果这种制度继续留存，可能会出现同样是同居伴侣的前提下，同性伴侣的权益保障高于异性伴侣，这会不会引发新的矛盾和问题？比如在英国就有案例显示，有异性伴侣想要登记为民事伴侣，却被告知，只适用于同性伴侣。从 2014 年 3 月到 2015 年 10 月，大约有 15000 对同性伴侣在英格兰和威尔士结婚。其中，有 7366 桩是新婚姻，有 7732 桩是从民事伴侣关系转换过来的婚姻。在同一段时期内，选择民事伴侣关系的伴侣数量显著下降。

2. 民事结合调整对象为同性、异性伴侣

有的国家，同性婚姻替代制度民事结合同时调整同性、异性伴侣，同性伴侣保护程度等于异性伴侣。例如法国、荷兰、比利时、西班牙、加拿大、巴西、新西兰等国建立"登记伴侣制度"的初衷是针对同性伴侣问题，不过异性伴侣也可登记。平等对待同性和异性同居，这会不会很好地解决上述问题呢？异性同居更为普遍、认可度更好的国家，也会促使出现同性伴侣与异性伴侣在同居方面同等对待的结果。澳大利亚最早出台事实伴侣法时只调整的法律主体是异性伴侣，后来逐渐将调整主体扩充为包括同性伴侣，结果也是同性伴侣与异性伴侣在同居方面的无差别对待。

但是这种情况，一旦出现同性婚姻合法化也会出现问题，非婚伴侣制度会有什么后果？是不是将成为异性同居伴侣的主战场？如荷兰在《开放婚姻法》生效后的 2002 年的登记伴侣中，异性伴侣占 90%。但这个不是原则问题，其实也符合人口比例学，也不会引起实质性矛盾和问题，可能是相比更优的选项。

（二）同居法律关系主体

在法律承认同性家庭的国家中，同居法律关系主体包括同性伴侣、异性伴侣。在法律不承认同性家庭的国家中，同居法律关系主体只包括异性伴侣。

综上，我国登记伴侣家庭制度（民事结合）应同时包括同性、异性伴侣，避免引起异性群体的不满与冲突，并且登记伴侣家庭中的事实伴侣家庭关系也包括同性、异性。同居家庭层次同时调整同性、异性伴侣。如此，可以避免一些立法逻辑弊端，虽然这种立法设计也并不完美，比如说登记伴侣家庭中异性登记伴侣家庭和婚姻的法律效果几乎相同，制度功能很大一部分重复，但为了避免上文我们提到的更大的立法逻辑问题，只能作出一定让步。况且，异性伴侣在婚姻和同居之外多一个选择，也许会更加满足不愿结婚的异性伴侣的诉求。一般同性和异性伴侣"共治"的制度安排在实践中不会遇到什么新的矛盾与问题，相反，没有公平对待同性与异性伴侣的那些国家中，一方总会站出来继续摇旗呐喊争取权利。除非在社会保障高度发达的北欧，人们根本不介意到底是什么结合方式。

五　权利、义务关系

（一）类婚姻伴侣家庭权利、义务设定需要两个梯度

1. 同性婚姻替代制度和事实婚姻权利、义务设定基本等于婚姻

同性婚姻和事实婚姻及其二者的替代制度内容基本等于婚姻，实质是不叫"婚姻"的婚姻制度翻版。但在同性婚姻中，收养子女和人工

辅助生育在刚开始立法时很少有国家一步放开。阿根廷是个例外，这和阿根廷在同性婚姻合法时，拉美的乌拉圭已经实现同性婚姻可以收养孩子有关。

2. 同居家庭权利、义务设定低于婚姻

如果同居家庭制度几乎等同婚姻，设立同居制度的实质意义就会变得很弱，会沦为鸡肋一般。所以分层次保护，即低于婚姻保护程度，就会很好地起到同居家庭制度的意义。在同性婚姻合法后，同居家庭制度也依然会保持相应的价值与活力。至于对同居家庭保护程度，这只能取决于各国自身经济、文化、道德、伦理的发展程度来决定。

3. 类婚姻伴侣家庭权利、义务设定需要两个梯度制度设计

就规范程度几乎等同于婚姻，还是低于婚姻问题上，必须就不同的类婚姻类型加以讨论。目前各国就该问题的选择有些混乱，就是因为对家庭伴侣的发展脉络和规律没有把握的情况下，摸索前进出现的结果。

王薇曾将非婚同居制度分为四种立法模式：一是等同于婚姻的登记制度，二是等同于婚姻的同居不登记制度，三是不等同于婚姻的同居登记制度，四是不等同于婚姻的同居不登记制度。① 依照这种分类逻辑逐条分析后，王薇认为"不等同于婚姻的同居不登记制"是同居立法的理想模式，这种分类也是学界广为引用的一种立法模式分类。本书中没有依照这种逻辑去梳理，是因为我们在归纳梳理家庭伴侣体系时发现，从历史发展的纵线和不同国域的横线看这个问题时，很难简单判断哪一种立法模式是最好的，只有结合不同的历史发展阶段和联系不同的国情，我们才能选择最佳的立法模式，说是选择，事实上是发展规律作出的自然选择。这也可以从"反射性"立法的理论得到证明。② 在王薇的四分法立法模式分类中头两种类型的"等同于婚姻"一般是同性和事实婚姻及其二者替代制度。在后两种类型中的"不等同于婚姻"完全可以表述为"低于婚姻"，这样更直接、清晰。到底是应该"等同于"还是"低于"，我们无法一概而论，

---

① 王薇：《非婚同居法律制度比较研究》，人民出版社 2009 年版，第 357—370 页。

② 这也是我们没有按此逻辑论述"登记"问题的原因，要依据家庭伴侣发展阶段和各国的具体情况而定。但不可否认，这种立法模式分类确实有助于我们展开关于同居问题的研究，由于各个国家发展阶段不同，自身条件不同，导致同居制度立法非常复杂多元，这种立法模式分类线索清晰，逻辑连贯。只是我们根本不能跳出历史与国域差别而简单作出判断，这四种立法模式中哪一种是最佳立法模式。

要看同性婚姻替代制度是否伴随同性婚姻退出历史舞台，或者干脆就直接出台同性婚姻法，也要看事实婚姻是否退出历史舞台。

总之，非婚伴侣家庭需要两个梯度制度设计，以解决不同人群的诉求。而目前很多研究在解决问题时，一般只设定一个层次来解决问题，在解决问题时依然具有不彻底性。例如在我国研究异性同居问题时，要么支持法律调整事实婚姻，要么主张法律调整异性同居，事实上二者皆应有之。

这其实也反映了一个现象，在世界范围内很多国家将事实婚姻与同居混同。两类不同诉求的群体被合并在一个系统里，就会出现要么事实婚姻伴侣没有享受到婚姻待遇，要么同居没有享受到想要的自由，这也是伴侣家庭体系不清带来的后果之一。

4. 类婚姻伴侣家庭法律调整层次留给当事人自由约定（法国、荷兰、比利时模式）

法国、荷兰、比利时是契约同居的终极形式，法律并没有过度介入私人生活领域，对伴侣关系加以法律的过度干涉，而是把治理权交给伴侣双方当事人，由双方在法律的边界里自由约定。这样一来，法律的负担变得轻松起来，法律既不用考虑是否对当事人保护不够而有失公平，也不用考虑是否对当事人保护过度导致限制其自由。法律不会刻板地勾勒出两个梯度。当事人的自由约定可以在当事人之间设计出自己想要的"梯度"。例如 PACS 协议要求伴侣双方必须签署书面协议，协议可以公证，该协议可以添加更细致和清楚的权利、义务约定。

虽然这种制度设计灵活便利，但在于我国缺少"契约"传统，居民普遍没有形成"契约"意识，让普通百姓自由设计伴侣间的权利、义务，可能是无法实现的美好愿景。

（二）婚姻法中相关权利、义务需要完善

2013 年 1 月 24 日，英国《婚姻平权法案》被玛丽亚·米勒引入下议院，并于 2 月 5 日的二读中进行了全面的辩论。这项法案保留了一些与一男一女的婚姻的区别，例如，在离婚诉讼中，（异性婚姻中的）通奸只涉及两个不同性别的人之间的性行为，而如果不完善的话，那同性通奸就不能成为一桩同性婚姻被废止的理由。新法案还明确允许变性后继续保持婚姻关系。

1. 一方变性后的原始婚姻法律效力需要确定

承认同性婚姻后，很多国家都出现配偶一方变性，异性婚姻转变为同性婚姻的案例。而且变性后的家庭并没有解体，开启了同性家庭生活模式，但也有家庭最终走向解体。

但在不承认同性婚姻的国家，那么原婚姻就会自然失去效力，或是被撤销。例如在同性婚姻没有实现合法化的相对保守的新加坡。如新加坡一对夫妻，婚后丈夫接受变性手术，将身份证上的性别改为女性，两人依旧共同生活。但是当这对配偶想买一间国宅公寓，向政府提出申请补助时，被告知资格不符，甚至认定他们的婚姻无效。我们国家也有类似的案例，丈夫离家偷偷变性，并与其他男性结婚，法官裁判不成立"重婚"，原始婚姻消灭，新婚姻成立。

2. 不忠、重婚、有配偶而与他人同居需要重新界定。

同性伴侣等性少数群体成为法律调整主体后，婚姻的忠诚义务就要做扩大解释。不仅限于婚外异性通奸，也包括同性通奸等。

重婚需要重新定义，婚姻与登记伴侣家庭共存必然违反"存一性"原则，所以应禁止。至于婚姻、登记伴侣家庭与同居家庭共存是否违反"存一性"原则，我们认为答案是确定的，尤其在有同居协议备案或公证的情况下，法律应予以该行为否定性评价。

（三）权利争议焦点——收养权、人工辅助生育权、亲权（父权推定）

在同性家庭合法化过程中，很多国家都会对收养权、人工辅助生育权问题聚焦，一般会经历从禁止收养孩子到收养合法，从否认非直接收养方或非人工辅助生育方亲权到承认亲权的过程。其中男男同性家庭的人工辅助生育问题在各国都是最后一道难关，除非允许代孕的国家，否则男男同性伴侣没办法实现人工辅助生育，这一点与女女同性家庭有很大不同。

在法国，2000 年 PACS 生效时禁止同性伴侣收养小孩，以及使用人工辅助生育；[①] 2013 年 5 月 17 日颁布的同性婚姻法案允许同性伴侣共同

---

① 2006 年 1 月 25 日，议会公布了一份"家庭及儿童权利报告"。委员会建议在 PACS 里面增加一些权利，并维持对同性伴侣在婚姻、收养小孩，以及使用人工辅助生育方面的禁令，其理由是，这三个问题是分不开的，而且允许同性伴侣结婚、收养小孩，以及使用人工辅助生育的话，那将会违反联合国《儿童权利公约》中的很多条款，而法国是《儿童权利公约》的缔约国之一（但其实很多联合国成员国都已经授予了一些或所有的这些权利给同性伴侣）。针对儿童权利作为一项人权议题，这份报告还说，儿童"现在已经拥有权利，所以不可能先系统性地去考虑成年人的意愿，再来尊重儿童的这些权利"。由于这些禁令，委员会的左翼成员拒绝接受这份报告。

收养小孩。在卢森堡，2004 年 7 月 9 日民事伴侣制度法案被签署成法律，它提供了很多婚姻中与福利津贴及财产利益有关的权利，但不能联名领养子女；2013 年 2 月 6 日，众议院的法律事务委员会通过了同性婚姻法案；2 月 20 日，法律委员会只通过了同性伴侣的简易收养权；2013 年 6 月 19 日，法律事务委员会决定支持同性伴侣的完整的收养权利。在荷兰，2000 年 12 月 19 日国会的上议院通过《开放婚姻法》法案。同性婚姻亲子关系虽然不是自动生成的，但可以收养子女，这是第一例认可同性伴侣收养的同性婚姻法案。在比利时，2003 年 1 月 30 日，同性结婚法案通过，不允许同性伴侣收养小孩，同性配偶中的与小孩无血亲关系的一方无法成为合法的长辈直系亲属；2005 年 12 月 1 日允许收养的提议通过。为了被认为是共同母亲，她不得不完成收养程序，这占了比利时收养案例中的大多数情况。2014 年通过一项法案，与母亲结婚的共同母亲会自动地被认为小孩的长辈直系亲属。但由于代孕的争议很大，对男性同性伴侣而言等效的解决方案尚未商定。

在挪威，1993 年 4 月 30 日颁布《登记伴侣关系法》，不允许收养与人工辅助生育；2001 年 6 月挪威国会批准了一项允许注册伴侣收养他们的伴侣的小孩的法案；在 2008 年 6 月 18 日挪威中性婚姻法案中允许同性伴侣共同收养小孩以及人工辅助生育。在瑞典，1995 年《登记伴侣关系法》允许共同收养小孩，除人工辅助生育外具有与婚姻等同的权利义务；2005 年开始允许女同性恋伴侣的人工辅助生育。在丹麦，2006 年女同性恋个人和伴侣被授予了使用人工授精服务的权利；2009 年 3 月 17 日丹麦议会采用了一项法案，给予了注册伴侣关系中的同性伴侣共同收养小孩的权利。在冰岛，2000 年 5 月 8 日《登记伴侣关系法》的法律修正案允许了注册伴侣关系中的一方可以收养与他或她的伴侣有血缘关系的小孩，除非这个小孩是从国外收养的；2006 年 6 月 2 日，国会投票支持了授予同性伴侣在收养、抚养、人工辅助生育权利的待遇上与异性恋同样权利的立法，国会没有人反对这项提案。

在西班牙，2005 年同性婚姻合法后却还是遗留了一个法律上的瑕疵：如果小孩生于一段女同性婚姻的存续期间，与小孩没有血缘关系的母亲不会在法律上被视为长辈直系亲属，需要经历冗长的收养程序；2006 年 11 月 7 日，西班牙国会修订了关于人工辅助生育的法律，如果一方配偶是与小孩有血缘关系的母亲的话，与小孩没有血缘关系的母亲可以被视为长辈直系亲属。当时的西班牙法律已经允许单身人士收养小孩，因此，同性伴侣可以进行"事实上"的收养，但是，如果双方的伴侣关系结束了或者合法的长辈直系亲属一方死亡的话，那不是合法的长辈直系亲属的一方是没有权利收养小孩的。西班牙已经长期存在同性伴侣"事实上"的收养，因为许多伴侣正在抚养伴侣一方所收养的未成年人。同性伴侣还可以共同办理临时地或长期地照顾小孩的手续。各方对于收养争议很大。① 在葡萄牙，2010 年 2 月 10 日，葡萄牙通过了同性婚姻法案，并确认该法案不会允许同性伴侣收养小孩。此后经历多轮反复②，同性收养法案终于在 2016 年 3 月 1 日生效。

　　在加拿大，从 1996 年到 2011 年各地区陆陆续续允许同性伴侣收养小孩，其中第一个省或自治区是不列颠哥伦比亚，最后一个是努纳武特。乌拉圭 2008 年 1 月 20 日成为拉丁美洲首个在全国范围内实施民事结合法的国家，但不允许同性伴侣收养小孩。一项允许同性伴侣收养小孩的法案于 2009 年 9 月 18 日被总统签署成法律。乌拉圭因此成为南美洲第一个同性伴侣可以共同收养小孩的国家。在阿根廷，2010 年 7 月 21 日同性婚姻法案授予了同性伴侣所有的婚姻权利及义务，包括收养小孩和人工辅助生育的权利，是世界上少有的一步到位直接允许收养和人工辅助生育（也包

---

① 西班牙家庭论坛对于同性伴侣有可能收养及抚养小孩表示担忧：收养不是一种收养人的权利，而是被收养人的权利；同性恋社团称：那种所谓长辈直系亲属的性向会使他们所收养的小孩产生发展问题的说辞是没有科学依据的。这种观点获得了西班牙心理学院的官方支持，该学院还声明同性恋不是一种异常状态。

② 2013 年 5 月 17 日，国会又以 104 比 77 的票数否决了一项允许同性伴侣收养小孩的法案。在同一天，国会通过了一项允许同性伴侣收养他们的伴侣的小孩的法案的一读（也就是继亲收养）。但这项法案在 2014 年 3 月 14 日的二读中以 107 比 112 的票数被否决了。2014 年 1 月 17 日，国会批准了一个解决同性伴侣收养权利的方案，就是举行一场公投。1 月 28 日，总统阿尼巴尔·卡瓦科·席尔瓦要求宪法法院判定这项解决方案是否违宪。2014 年 2 月 19 日，法院宣布这项解决方案违宪。随后，卡瓦科·席尔瓦在第二天否决了这项解决方案。2015 年 11 月 20 日，国会通过了 5 项允许同性收养的法案的一读。随后这些法案被送交到了宪法事务、权利、自由及保障委员会。12 月 16 日，委员会把这些法案合并成了一个项目，并投票通过了这个项目。12 月 18 日，该法案通过了国会的二读和最终的投票表决。总统于 2016 年 1 月 23 日否决了这项法案，并于 1 月 25 日公布了这项决定。2016 年 2 月 10 日，总统的否决被国会推翻了。该法案于 2 月 29 日被发布在政府公报上。这部法律在它发布之后的第一个月的第一天生效（也就是 2016 年 3 月 1 日）。

括男男伴侣）①的国家。在巴西，2011年起承认民事结合，被授予了婚姻中的大部分权利，包括收养小孩、福利津贴、养老金、遗产税、收入所得税、社会保险、健康保险、移民、共同财产所有权、医院和监狱的探视权、体外人工受孕和代孕。

同性恋家庭是否影响子女的性倾向和健全人格的形成，现在并无明确的结论，但也没任何证据表明同性恋者会成为比异性恋者更糟糕的家长。弗吉尼亚大学的心理学教授夏洛特·J. 帕特逊说："就我们迄今所知，同性恋家庭的孩子和别的孩子看上去是非常相像的。②"但在社会观念没有根本性改变的情况下，同性伴侣收养孩子问题应谨慎对待。只有在具备同性婚姻立法条件的情况下，同性婚姻收养问题才不再有被拒绝的理由。跨国收养也是应予关注的，由于对于同性婚姻各国的法律态度差别很大，从而对同性配偶的跨国收养带来了很大的障碍，因而一些国家对同性婚姻的跨国收养进行了限制。可以说，同性婚姻与异性婚姻在跨国收养问题上的立法差异主要是受同性婚姻法律承认的国际环境影响，目前这一问题只能通过国家间的双边条约来解决。

父权推定是各国婚姻法普遍采取的立法政策，除非一方提出异议并提供充分的证据，婚姻关系存续期间生育的子女，丈夫自然享有对子女的亲权。但是在同性婚姻中，这种推定却缺乏基本的生物学根据。荷兰在讨论同性婚姻议案的备忘录中对父权推定问题这样解释："如果承认女同性婚姻中出生的子女是她们双方的合法继承者将会扭曲现实，现实与法律之间的距离将会过大。"③同性婚姻中不允许父权推定意味着同性恋配偶并不当然享有另一方所生育子女的抚养权，同时也意味着这种情况下子女不能享有对母亲的配偶的财产继承权。针对这种情况，一些国家采取了一定的弥补手段，通过收养程序来确定生母同性伴侣的养父母身份，但在这一过程中，应考虑实际的生父对自己的合法权益所可能提出的主张。

在人工生殖问题上，同性婚姻与异性婚姻是否应当采取相同的立法政

---

① 2012年7月27日，一对布宜诺斯艾利斯的伴侣Alejandro Grinblat和Carlos Dermgerd，成为拉丁美洲第一对获得一名新生儿的双父亲身份的男人。这个孩子是这两个男人中的一人的亲生儿子，是由一名代理孕母所生。他成为阿根廷第一位在出生证明上列入了两名父亲的人。

② 黄丁全：《医疗、法律与生命伦理》，法律出版社2004年，第538页。

③ ［荷兰］基斯瓦·尔迪克：《欧洲国家同性婚姻立法的发展趋势》，庄素娟译，《金陵法律评论》2006年第1期。

策，同样值得思考。即使在异性婚姻中，人工辅助生殖仍然面临诸多的伦理问题，同性婚姻中的配偶可否进行人工辅助生殖现在已经引起各已经承认同性婚姻国家的关注，但这一问题显然值得进一步研究，尤其是男男同性结合人工生育权问题。

从我国目前法律现状看，伴侣家庭收养、人工辅助生育也许不会两步并作一步走，会同世界上大多数国家的发展步骤一样，经历从禁止收养、人工辅助生育到放开的过程。在亲子关系上还是不要过于冒进比较稳妥。但如果我国出台同性伴侣法律调整的法律特别滞后，那时世界上对待同性收养和人工辅助生育争议已经伴随伦理和科学技术的解放而解放的话，就可以直接放开对同性收养和人工辅助生育的限制。

六　法律适用

在伴侣家庭中，无论是异性婚姻、同性婚姻、事实婚姻、登记伴侣家庭、同居家庭、涉中性伴侣家庭，还是非性联系家庭，在法律保护上必须遵守"存一性"原则，即任何两种以上伴侣家庭共存，为法律所禁止，违反时要承担相应的法律责任。类似于"重婚"，但这里面可能会称为"重家"。其实是"一夫一妻"原则在伴侣家庭大领域内的拓展与应用，如果准确表达，可称为"一人一家"原则或"一人一伴侣"原则。

例如南非有三项法律对伴侣家庭作了规定：民事或宗教的异性婚姻、原住民传统民事登记婚姻、民事结合。在任何时候，一个人都只能在这些法律中的一项法律规定之下结婚。

几种伴侣家庭法律之间的适用具有"择一适用"的特点。所以需要在几种伴侣家庭之间实现制度的转化作出设定，可以参照北欧相关权利、义务设定，我们在最后一章中具体开展设计。

但是需要注意的是，非性联系伴侣家庭因为与"专偶制"没有任何关系，我们认为不必须以两人为限。

七　冲突法问题

各国同性家庭在制度框架与具体设计上都存在诸多区别。通观各国法律和国际私法，非常大的概率会出现这样的案例：一对意大利同性登记伴侣可以去荷兰，将伴侣身份升级为婚姻；一对英国婚姻配偶去荷兰，将配偶身份降格为登记伙伴。① 这种转化绝不仅是名义上的转化，实质上可能会在子女问题或关系解除方面产生影响。所以同性家庭冲突法问题，其实是全世界都要共同面临的难题。

在西班牙，同性婚法律颁布后不久，那些自己国家不允许同性婚姻的非西班牙国籍的人，他们的婚姻的法律地位出现了问题。司法部裁定，西班牙的同性婚姻法律允许西班牙公民和非西班牙国籍的人结婚，无论另一方的国家是否承认这种身份关系。至少有一方必须是西班牙公民才能在西班牙结婚，但两个非西班牙公民如果都在西班牙有合法居留权的话，那他们也可以结婚。这项法律通过后不久，住在加泰罗尼亚的一名西班牙人和一名印度国籍的人被拒发了结婚证，理由是印度不允许同性婚姻，就出现了关于非西班牙人的婚姻法律地位的问题。然而，加泰罗尼亚的另一名法官为一名西班牙妇女和她的阿根廷国籍的伴侣签发了结婚证（西班牙第一次认可两名妇女之间的同性婚姻）。但这名法官的同事不同意其给予优先于阿根廷法律的婚姻权的决定，当时阿根廷的法律不允许同性婚姻。一公共检察机关内部的给司法部长办公室提供建议的机构发表建议称：LGBT 的西班牙人可以和来自不允许同性婚姻的国家的外国人结婚。根据西班牙法律，他们的婚姻是有效的，但这并不意味着他们的婚姻也会根据这名外国人的国家的法律自动生效。因此政府公告栏正式颁布了一项规定："一名西班牙人和一名外国人，或在西班牙拥有居民权的两名相同性别的外国人，他们的婚姻在西班牙婚姻法的应用中是有效的，即便这名外国人的国家的立法不允许或不承认他们的婚姻具有合法性。"根据司法部的指示，西班牙的驻外领事馆可以为同性婚姻完成初步的文件处理工作。在一对身为准配偶的双方当事人中，至少得有一人是居住在领事划界地区内的西班牙公民。如果当地的法律承认同性婚姻的话，那他们就可以在领事馆登记结婚。在其他所有情况下，同性伴侣都必须在西班牙境内登记结

---

① 荷兰法律为所有的伴侣（不论其性别）提供了三种选择。同居协议可由法律强制履行，但同居者可依其意愿签订。这种协议仅在他们内部才有效。登记伙伴和婚姻两者之间可转换。《荷兰民法典》第 77 条规定它们之间的转换。1998 年以来有相当多的异性伴侣更倾向于选择登记伙伴关系，所以立法机关就不愿否定这种方案。然而，他们的设想是在准许同性婚姻 5 年后评估事态发展，然后重新考虑这个问题。每一个人都将对这个评估结果感兴趣。尽管其可能性不是非常大，但我们将可能见证到异性伴侣继续扔下正在下沉的婚姻之船，并在伙伴关系和同居关系救生之艇上寻求避难，而同性伴侣将接管荡然已空之舰。

婚。两名都没有西班牙居住权的外国人是无法在西班牙结婚的，因为伴侣中至少得有一方是西班牙居民，尽管他们可能都不是西班牙公民。在葡萄牙，2010 年 7 月 19 日，登记与公证机构发布了下列关于婚姻的规定：在国外登记的婚姻必须在民事登记处重新登记，因为这些婚姻是在通过同性婚姻的日期之前登记的；在那种二选一的民事婚姻的法律制度下执行的婚姻，不能被重新登记，比如民事伴侣关系和民事结合；外国国籍的人可以结婚，即便他们的原籍国家不认可同性伴侣之间的婚姻；外国国籍的同性伴侣不需要居留权就可以在葡萄牙结婚；2016 年经过修正，在国外执行的同性伴侣的共同收养关系在葡萄牙被认可。

在瑞典，有一个单独的、有更多限制的、普通法的婚姻法（适用于未婚的和未注册的异性和同性伴侣）。瑞典有两部法律，一部是给异性伴侣的，一个部给同性伴侣的，后来又被合并为了一部法律。普通法"婚姻"向非瑞典国籍人开放，即不用结婚就可到瑞典与伴侣生活，并享有普通法"婚姻"所有权利。1995 年瑞典同性注册伴侣关系合法，从 2000 年开始，那些合法居住在瑞典的非瑞典国籍的人也有进入注册伴侣关系的权利了。直到 2009 年《性别中立婚姻法案》合法化后，国际的同性婚姻承认问题才得以解决。[①]在冰岛，2000 年 5 月 8 日国会以 49 比 1 的票数批准了注册伴侣关系的法律修正案。根据这个修正案的规定，外国人也可以进入注册伴侣关系，如果他们已经在冰岛不间断地居住了两年的话。在丹麦，注册伴侣必须符合以下居住权要求中的一项，才能组建这样的结合：（1）伴侣一方必须是丹麦公民或丹麦居民。（2）双方当事人必须已经在丹麦居住满两年。就居住权要求而言，芬兰、冰岛和挪威的公民享有和丹麦公民一样的待遇。此外，司法部长指出，任何其他类似丹麦这样有注册伴侣关系的法律的国家，其公民都会享有和丹麦公民一样的待遇。

法国 2013 年 5 月 18 日开始实现同性婚姻法制化。它是全世界第十三个允许同性伴侣结婚的国家。这项立法适用于法国本土、法国海外省份及

---

① 冲突法案例：2008 年 5 月 12 日，媒体消息称，一对来自加拿大的已婚的同性伴侣在法院向瑞典政府发起了挑战，因为瑞典政府拒绝承认他们的身份关系是婚姻关系。虽然初级法院、上诉法院都拒绝审理这个案子，但瑞典最高行政法院同意了受理这个案子。这对伴侣认为，按照加拿大法律登记的同性婚姻应该被瑞典认可，尽管事实上，当时的瑞典法律无法为此提供法律依据。2008 年 12 月 18 日，该法院判决称，瑞典税务局没有违反任何规定，因为当时的瑞典法律的婚姻定义是一男一女的结合，而同性情侣关系只能被视为注册伴侣关系。

海外领地。① 那么阿尔及利亚、波斯尼亚和黑塞哥维那、柬埔寨、科索沃、老挝、黑山、摩洛哥、波兰、塞尔维亚、斯洛文尼亚和突尼斯的国民是否适用于这项法令？因为同性婚姻法案打破了双边协议，使得双边协议的除法国外的国家仅适用于这十一个国家的法律，而无法适用于法国的法律了。2015 年 9 月，法国最高上诉法院判决称，将这些国家排挤在外的规定是歧视性的，而且违反了法国的法律，从而暗指不依照法国与十一国的双边协议，不适用同性婚姻法案是具有歧视性的。在卢森堡，2015 年 11 月 19 日政府提出了一项确保那些在 2015 年 1 月 1 日之前在国外执行的同性婚姻被卢森堡认可的法案。② 在荷兰，允许没有居住权的外国人在荷兰成立同性婚姻。这种做法似乎并不值得推崇，2016 年 4 月 6 日，荷兰外交部部长 Bert Koenders 和安全司法部部长 Ard van der Steur 证实荷兰的态度是：那些不是荷兰居民或公民的同性伴侣不能在荷兰结婚。他们说那将会导致实践的及法律的问题，甚至对于一些参与者来说也是危险的。在自由民主党要求外交部和安全司法部部长们深入调查允许没有居住权的外国人获得荷兰同性婚姻法律的好处之后，部长们作出了这样的发言。在比利时，承认外国同性伴侣婚姻的条件仅仅是当他们的出生国也承认这种结合。然而，2004 年 1 月 23 日一份司法部部长的通报称，允许任何伴侣在比利时结合，但至少配偶一方要已经在这个国家生活了三个月以上。这个规定于 2004 年 10 月 1 日生效。

　　在英国，除了北爱尔兰以外，其他地区已经实现了同性婚姻法制化。

---

　　① 到 2014 年 2 月，新喀里多尼亚出现了 11 桩同性婚姻，占所有婚姻的 1.7%。其中有 9 桩婚姻是在南部省执行的，余下的 2 桩则是在北部省执行的。法属波利尼西亚的第一桩同性婚姻是于 2013 年 7 月在莫雷阿岛执行的。在留尼汪，第一桩同性婚姻则是于 2013 年 6 月在圣保罗执行的。在马约特，第一场同性婚礼是于 2013 年 9 月在马穆楚举行的，马穆楚是马约特最大的城市，而且其大多数人口都是伊斯兰教教徒。这标志着历史上第一次有一桩被法律认可的同性婚姻出现在了一个大多数人口都是伊斯兰教教徒的司法管辖区。瓜德罗普的第一场同性婚礼于 2013 年 7 月在 Sainte-Anne 市出现。在马提尼克和圣马丁岛，第一桩同性婚姻分别于 2013 年 6 月和 2013 年 10 月执行。圣皮埃尔和密克隆的第一桩同性婚姻于 2014 年 3 月执行。2013 年 8 月，法属圭亚那出现了第一桩同性婚姻，这对伴侣在马罗尼河畔圣洛朗市结婚。

　　② 2016 年 4 月 19 日，众议院以 50 比 3 的票数通过了这项法案。5 月 3 日，国务委员会同意让这项法案跳过第二轮投票表决。这部法律于 5 月 23 日被大公颁布，又于 6 月 1 日被发布在政府公报上，并于 2016 年 6 月 5 日正式生效。

在英国部分地区，婚姻是一个权力下放的议题，① 英格兰和威尔士、苏格兰、北爱尔兰的同性婚姻地位各不相同。在英国同性婚姻合法前，2003年8月26日，两名英国大学的教授 Celia Kitzinger 和 Sue Wilkinson 在加拿大的英属哥伦比亚合法结婚了。但是回到英国之后，她们的婚姻却不被英国法律认可。根据随后的《民事伴侣关系法》的规定，她们的婚姻关系会在英国被转换成民事伴侣关系。这对伴侣为了她们的婚姻关系被认可而提起了诉讼，她们认为，她们的婚姻在执行登记她们婚姻的国家是合法的，而且也符合英国认可海外婚姻的要求，因此应该与异性伴侣之间的婚姻享有一样的待遇。她们拒绝将她们的婚姻关系转换成民事伴侣关系，因为她们认为民事伴侣关系无论是实际上还是在象征意义上，都是一个比婚姻关系要次等的替代品。在2014年颁布了《外国法律秩序下的领事婚姻和婚姻》的规定之后，"领事婚姻可以在英国以外的国家或地区执行，但领事婚姻要被确保是该国家或地区不反对这种婚姻，而且不会在婚姻被认可后撤销该婚姻"。目前，同性领事婚姻可以在26个国家执行：澳大利亚、阿塞拜疆、玻利维亚、柬埔寨、智利、中国、哥伦比亚、哥斯达黎加、多米尼加共和国、爱沙尼亚、德国、匈牙利、日本、科索沃、拉脱维亚、立陶宛、蒙古共和国、黑山、尼加拉瓜、秘鲁、菲律宾、俄罗斯、圣马力诺、塞尔维亚、塞舌尔和越南。

在加拿大，公民及移民部（CIC）承认移民申请人和加拿大公民或永久居民之间在加拿大订立的同性婚姻。只要他们满足各种要求，包括合法性以及至少同居一年的证明，加拿大人也可以为他们的同性普通法的或民事结合的伴侣做家庭类移民的担保人。《民事婚姻法令》生效后，CIC 采用了一个临时的不承认在加拿大以外登记的同性婚姻的移民政策。例如一个加拿大公民在荷兰与他的同性荷兰籍伴侣合法结婚，是

---

① 在2017年3月的选举之前，北爱尔兰首席部长阿琳·福斯特发表声明称，民主统一党会继续使用担忧请愿书来阻挡任何会使同性婚姻法制化的法案。其他管辖区的同性婚姻都被当成民事伴侣关系对待。在14个英国海外领地中，同性婚姻已经于2014年6月3日在阿克罗蒂里和泽凯利亚，以及英属印度洋领地（英国军队驻扎地），于2015年5月14日在皮特凯恩群岛，于2016年11月13日在英属南极领地，于2016年12月15日在直布罗陀，于2017年1月1日在阿森松岛，于2017年2月23日在特里斯坦-达库尼亚群岛，于2017年3月30日在马尔维纳斯群岛，于2017年5月5日在百慕大群岛实现了法制化。马尔维纳斯岛的同婚法制化的立法正在等待御准。在三个皇家属地中，同性婚姻于2016年7月22日在马恩岛，2017年5月2日在根西岛实现了法制化。泽西岛同性婚姻还没有被法制化。

不能以配偶身份为他的荷兰伴侣移民作担保的，尽管存在着荷兰法律和加拿大法律对异性和同性的民事婚姻没有差别对待的事实，也尽管存在着 CIC 确实承认一名荷兰人的同性婚姻的事实。2006 年 12 月 12 日，新民主党议员苗锡诚向众议院常务委员会提交了一个关于公民与移民的议案，呼吁 CIC 立即废除这项临时政策，并"承认男同性恋和女同性恋伴侣在加拿大的司法管辖区以外的地方所登记的合法婚姻，目的是让那些与异性恋伴侣以完全相同的方式被承认的合法婚姻可以用来移民"，委员会投票建议政府这么做。2007 年 1 月底，公民及移民部部长 Diane Finley 告知委员会，这个问题会解决。2007 年 2 月，CIC 官网更新，表示这个政策已经被更新了。2012 年，加拿大总检察长在一个被带进安大略最高法院的离婚案件中建议，如果婚姻不被非加拿大居民的家乡的司法管连辖区所承认的话，不应该具有婚姻效力，在总检察长这么建议之后，保守派政府宣称他们会修补这项"立法空白"。加拿大《非居民民事婚姻法令》法案宣称，加拿大非居民可以在加拿大结婚，也可以在法院离婚，即使其家乡的司法官辖区禁止这样做。在 2013 年 1 月 7 日加拿大的 Hincks V. Gallardo 2013 CanLII 129 一案中，安大略最高法院判决称，进入了英国民事结合伴侣关系的同性伴侣在加拿大的法律中应该被视为已婚。在阿根廷，缔结同性婚姻，只要有一方拥有有效的阿根廷居住权即可。

在新西兰，2013 年 8 月 19 日实现了同性婚姻法制化。但是新西兰国会只能对新西兰本土和南极洲的罗斯属地制定婚姻法律。其他三个组成新西兰王国的领地——库克群岛、纽埃和托克劳并不会执行或认可同性婚姻。新西兰允许外国人在本国登记同性婚姻，新西兰也因此曾有过突出的"彩虹经济"①。

在南非，《民事结合法》没有明确规定认可外国同性伴侣的结合。由于延伸了普通法的婚姻定义，且基于当地法律执行婚姻的原则，国外的同

---

　　① 在 2013 年 8 月 19 日（法律生效）之后的那一年里，新西兰登记了 926 桩同性婚姻，其中 520 桩是女女伴侣，406 桩是男男伴侣。532 桩婚姻（57.5%）是新西兰公民缔结的，237 桩婚姻（25.6%）是澳大利亚公民缔结的。2016 年 8 月，新西兰统计局报告称，在同性婚姻法制化修法生效后的三年中，新西兰共有 2118 对同性伴侣结婚。其中差不多有 970 桩婚姻是外国伴侣，大部分都来自澳大利亚。彩虹经济就是指由 LGBT 族群（女同、男同、双性恋、跨性别者的统称）的口味和需求而带动的经济。

性婚姻应该被南非的法律认可为婚姻。然而，国外的那些非婚的伴侣关系的形式并不明确，比如民事结合或家庭伴侣关系之类。在 2010 年的一场离婚官司中，西开普敦高级法院承认了英国民事伴侣关系相当于南非的婚姻或民事伴侣关系的法律效力。

我国伴侣家庭冲突法方面的规定是必须要跟进的，但目前大多数研究都不涉及冲突法，这主要是因为我国婚姻冲突法不完善，很多问题还没有解决，这完全不符合发展、开放中国的国际定位。我们可以依据各国实践经验设计我国伴侣家庭冲突法的框架。

八　立法进程

（一）立法进程要循序渐进

立法进程需要循序渐进，主要体现在两个方面：第一，我们观察到零散立法模式越来越少，各国逐渐都进入统一规范立法进程；第二，很多地区没有先从国家统一立法，而是一般先从省、市或县级有所举动，有的是实施行政行为，有的是出台地方条例或区域性立法，有的是通过司法判决。

任何一项法律制度的建立，并使之行之有效，都不是一朝一夕可以完成的事情。2000 年以前法国的一些市长通过行政权力开始签发"共同生活证明"或"同居证书"。在西班牙一些城市和地区为同性、异性伴侣登记，无实质权利，仅作为行政和司法程序中共同生活的证据。2009 年 12 月，阿根廷火地省的省长 Fabiana Ríos 命令民事登记处的办公室为一对同性伴侣的婚姻进行登记。12 月 28 日，这两个男人在乌斯怀亚（火地省的省会城市）合法结婚，成为拉丁美洲第一对结婚的同性伴侣。2010 年 4 月 14 日，他们的婚姻被法院宣告没有法律效力，但在技术上仍然是合法的。英国伦敦市成为第一个承认民事伴侣的英国城市。美国某些市或县先出台了一些家庭伴侣关系条例，很多州先后出台自己的《家庭伴侣关系法》等。澳大利亚联邦没有非婚同居专门统一的成文法，也不适用《家庭法》，非婚同居立法权限属于各州。澳大利亚六个州和两个地区分别制定了相应立法，最早的是新南威尔士州在 1984 年出台的《事实伴侣关系法》，最晚的是西澳大利亚州在 2002 年出台的《事实伴侣关系法》。巴西（联邦国家）在全国范围内的同性婚姻立法之前，阿拉戈斯州、巴伊亚州、塞阿腊州、圣埃斯皮里图州、联邦区、南马托格罗索州、帕拉伊巴州、巴拉那州、皮奥伊州、朗多尼亚州、圣卡塔琳娜州、圣丽塔-杜萨普卡伊市（米纳斯吉拉斯州）、圣保罗州和塞尔希培州都已经允许了同性婚姻，而且一些结合关系也已经被一些州的法官转换成了完全的婚姻关系。不过，在里约热内卢州，同性伴侣虽然也可以结婚，但只能是在当地的法官同意他们的结婚请求时，他们才可以结婚。日本最初是涩谷区一地推出《推动男女平等及尊重多样化社会条例》，接下来在世田谷区、札幌市、宝冢市、伊贺市、那霸市等地区议会通过条例承认同性伴侣注记。

（二）立法进程分为"技术正确"或"政治正确"

"婚姻平权"的战争是"矫枉过正"的盲目的战争。在同性伴侣当事人心里，无论民事结合还是伴侣法都没能满足宗教或文化沉淀在婚姻内涵上给予的满足。① 事实上，为新群体能够设立一项专门的制度是对该群体最大的尊重与公平，但是同性伴侣在心理上不愿意接受这样的客观事实，因为一直以来受到社会、法律和宗教等方面的歧视与排斥，所以同性伴侣群体更倾向愿意进入传统婚姻，以一种"矫枉过正"的心态来扳正曾经受到的不公，以站到传统婚姻阵营里来彰显身份的认可，这种不客观的心态正是源于曾经受到歧视的伤害。立法者、社会、宗教以及同性伴侣群体都没能客观认识一个本该理性的法律问题。斗争者们顽固的心态与曾经受到的伤害成正比，所以婚姻异化的过程还会进行下去，这也是人类社会权利意识觉醒发展的代价。而且这种发展之路是单线程发展，没有回头路，很多想要颠覆已经合法化同性婚姻的企图与行动都以失败告终，除非人类重新回到社会资源匮乏、经济不够发展、政治氛围保守的社会。因为我们已经在本书开头就论述过，婚姻与家庭的内涵一直在经历演变。

同性伴侣在法律上以新制度的形式加以认可和保护，但是仍然不能阻止其进入婚姻的脚步，在条件成熟时或在某些因素（政治、宗教等）影

---

① 2015 年 6 月 26 日，美国最高法院在裁定同性婚姻合法时这样写道："没有一种结合比婚姻更加意义深远，因其融合了爱、忠诚、奉献、牺牲以及家庭的最高理想。通过缔结婚姻，两个人得以比各自曾经更为强大。如同这些案件中部分申诉人所述，婚姻中包含着死亡亦无法阻挡的爱意。我们不应错误地认为这些男人和女人不尊重婚姻的理念。他们的申诉表明他们确实尊重婚姻的理念，并且是如此深切地尊重这一理念，因而寻求这一理念能够适用于其自身。他们不愿生活在孤独之中，被排除在人类文明最为古老的一项制度之外。他们所要求的是法律之下享有平等尊严的权利，而宪法赋予了他们这项权利。"肯尼迪大法官执笔的多数意见以一种恢宏的气势宣告了二十多年来不懈努力的同性婚姻合法化支持者们的全面胜利，但绝非意味着长期以来围绕同性婚姻合法化议题的所有争议的终结。

响下，同性婚姻会实现合法化。大部分承认民事结合的国家都已经实现同婚合法化，有部分国家是由于各方面条件成熟，同婚合法化是顺其自然的发展进程，是"技术正确"下的选择；另外有一部分国家在同婚合法化进程中有些操之过急，各方面条件并未完全成熟，而是由于政治或宗教因素促使同婚过快合法化，是"政治正确"的结果。这必然带来很多问题，同婚合法化并未终结支持派与反对派的斗争，甚至激化了局部矛盾。

"技术正确"立法的代表国家如北欧国家，同性婚姻合法化的条件已经成熟。北欧国家法律制度高认可度同性伴侣，脱离不了一脉相承的社会传统观念：北欧人宗教意识淡漠，不普遍信仰上帝。没有处女崇拜，有性自由的传统。包括非婚同居从未曾作为社会禁忌。因此，在非婚同居问题上顾虑少，几乎不必考虑意识形态上（宗教、道德、舆论等）的压力。

"政治正确"立法的代表国家如英国、法国、美国、南美多国、南非。在这些国家中同性婚姻虽然被合法化，但并不意味着同性婚姻存在的各方面条件已然成熟，同性婚姻的合法是在一定因素的推波助澜下出台的，主要是政治因素和宗教因素。所以在这些国家，关于同性婚姻的斗争并未因同性婚姻的合法化而休止，与之相关的各种矛盾与问题依然不断浮现。

1. 同性问题与政治挂钩①

同性问题一般都是会和政党政见与政党选举紧密挂钩的。比如 1996 年中期的法国共有 259 位市长向 700 多万名同居伴侣签发了"共同生活证明"或"同居证书"。虽然遭到质疑和反对，有的市长仍坚持向同性伴侣签发此类证书。② 类婚姻家庭在立法、司法上难以承认时，却获得了地方行政权力认可，虽然仅是名义上的。法国 PACS 方案也是保守思想与激进势力的冲突，政治领域里政党斗争的策略等复杂因素作用的产物。英国在 2010 年大选中，保守党政府在发布的"平等合约"中提道：如保守党获选的话，该党将"考虑"将民事伴侣关系认可为婚姻。工党党魁竞选期间，每一个工党候选人都表达了他们支持进一步认可同性婚姻的改革措施。工党竞选获胜后，同性婚姻成为工党的政党政策。2011 年法国社会党党员发表声明：如果在 2012 年的立法选举中得到多数席位，那同婚法

① 就是所谓"正确政治"的共识。

② Claudina Richads, "The Legal Recognition of same-sex couples—The French Perspective", *International and Comparative Law Quarterly*, Vol. 51, No. 2, 2002, P. 305.

制化就会成为他们的优先事项。社会党总统候选人在 2012 年的总统选举期间宣告了他支持同性婚姻以及同性伴侣收养小孩的权利，并将此作为他的 60 项竞选承诺之一。2009 年乌拉圭参议员说：如"广泛阵线"赢得了国会选举和总统大选的话，他们就会提出同性婚姻法案。2010 年 7 月，执政党"广泛阵线"的立法者宣布，他们计划提出一项允许同性婚姻的法案。

2. 同性问题与宗教挂钩

2010 年英国时任总理说：政府没有允许同性婚姻的原因是，同性婚姻"与宗教自由的问题密切相关"。犹太教、伊斯兰教、天主教和基督教等宗教都有教条中的章节被一些人解释来宣称相同性别的人之间的性关系是禁忌的和有罪的。比如《古兰经》（7：80—81，26：165）和《圣经》（〈利未记〉18：22，〈罗马书〉1：26—27，〈提摩太前书〉1：9—10，等）频频被解释成明确地禁止同性恋。梵蒂冈的教会评论文章称，天主教的政治人物应该根据他们个人的信仰来投票，而不是根据政府的政策。

与同性问题相比，异性同居问题受政治和宗教因素的影响比较小，所以异性同居伴侣法律认可的斗争显得微弱。异性同居问题的法律规制确实是同性问题合法化的副产品。

在我国，伴侣家庭立法不会成为政治作秀的产物，也不会被宗教所绑架，这两方面原因所造成的阻力较小。在我国最大的阻力其实就是传统文化和立法成本。

（三）立法进程中同性婚姻目前无一例颠覆

没有任何一次企图明确重申婚姻主体限定为一男一女的提案、议案或修正案得以成功。这说明，政府可以推迟在法律上承认和保护同性伴侣，但是一旦同性家庭得到法律上的认可，在法律保护上想排除同性结合则是不明智的。虽然在同性结合合法化条件不成熟时，很多国家仓促实现了合法化，支持派与反对派的斗争也并未休止。但是目前实践中，没有任何一例案例显示，已经正式合法化的同性结合法律被反对派颠覆、失效，虽然颠覆的危险与可能一直存在。

在加拿大，重启同性婚姻辩论的保守派的人数在不断增加。到 2006 年 11 月，政府提出了一项议案，询问关于辩论同性婚姻的问题是否应该重启。这项议案于次日以 175（反对票）比 123（支持票）的票数被撤销。时任总理斯蒂芬·哈珀随后告诉记者："我看这个问题将来不会再重新讨论了。"在新西兰，2005 年，"联合未来党"的国会议员 Gordon Copeland 提出了《婚姻（阐明社会性别）修正案》，目的是将《婚姻法》中的婚姻主体限定为一男一女，并修订《权利法案》中有关婚姻、家庭地位的反歧视保护措施，从而这项法案可以用来表明法律中的婚姻主体是指一男一女的立场。而且这项法案还会禁止新西兰认可国外的同性婚姻。这项法案于 2005 年 12 月 7 日进行了第一轮辩论，随后以 47 票支持，73 票反对的失败结果告终。目前，新西兰已经没有其他政党表现出任何要继续讨论同性婚姻议题的意向。在卢森堡，同性婚姻合法后，2015 年 7 月 7 日，一名 ADR 党员提出的一项提案建议，就开放给同性伴侣婚姻权和收养权的问题组织一场全民公投，但这项提案遭到了众议院其他每一个政党的所有议员的否决。

但在西班牙，同性伴侣法的存废问题可谓一波三折，但并不是于针对同性伴侣。2007 年 12 月 7 日，西班牙政府与议会通过了民事结合法案，应在 2009 年 1 月正式实施，但是在该法案通过的第二年，就是 2008 年 12 月时反对派将民事结合议案提请匈牙利宪法法院，最终宪法法院认为异性伴侣不应包含在民事结合法案中，以维护传统婚姻价值为理由废止了这项议案，所以废止原因并不是因为针对同性伴侣。很快，民事结合法案经过修改后重新出台。

所以，目前我国在台湾、香港、澳门的"立法"动向很难走历史的回头路，正在向法律调整的类型谱二过渡发展，几乎不会出现像印度那样无信誉的短期内的立法反复，那样对立法权威产生的伤害远比出台一部立法要大得多。

（四）立法进程与群体诉求强度紧密相关

同性家庭在"政治正确"的国家中，合法化斗争往往比较激烈，争取手段比较多元复合，促推同性家庭走向合法的过程显得有些仓促，因为这种合法过程可能根本没有成熟或者说尚未达到"技术正确"的阶段。

美国著名的同志活动家沃夫森曾说过："该到时候以非暴力运动来争取婚姻平权。不要妄想一场官司和立法战斗来荣获平等。前人每一轮成功的公民权利运动提示我们：斗争是漫长的，目标须积极的，战略要持续的，盟友和资源需源源不断的。"沃夫森的倡导运动有明确的战略：运动会在全国赢得婚姻自由，国会或美国最高法院（最有可能是法院）这两个全国性的参与者中的一个就可以引发全国性决议。为了营造推动全国性决议气候的早日到来，这场倡导运动将会开发尽可能多的关键州和关键的民众来支持。无须每一位美国人都支持平权婚姻，但足够多和关键的美国人支持是最关键的，只有这部分人才有机会去授权并推动最高法院或国会采取行动。运动会争取到关键的组织和基金会，有了更多的保障，并催生了全国性真正交战，从而极大地鼓动了最高法大法官在 2015 年 6 月彻底地打倒了婚姻歧视。

从上面的美国的部分典型运动经验事实可以反映出，同性伴侣入法诉求强度主要体现在几个方面。

1. 多元性别社群发展与活动

多元性别社群的发展与成熟对婚姻平权活动起到了关键作用，例如改变社会观念、游说颁布法律等。并且多元化性别社群成功地使用了社交媒体网站来辅助达成其目标。有人认为 LGBT 社群通过成功地使用社交媒体网站，在击败反对方时起到了关键的作用。

在美国，其中最大规模使用社交媒体动员群众支持同性婚姻的时间节点之一是，恰逢 2013 年 3 月美国最高法院高调的《8 号提案》和《婚姻保护法案》的诉讼案件开庭之前。在法院开庭的时候，据估计有约 2500 万名 Facebook 用户将头像换成了红色的等号以表支持婚姻平权。在英国，支持和反对同性婚姻的倡导组织都建立了起来，如"婚姻平等联盟""为婚姻出柜""平权网络""婚姻平等""爱情平等"。

2. 诉讼增多

（1）维权诉讼增多

有先哲曾经说过，弱者权利的争取与获得，不要寄望于强者的怜悯。所以性少数群体通常坚信，与其期盼立法层主动立法认可、保护自身权利，不如自身积极为权利的争取，发出真实的呼声。30 年前在我国台湾地区第一位公开"出柜"的祁家威认为，若想通过在"立法院"实现婚姻平权难如登天，只能靠司法作业的系统。他认为就是不断打官司，直到有法官敢判同性恋结婚胜诉，那就成功了。这种思想在性少数群体中具有一定代表性。所以我们观察到，性少数群体的维权诉讼越来越多，立法层面对不断增加的诉讼压力，感觉到维系权利"缺口"和"失衡"状态可以依据的法理越来越稀缺，站不稳脚的裁判主张自然会被击败、倒戈，而司法上的一个一个判例自然就撬动了立法的进程。正如北爱尔兰财政部长 Máirtín Ó Muilleoir 在 2016 年发表声明称，他会要求行政官员开始起草同性婚姻法案，因为北爱尔兰议会的议员应该宁愿自觉在这个议题上投票，也不愿意在法院"被一个不利的判决结果逼着制定法律"。

（2）诉讼多涉及"宪法权利"与"宪法诉讼"

人们为同性婚姻争取合法化时会以宪法权利来主张婚姻平权，人们在反对婚姻平权时也会以宪法力证。所以在宪法诉讼中一般是以"释宪""违宪""修宪"为线索。

世界上首个禁止歧视性取向的国家是南非，其新宪法承认了同性恋者不受歧视的合法权利，婚姻平权诉讼特征完全依照的是，"释宪"—"违宪"—"修宪"的路径，可谓典型。2002年南非同性恋权利团体提出"释宪"要求，"女同性恋和男同性恋平等计划"组织发起了一项直接攻击《婚姻法》的合宪性的独立诉讼，该诉讼起初在约翰内斯堡高级法院听审。2005年12月1日南非宪法法庭作出裁决婚姻法违背了宪法①，要求政府及议会应积极作出努力，须在2006年12月1日前完成修改婚姻法。2006年11月4日，南非同性婚姻合法化法案通过。南非是世界上第一个在其宪法中把性倾向作为一种人权进行保护的国家。这种宪法权利形成了一系列给同性伴侣授予具体权利的法院判决的基础：1998—2006年，同性伴侣通过判例获得医疗保险的福利、移民福利、工资及退休津贴、收养小孩、同性伴侣索赔的权利、继承权利等。而这些均发生在同性婚姻并未合法时，仅仅基于宪法规定。

其他国家在婚姻平权的道路上也均会涉及"宪法权利"与"宪法诉讼"。2007年葡萄牙一对女同性恋伴侣为权利争取，上诉至葡萄牙宪法法院。2009年阿根廷布宜诺斯艾利斯法院批准了一桩同性婚姻，法院裁定《民法典》第172条和188条违宪。法国的LGBT组织求宪法委员会检查同性婚姻的合宪性，2011年法国宪法委员会裁定同性婚姻不违背宪法。

---

① 广泛被引用自大多数意见的一段话中，大法官Albie Sachs写道："因此，将同性伴侣排挤在婚姻的权利与义务之外，并不是一种细小和无关紧要的不方便，这种不方便是由一些遗留的社会偏见所造成的，而这些偏见就如同早晨的露珠一样，注定要被蒸发掉。如果法律规定同性伴侣是法律保障以外的人，并规定，身为人类的他们，对于其亲密关系的肯定和保障的需求，竟莫名其妙地比异性恋伴侣要少，那这就是一部畸形的恶法。它所强化的观念是，他们应该被当成那种不适应正常社会的怪物，被当成失败或堕落的人来对待。因此，他们也没有资格获得我们的宪法所保障给每一个人的完整的道德关怀与尊重。这意味着，他们的爱情、承诺以及承担责任的分量，被我们定义为，不值得像异性恋伴侣那样受人尊重。"——判决书第71段。

2015 年美国最高法院裁定各州同性婚姻禁令违宪，违背了《美国宪法第十四修正案》中的"正当程序"和"平等保护"条款。2017 年德国同性婚姻合法化过程中，涉及程序上是否需要修宪的问题，德国主流观点认为修改民法允许同性婚姻，无须涉及宪法。

相反的，很多国家在同性婚姻合法后，都会经历过同性婚姻的反对方试图申请宪法法院判决这项法律因违宪而无效，例如法国、比利时、西班牙等。其所持的主要论据是，对根本不同的情况用相同的方式对待，这违反了宪法的平等权原则。宪法法院无一例外地拒绝了这类申请。这就意味着，同性婚姻一旦合法化，目前没有一例再被赶出法律的边界。

在宪法问题上，无论是从"人权""性权利""家庭权"等均可以作为各种新型伴侣家庭入法规制的宪法基础，并且在我国不存在像德国或日本的修宪阻碍。在我国台湾地区，2017 年 5 月 24 日，台湾大法官释"宪"宣布禁止同性结婚违反"宪法"，使台湾成为亚洲首个同性婚姻合法化地区。大法官释字第 748 号①解释："民法"第 4 编亲属第 2 章婚姻规定排除了同性，这与"宪法"规定的"人民婚姻自由"及"人民平等权"相违背。因此"立法院"等有关机关应在两年内依照大法官解释的意旨完成相关法律修正或制定。这意味着台湾在同性婚姻合法化进程中又迈进了一大步。积极推进"民法"修正案的国民党人士许毓仁在 Facebook 上公开发文称："台湾婚姻平权议题能够走到释'宪'这一步已经值得骄傲"②。

在我国接下来可能会出现更多的关于伴侣家庭"宪法权利"的诉讼，当然也波及民商法领域、行政法领域、经济法领域（社会保障）和刑法领域。法律工作者应该做好充分的准备，迎接诉讼中权利的解释与回复。

---

①　释字第 748 号《同性二人婚姻自由案》解释文原文："民法"第 4 编亲属第 2 章婚姻规定，未使相同性别二人，得为经营共同生活之目的，成立具有亲密性及排他性之永久结合关系，于此范围内，与"宪法"第 22 条保障人民婚姻自由及第 7 条保障人民平等权之意旨有违。有关机关应于本解释公布之日起 2 年内，依本解释意旨完成相关法律之修正或制定。至于以何种形式达成婚姻自由之平等保护，属立法形成之范围。逾期未完成相关法律之修正或制定者，相同性别二人为成立上开永久结合关系，得依上开婚姻章规定，持二人以上证人签名之书面，向户政机关办理结婚登记。

②　《台湾司法机构：现行法律禁止同性婚姻"违宪"限 2 年内修正》（http://www.taihai-net.com/news/twnews/twsh/2017-05-25/2014486.html）。

3. 多元性别教育

多元化性别群体会积极推广围绕同性恋问题的医学、心理、人口、社会、经济等领域的相关知识，逐渐消除反对群体的排斥与敌意，建立社会对性别的科学认识，提高人们对 LGBT 人群的宽容度与接受度。

4. 赞助力量

争取权利的活动是需要一定的经费作为保障的，争取多种渠道的经费来源也是必要的工作方式。

综上，在我国关于为 LGBT 人群争取权利的成熟组织已经很多，主要集中在北京、上海、深圳等经济发达、文化多元的开放城市。这些组织主要在承担着相关活动的组织、防艾宣传、科学的性别教育推广，以及为群体维权等工作。我国近年涉及同性结合问题的诉讼越来越多，以"同性婚姻登记第一案"为代表，开启了同性结合通过直接诉讼维权的里程碑，虽然败诉，但其所产生的法律思考与聚焦宪法的意义无法让人忽视，该案入选当年"十大宪法案件"。

（五）立法进程应注意数据特征

在同性恋合法化的国家里，对于同性恋及双性恋人口的官方统计数据实际上也少得可怜。各国人口普查一般只调查了居民的同性婚姻信息，并不咨询民众的性取向情况，例如加拿大、英国、美国、新西兰等。即使是官方的统计数字，内部也存在不少错漏之处。来自肯特大学的彼得·阿斯匹诺尔在文章中表示，英国对于 2009 年以前的调查数据实际上没有进行校正，数据中普遍存在同性恋者瞒报及误报的情况。另据英国皇家统计协会 2006 年举行的关于同性恋统计的研讨会称，目前对于同性恋的统计工作存在两大难点：一是如何界定同性恋（行为、欲望或是自我认知），二是采用何种普通民众能够理解和接受的方式去收集相关信息。正如新西兰国家统计局指出："（性取向）实际上很难定义及衡量，尤其在自主填写和有限的问题形式的问卷调查中，很难收集准确的信息。" 2013 年在美国进行的一次问卷调查中，有 1.1% 的受访者就性取向问题的回答是"其他"。由此可知，受访者自身也存在困惑，或者出于某种原因拒绝回答。基于上述种种原因，很多人相信同性恋者的人数实际上要远大于官方统计数字。

据英国同性恋权利慈善组织"石墙"估算，在英国人口中约有 5%—7%的居民属于同性恋或双性恋，推算的依据是英国贸易和工业部 2005 年的统计数据。另一项调查研究则表明，民众之中曾经尝试过同性性行为的人群数量，实际上要远大于愿意公开自己的同性或双性取向的人群数量。2011 年一项来自威廉研究所的调查发现，8% 的美国人曾有同性性行为经历。而在英国，2013 年的类似调研表明在 16—44 周岁人群中，7% 的男性和 16% 的女性曾有同性性行为经历。目前，美国人口普查局正着手修改关于同性婚姻的调查问卷（此前曾有先例，异性恋夫妻因为误解问卷内容错选答案进而影响统计数据）。不过，近期的人口普查仍不会询问受访者的性取向。随着民众对于同性恋的态度日益改善，将来开展的数据收集工作会变得相对更容易些。①

从各国统计的其他数据看同性结合，体现出一定的特征：

第一，同性婚姻登记率在整个婚姻登记率中为 1%—7%，当然也有例外。这与各个国家的人口、面积、经济、政治、宗教等因素有关。各国同婚比率每年不会出现较大波动。

第二，国家内部地区性差异大。同性婚姻主要集中在城市，尤其是经济比较发达城市。例如 2014 年有 1331 对同性伴侣在法国首都巴黎市结婚，占了该市婚姻总数的 13.5%。

第三，同性婚姻在各国民调中显示，国民在该问题上的包容率逐年上升，支持率逐年提高。20 世纪 50 年代，同性婚姻在世界范围内仍是非法或无效的，但近年来同性婚姻的民众支持率突飞猛进。欧洲很多国家每一年都会对同性婚姻支持率进行调查，数据显示，同性结合支持率每一年都有所提高，数据线是上行趋势，几乎不存在回落的案例。

所以，假如同性家庭合法化后，我国可以依据相关数据合理完善《婚姻登记条例》，首先从北京、上海、广州这些地方着手操作，按照人口比率计算预判伴侣家庭登记数量，做好登记、备案、公证等准备工作。

（六）立法进程区别于宗教、党派、军队认可

同性问题在非法律领域的认可，不同于法律认可。同性伴侣在宗教认可上，同性婚姻法案通常都考虑到各国宪法中的"宗教自由"和"人权"，均不会强迫宗教机构执行同性婚姻；同性伴侣在党派认可上，应注意党派在投票立法保护同性家庭时，不代表该党派所有党员都是同性家庭

---

① 《同性恋人数该如何统计？》（http://news.china.com.cn/live/2015－05/15/content＿32727603.htm）。

立法的支持者；同性伴侣在军队认可上，由于军队不同于普通的市民社会，往往在法律或纪律方面比较特殊，例如在我国婚姻法中关于军婚的法律规定即是体现。

我国关于同性问题的立法，在宗教阻碍方面几乎可以忽略，立法的阻碍性主要是传统思想的桎梏和立法成本考量。至于在特殊领域的党派内部和军队内部对同性伴侣的认可则需要另做专题讨论，不是家庭法所能干涉与随便入侵的。

总之，无论我们怎样概括和总结一些规律性的问题，均没有办法涵盖所有国家，因为每个国家都有自己独特的国情、历史发展阶段、家庭政策及社会保障体系。一些先进经验值得学习，但我们也认识到盲目照搬照抄并无益于我国在相关方面的立法完善，可能还会给传统家庭格局和本来亲密的家庭联系带来解体危机。由此看来，伴侣家庭法律规制是个复杂又具体的工程，有待于我们继续探索。国外相关立法经验可以帮助我国在相关立法时尽量避免走不必要的弯路。

第四章

我国伴侣家庭类型化法律调整考察与现实选择

第一节　我国伴侣家庭类型化法律调整考

自传统转向现代、自国家转向个体、自责任转向感情，此三种转变的本质映射了婚姻自封闭转向开放、自一元转向多元、自身份转向契约的发展脉络。该演变过程是婚姻家庭法的进步，与国家的现代化步伐是和谐一致的。①

一　我国伴侣家庭类型化法律调整历史沿革

（一）异性非婚同居法律调整沿革

我国有关异性非婚同居的法律由古至今经历了漫长而多变的沿革过程。我国历史上有关非婚同居的法律制度揭示了立法从禁止到区别对待，从否定性评价到宽松的态度演变。

1. 古代礼法：禁止

我国古代的婚姻家庭规范详于礼而略于律。婚姻是两性生活合法化、合理化的唯一途径。婚姻的成立，要遵循严格的礼制。对于"既非奸而又不备礼"的姘度婚，在礼法上均以私通奸淫拟之，不承认其效力，法律并规定处以刑罚。② 实际上，由于当事人的身份地位不同，加之古代社会纳妾、童养媳等复杂的婚姻家庭现象，类似非婚同居行为的法律后果不能一概而论。在某些特殊情况下，六礼不备也可能具有等同于聘娶婚的效力。但从原则上讲，在中国古代社会，男女未经合乎礼的程序而公开共同生活是违背礼法的。类似非婚同居的非婚性关系可能被作为奔、淫、私

---

① 参见朱丽娟《当代婚姻家庭制度演变的观念基础》，博士学位论文，吉林大学，2011年。

② 参见陈顾远《中国婚姻史》，商务印书馆1935年版，第112—114页。

等，受到斥责和惩罚。①

2. 近代法律：区别对待

从清末修律开始，争论的焦点都是有配偶者与他人同居的妾制问题，没有特别关注双方均无配偶的非婚同居。

南京国民政府时期，民法第 1123 条第 3 款规定："虽非亲属而以永久共同生活为目的同居一家者，视为家属。"受扶养的同居者及其非婚生子女可以获得酌给遗产等保护。第 1123 条实际上是当时废除妾制，回避直接规定，而暗护妾制的立法，并非着眼于无配偶者的同居关系。

辛亥革命时期的女权运动中，邹容、孙中山等革命先驱呼吁男女平等，提倡自由结婚、离婚和再婚，禁止歧视非婚生子女，婚姻家庭立法朝着自由、民主、平等的方向发展。

中国共产党领导下的革命根据地婚姻立法，以婚姻登记作为主要的结婚程序，在不同时期不同地区有证人或仪式的规定。从这一时期开始，立法中有了保护非婚生子女的规定。② 不过，针对非婚同居关系本身还没有完备的一致规定，不同时期不同地区的法律法规对待非婚同居关系的态度不一。

在第二次国内革命战争时期，1934 年《中华苏维埃共和国婚姻法》针对未登记而同居者的规定是："凡男女实行同居者，不论登记与否，均以结婚论。"也就是用等同于婚姻的模式调整非婚同居关系，而且认定的标准非常宽松。

在抗日战争时期，没有统一规定。以晋察冀边区为例，可以看出一些地区区别对待不同类型的非婚同居关系。1994 年晋察冀边区行政委员会施行的《关于我们的婚姻条例》中指出："结婚登记这种手续的履行不是强迫的，只要事实上夫妻关系存在着，并不因其未曾履行规定手续而无效。"即原则上承认具有婚姻之实的非婚同居关系具有等同于婚姻的效力。但由于 1943 年 2 月公布的《晋察冀边区行婚姻条例》将仪式制和登记制相结合，规定登记和领取结婚证是两个程序，所以 1943 年 5 月 27 日发布的《关于婚姻登记问题的通知》以是否举行仪式和是否符合结婚实

---

① 男女双方都是未婚者，女方主动的称为"奔"，男方主动的称为"淫"，或"私""通""奸"，还可指有配偶者的婚外性行为。参见汪纷玲《中国婚姻史》，上海人民出版社 2001 年版，第 44—49 页。

② 参见张希坡《中国婚姻立法史》，人民出版社 2004 年版，第 277—283、308 页。

质要件为标准，将非婚同居关系进行了区别对待："①未经举行公开仪式的，不登记，不生婚姻的效力，并应由县按'妨害风化'治罪。②已经举行公开的结婚仪式且合乎结婚条件的，应承认其婚姻有效。但仍应加以教育，使他们依照规定向所在地的村公所或县政府补行登记，取得法律上的合法地位。③已经举行公开的结婚仪式但不合结婚条件的，应根据实际情形适当处理。如男女不到结婚年龄，可令其暂时分开，等到达结婚年龄再行同居。如违犯婚姻条例关于不准结婚的规定，可强行拆散。但反对'一律强令拆散'和'置之不理'两种倾向。"根据上述规定，结婚仪式可以弥补结婚登记。既不举行结婚仪式又不履行结婚登记的非婚同居将受刑罚处罚；举行了结婚仪式的非婚同居则按照其违反结婚实质要件的程度区分为具有等同于婚姻的效力、暂时分开、强行禁止。

在第三次国内革命战争时期，结婚登记制基本确立，非婚同居被认为婚姻登记工作中遇到的主要问题。虽然法律的美好愿望是所有符合结婚实质要件的同居者都登记结婚，所有不符合结婚实质要件的同居结合都解散，但是，此时的司法者已经认识到用激烈的方式禁止、用刑罚手段制裁是不妥当的。对于符合结婚实质要件者"仍应承认他们在实际上已是夫妻关系，要在宣传教育过程中，逐步加以解决"。哈尔滨市人民法院《1949 年工作总结》。中指出："遇到的问题主要是不登记而结婚，或登记不准而径自结婚，对于这一问题主要还是个宣传教育问题。有人主张用刑罚制止，我们认为这是个传统的习惯，不适于用激烈的方式禁止。对于未经登记而结婚者，仍应承认他们在实际上已是夫妻关系，要在宣传教育过程中，逐步加以解决。"据哈尔滨市人民法院《1949 年工作总结》的统计，1948 年受理非婚同居纠纷案件 110 件，1949 年为 80 件。①

3. 新中国成立后的法律：事实婚姻式微化与同居宽松化的双轨发展

（1）新中国成立初期：绝对承认事实婚姻

新中国成立后，尤其是 1951 年婚姻法颁布后，有关非婚同居关系的法律法规几乎全部集中于事实婚姻。大量通知、批复、复函等把非婚同居关系作为事实婚姻，绝对承认其等同于婚姻的效力。

1953 年 3 月 19 日《中央人民政府法制委员会有关婚姻问题解答》规定："婚姻法实施后，婚姻登记机关已建立而不去登记结婚是不应该的。

---

① 张希坡：《中国婚姻立法史》，人民出版社 2004 年版，第 193、314—315 页。

对事实上已结婚而仅欠缺结婚登记手续者，仍认为是夫妻关系，可不必补行登记。"《中央人民政府法制委员会有关婚姻问题解答》同时指出："如其自愿请求补行登记者，亦可补行登记，并发给结婚证。在 1953 年 3 月贯彻婚姻法运动后，男女结婚时，双方均应遵守婚姻登记制度，进行登记。"可见，登记结婚是法律所推崇和倡导的，但未登记的同居关系也可自动取得婚姻的效力。1956 年 11 月 14 日最高人民法院《关于未登记的婚姻关系在法律上的效力问题的复函》的立场与此一致。1957 年 3 月 6 日最高人民法院《关于男女双方已达婚龄未进行登记而结婚的一方提出离婚时应如何处理问题的批复》中第一次使用了"事实上的婚姻关系"一词，把符合结婚实质要件的非婚同居关系绝对等同于婚姻关系。该批复指出："无论在 1953 年贯彻婚姻运动以前或以后，未进行登记而结婚的男女，如果他们事实上已经结婚，而问题只是欠缺登记手续，当一方提出离婚时，仍应认为双方有事实上的婚姻关系，与婚姻法的规定并不发生抵触。"1958 年 3 月 3 日最高人民法院《关于事实上的婚姻关系应如何予以保护和一方提出离婚应如何处理等问题的复函》虽承认事实婚姻关系与法律婚姻关系是有根本区别的，该复函指出："一方请求离婚即予判离即事实婚姻的一方当事人向人民法院起诉离婚的，人民法院不审查离婚理由，即可判决离婚，就表现了事实上的婚姻关系和经过登记的法律上的婚姻关系还是有根本区别的。"但侧重于阐明二者在婚姻家庭中的权利义务一样，同样受国家法律的保护。最高人民法院 1979 年 2 月 2 日《关于贯彻执行民事政策法律的意见》首次对事实婚姻作了概念性解释，在提出"不登记是不合法的，要进行批评教育"的同时，沿袭了绝对承认事实婚姻的态度。1984 年 8 月 30 日最高人民法院《关于贯彻执行民事政策法律若干问题的意见》中进一步明确指出："没有配偶的男女，未按婚姻法规定办理结婚登记手续，即以夫妻名义同居生活，是违法的。"根据该意见，对于起诉时符合结婚实质要件的，离婚可直接认定为事实婚姻，不需要补办结婚登记手续，如经调解和好或者撤诉的应责令其补办结婚登记。总之，新中国成立初期至 1989 年对非婚同居关系的基本态度是：尽管非婚同居是违法的，但对于符合结婚实质要件，以夫妻名义共同生活的非婚同居关系，绝对承认其具有婚姻的效力并予以保护。

（2）1989—1994 年：限制认定事实婚姻，提出"非法同居"

1989 年 11 月 21 日最高人民法院《关于人民法院审理未办结婚登记

而以夫妻名义同居生活案件的若干意见》（以下简称《若干意见》）是一个有关非婚同居关系的重要司法解释。此外还有 1990 年 10 月 11 日最高人民法院民事审判庭《关于贯彻执行最高人民法院关于人民法院审理未办结婚登记而以夫妻名义同居生活案件的若干意见有关问题的电话答复》。它将以夫妻名义的非婚同居区分为事实婚姻和非法同居，并明确了"在一定时期内有条件的承认事实婚姻关系"的原则。

首先，《若干意见》重申了未办理结婚登记即以夫妻名义同居的违法性。若干意见第 14 条规定："人民法院在审理未办理结婚登记而以夫妻名义同居生活的案件时，对违法情节严重的，应按照婚姻法、民法通则、《关于贯彻执行民法通则若干问题的意见》和其他法律、法规的有关规定，给予适当的民事制裁。"人民法院审理此类案件时"应首先向双方当事人严肃指出其行为的违法性和危害性，并视其情节给予批评教育或民事制裁"。其次，《若干意见》从形成时间上限制对事实婚姻的认定，不符合认定标准的非婚同居关系为非法同居。根据《若干意见》确立的逐步从严，最终取消承认事实婚姻民事效力的时间表，"1986 年 3 月 15 日《婚姻登记办法》施行之前，未办结婚登记手续即以夫妻名义同居生活，群众也认为是夫妻关系的，一方向人民法院起诉'离婚'，如'起诉时'双方均符合结婚的法定条件，可认定为事实婚姻关系，如起诉时一方或双方不符合结婚的法定条件，应认定为非法同居关系"。"1986 年 3 月 15 日《婚姻登记办法》施行之后，未办结婚登记即以夫妻名义同居生活，群众也认为是夫妻关系的，一方向人民法院起诉'离婚'，如'同居时'双方均符合结婚的法定条件，可认定为事实婚姻关系，如同居时一方或双方不符合结婚的法定条件，应认定为非法同居关系"。"自民政部新的《婚姻登记管理条例》施行之日 1994 年 2 月 1 日起，未办理结婚登记即以夫妻名义同居生活，按非法同居对待"。最后，《若干意见》从产生事实婚姻的原因上限制对事实婚姻的认定，扩大了非法同居关系的范围。根据《若干意见》第 4 条的规定，离婚后的双方未履行复婚手续又以夫妻名义共同生活，一方起诉"离婚"的，应认定为非法同居，并依法解除其非法同居关系。这结束了以前将事实上的复婚认定为事实婚姻关系的历史，进一步缩小了事实婚姻关系的范围。

（3）1994—2001 年：进一步限缩事实婚姻，扩大非法同居范畴

1994 年 2 月 1 日，民政部颁行了新的《婚姻登记管理条例》，该条例

第 24 条规定："未到结婚年龄的公民以夫妻名义同居的，或符合结婚条件的当事人未经登记以夫妻名义同居的，其婚姻关系无效，不受法律保护。"最高人民法院在《关于适用新的〈婚姻登记管理条例〉的通知》中进一步指出："自 1994 年 2 月 1 日起，没有配偶的男女，未经登记即以夫妻名义同居生活的，其婚姻关系无效，不受法律保护。对于起诉到人民法院的，应按非法同居关系处理。"也就是说，按照 1989 年《若干意见》所确定的时间表，1994 年 2 月 1 日以后以夫妻名义共同生活的非婚同居关系，无论如何也不被作为事实婚姻赋予婚姻的法律效力（民事上不产生婚姻的效力，并不影响刑事上重婚的构成。参见 1994 年 12 月 14 日《最高人民法院〈关于婚姻登记管理条例〉施行后发生的以夫妻名义非法同居的重婚案件是否以重婚定罪处罚的批复》）。不论非婚同居关系是否符合结婚的实质要件，只要以夫妻名义同居，都被笼统定性为"非法同居"。"未办结婚登记而以夫妻名义同居生活的男女，一方要求'离婚'或解除同居关系，经查确属非法同居关系的，应一律判决予以解除"①。至于不以夫妻名义非婚同居的，法律没有明确表态。

（4）2001 年后："非法同居"改为"同居"，对同居宽松以待

2001 年修正后的《婚姻法》第 8 条增加了"未办理结婚登记的，应当补办登记"。2001 年 12 月 27 日《婚姻法解释（一）》第 5 条进一步明确规定：未按《婚姻法》第 8 条规定办理结婚登记而以夫妻名义共同生活的男女，起诉到人民法院要求离婚的，应当区别对待。1994 年 2 月 1 日民政部的《婚姻登记管理条例》公布实施以前，男女双方已经符合结婚实质要件的，按事实婚姻处理。1994 年 2 月 1 日民政部的《婚姻登记管理条例》公布实施以后，男女双方符合结婚实质要件的，人民法院应当告知其在案件受理前补办结婚登记。未补办结婚登记的，按解除同居关系处理。

这一司法解释有两点变化：一是以夫妻名义共同生活的非婚同居关系可能被赋予婚姻效力的条件更为宽松。对于 1994 年 2 月 1 日以前的同居关系，被认定为事实婚姻的条件，较 1989 年《若干意见》放宽了。对于 1994 年 2 月 1 日以后的同居关系，补办结婚登记是转化为婚姻的必要条

---

① 1989 年最高人民法院《关于人民法院审理未办结婚登记而以夫妻名义同居生活案件的若干意见》第 7 条。

件，但其效力可追溯至双方均符合结婚的实质要件时起。二是删除"非法"，改称"同居"。"未办结婚登记而以夫妻名义"的同居被区分为两种情况，即"事实婚姻"和"同居关系"。这反映了随着社会变迁和观念改变，法律对非婚同居一概否认和指责并加以干预的做法开始悄然转变。

然而，针对以夫妻名义的非婚同居，按《婚姻法解释（一）》区分为事实婚姻和同居，与按 1989 年《若干意见》区分为事实婚姻和非法同居相比，尽管称谓上有了突破性改变，在司法实践上却没有突破性进展。人民法院在审理同居关系纠纷案件时，几乎对于同居关系本身不进行任何形式的调解，也不准许当事人撤诉。只要经审理查明属同居关系，就一律判决予以解除。但是，实践中此类案件中当事人起诉后又要求撤诉的不在少数，不准许当事人撤诉而一律判决解除的做法显然欠妥。此类同居生活状态是当事人自由意愿支配下所做的行为选择，并不是法院的判决所能强行控制的。如果当事人双方已经和好并愿意重新选择共同生活，而法院置当事人意愿于不顾，判决解除其同居关系的话，必然导致生效法律文书被置若罔闻，严重损害其权威性。

因此，2004 年 4 月 1 日起施行的《婚姻法解释（二）》第 1 条规定："当事人诉请解除同居关系的，人民法院不予受理。"人民法院只受理"当事人因同居期间财产分割或者子女抚养纠纷"提起的诉讼。于是，除"有配偶者与他人同居"被明文禁止外，我国法律正式将非婚同居视为私人空间内自由选择的生活状态。此类同居关系的存在与否、解除与否，法律不鼓励、不支持、不禁止、不干涉，即对狭义的非婚同居采取"不制裁、不保护、不干预"的宽松态度。

（二）同性恋法律调整沿革

1. 古代律法视野中的同性恋：待之较西方宽容，由退让、依附于传统文化来换取

中国古代同样也不乏同性恋现象的记载，尤以明清时期为盛，尽管明清时期开始将鸡奸作为犯罪行为进行处罚，但这一规定似乎并未怎么付诸实践，男风并未因此受到影响。袁枚和郑板桥均好此道，袁枚曾因男色招致上司不满，批评他"剔黔歌郎"的行为"破老有伤盛德"，袁枚对此专门上书回辩。郑板桥对其男风之好也直言不讳，他在《板桥自叙》中说自己"酷嗜山水，又好色，尤多余桃口齿及椒风弄儿之戏"。

与西方国家相比，我国历史上同性恋基本上没有受到宗教思想的影

响，基本上也没有对同性恋进行处罚的规定。虽然明嘉靖年间曾规定："将肾茎放入人粪门内淫戏，比依秽物灌入人口律，杖一百。"但该规定在万历十三年重新修例时被废止。清乾隆五年修律时，对鸡奸行为进行了较为详细的规定，但主要强调的是对强行鸡奸的处罚，对和同鸡奸，即成人私下同意的同性性行为，只是照军民相奸例，枷号一个月，杖一百。即使如此，从清代男风的盛行看，和同鸡奸的立法实际上也未严格付诸司法实践。可以说，同性性行为在中国历史上得到了比西方更多的宽容。

中国受"不孝有三，无后为大"观念的影响，双性恋倾向更为明显，甚至基本上见不到专以同性为性伴侣的记载；风气之下的同性恋现象还有一个明显的特征，这一特征常被同性恋现象研究者所忽略，即同性性关系中的角色定位与地位的不平等，通常的表现是被动的一方常为"男童"。中国明清时期，文人士大夫豢养的小童，福建地区商人的契弟都是在同性性行为中作为被动的一方的。在这种风气下，性关系中的主动者可能是基于性倾向，但也常常是基于不以性倾向为基础的趋附风气。

所以，中国历史上对同性性行为的宽容是建立在一定前提下的。在中国几乎没有任何关于"纯粹的"同性恋的记载，同性恋者同样娶妻生子，同样承担着传统文化所赋予的性别角色和家庭责任，同性性行为只不过是传统婚姻基础上的一种"佐料"，一种伤风化的癖好，它从未对传统文化和传统社会格局造成过任何影响，甚至在我国同性恋者根本未曾显露出任何争取独立性的意识和企图。

从某种意义上说，我国的同性恋所取得的所谓的"宽容"是同性恋者主动退让并通过对传统文化的依附来换取的。高燕宁教授认为，我国的同性恋在自我认同上更多地借助性别认同或性别身份，强调的是性别角色，而西方的同性恋者主要是性认同或是性别与性的差别性身份，强调的是"性权利"。性权利的概念属性是"政治性"的，而性别角色的概念属性是"文化性"的。在我国，性并不足以用来划分身份，家庭纽带扮演着极为重要的角色。因此，遵从"男大当婚，女大当嫁""不孝有三，无后为大"的"同志"们，本质上依从的仍然是一种绵延了数千年的男女使命的性别身份。在西方，同性恋文化休现和培养的是一种独立的同性恋气质，更多地表现出对主流文化的反叛意识。在我国同性恋者更多地表现出一种向主流文化归附、向主流社会融入的心态。从社会的角度而言，公众对同性恋者的态度更多的不是源于文化和宗教情感，而是源于缺乏必要的了解和客观的认识。这种情况使得我国同性恋在面临较大社会压力的同时，也存在比西方更容易被接受的因素。至少是不会形成西方国家在同性婚姻问题上所表现出的激烈的社会冲突。

2. 现代法律视野中的同性恋

（1）刑法视野中的同性恋：实践中惩罚到"非罪化"

在我国现代，官方提及同性恋问题时常常与艾滋病联系在一起，法律的表达也存在同样的情况。法律叙事中在使用同性恋一词时不同程度地反映出词语背后所表达的对同性恋的偏见。郭晓飞的博士论文《中国法视野下的同性恋》中以"同性恋"为标题展开讨论，尽管他一再强调从建构主义的立场出发，同性恋一词应谨慎地使用，但从其论文内容看，约2/3的篇幅讨论的还是"鸡奸"入律、同性卖淫、同性强奸等同性性行为问题。就此，郭晓飞博士自己也说："我所描述的中国法视野中的同性恋几乎可以等同于中国刑法学视野中的同性恋，如果说用严格的社会建构主义的界定，应该叫中国刑法学视野下的同性性行为。"

新中国成立后我们的刑法并没有明确的法律对同性性行为施以刑罚。1957年黑龙江省高级人民法院曾因成人间自愿鸡奸行为向最高人民法院请示，最高人民法院1957年4月29日《关于成年人间自愿鸡奸是否犯罪问题的批复》认为："关于成年人间自愿鸡奸是否犯罪，有待立法解决；在法律尚无明文规定前，你院所提情况我们认为以不办罪为宜。"但这并不表明新中国成立后没有对同性性行为进行处罚，在当时法律并不健全的情况下，刑事手段有很大的随意性。在黑龙江省高级人民法院的请示中，虽然称"无认识的根据和把握"，但同时将同性性行为定性为一种"败坏道德，有害于社会风化，违反人体的生理和机能的行为"。

1979年刑法同样未将同性性行为列入犯罪，但流氓罪实际为同性性行为设置了一个口袋，对同性恋实际上是可以按流氓罪进行处罚的。1984年"两高"发布的《关于当前办理流氓案件中具体应用法律的若干问题的解答》中规定下列情况严重的可认定为其他流氓活动：（1）利用淫秽物品教唆、引诱青少年进行流氓犯罪活动的，或者在社会上经常传播淫秽物品，危害严重；（2）聚众进行淫乱活动包括聚众奸宿危害严重的主犯、教唆犯和其他流氓成性、屡教不改者；（3）不以营利为目的，引诱、容留妇女卖淫，情节严重的；（4）以玩弄女性为目的，采取诱骗等手段奸淫妇女多人的或者虽奸淫妇女人数较少，但造成严重后果的；（5）勾引男性青少年多人，或者勾引外国人，与之搞两性关系，在社会上影响很坏或造成严重后果的；（6）鸡奸幼童的、强行鸡奸少年的或者以暴力、胁迫等手段，多次鸡奸，情节严重的。可以说其中（2）（5）（6）三个条款可涉及同性性行为，第（6）款针对的是强迫的同性性行为，第（2）第（5）款则可以对私下同意的同性性行为进行处罚。1991—1992年在上海对同性恋情况进行的调查显示：因同性性行为，11.3%的同性恋者受到批评教育，6.2%的人受过拘留和劳教，4.6%的人受过行政处分，1.5%的人受过刑事处罚。

1997年刑法取消了流氓罪，同性性行为与异性性行为一样，只有在"聚众淫乱"的情况下才认定为犯罪。这一修改被很多人认为是同性恋在中国非罪化的表现，但与此同时，同性间的性侵犯也因此失去了适用刑罚的依据。

（2）民法视野中的同性恋：没有明确规定

我国民事法律中同样也没有关于同性恋的法律规定，对同性恋的法律态度多反映在司法实践环节中。

首先是离婚案件中，同性恋常被配偶认为是对个人的侮辱和欺骗，是导致婚姻破裂的主要因素，这种意见在实践中很容易获得支持。同性恋因而成为一种过错，在财产分割上少分或不分，在子女抚养问题上也处于不利的地位，并且法院会通过判决或调解的方式让同性恋者给予对方经济赔偿。一位同性恋者的妻子呼吁"已婚的那些同性恋者能良心发现，不要再伤害无辜的女人"同样也反映了这种心态，即同性恋是一种欺骗、一种伤害。有人认为，法律上对待同性恋这种态度导致了同性恋者结婚权的虚置。在名义上，正如西方同性婚姻立法论争过程中反对者所提出的观点一样，同性恋者并未被剥夺结婚权，其结婚权与异性恋者是相同的，但是同性恋者的结婚权只能在异性婚姻的意义上行使，而同性恋者进入异性婚姻又会被认为是欺骗和伤害，这体现出同性恋者在婚姻问题上的尴尬。因此，我国民事立法上尽管没有对同性恋问题的法律规定，但在司法实践中，同性恋者的尴尬通过法律得以清晰地展现。

民事司法中对待同性恋的态度也可以从名誉侵权案件中得到反映。1999年，某歌厅经理因为方刚在《同性恋在中国》一书中将其描写成一个同性恋者，多处描写与其身份、职业、年龄和特征一致，因而受到亲友的猜忌、责难和疏远，以名誉权受侵害之由起诉要求赔礼道歉并赔偿精神损失。方刚辩称其写此书的目的"是对同性恋表示同情，没有贬低的意思，同性恋仅仅是一种个人生活方式的选择，不是不道德的，也不是犯罪，因此称一个人为同性恋不构成侮辱、诽谤。不能认为被告侵害了原告的名誉权"。一审法院认为："公民的名誉权受法律保护，同性恋目前在中国被认为是一种性变态行为，不被公众所接受。被告将原告写成同性恋者已构成对原告名誉权的侵害。"方刚不服提出上诉，二审法院在陈述理由时没有继续使用"同性恋被认为是性变态"的字眼，但仍认为构成名誉权侵害。这一案例反映了一般社会观念对法律适用的影响，尽管法律上并没有关于同性恋的任何明确规定，但没有规定并不意味没有法律上的态度，一般社会观念往往成为民事案件中对事实进行定性的依据，同性恋问题同样逃不出这一藩篱。

二　我国伴侣家庭类型化法律调整现代诉求

（一）我国婚姻、家庭对家事法之新诉求

新的婚姻、家庭关系正在慢慢泛化，人们变得不甘愿接受传统婚姻、家庭所负担的沉重义务，也排斥传统的道德钳制，纷纷开始勇于尝试去试婚、晚婚、晚育、不育、代孕、闪婚闪离、不婚、网婚等违反常态婚姻的方式去彰显感情自由，追求婚姻精神生活质量的提高。婚姻、家庭的变化催促立法者对客观事实的首肯并且付之以具体、理性的行动。[①] 婚姻表面上单纯追求以爱之名，却没有因此变得单一，两性结合形式越来越多元化。虽然学者专家可以确定我国的婚姻、家庭正在经历变革，但是要统一描述这次变化时，各方学者不约而同地选择了"不确定性"来作为结论。体现在婚姻家庭法领域就表现为立法上的回避与留白。

在问题研究过程中，最大的困难就是对我国全面的实证调研，我国官方对于非婚伴侣家庭问题缺少全面、权威数据统计，第六次人口普查中对同性、涉中性人、非性联系等家庭未涉及，同居仅有部分数据侧面反映。但对于新型伴侣家庭各种专业局部的调研报告与数据还是比较多的。由于关于非婚同居状况缺乏官方的具体数字，我们只能从一些局部的数字对非婚同居的状况进行判断。广东省民政局调查显示，1996 年全省未办理结

---

① 参见李洪祥《亲属法规则财产法化趋向论》，《求是学刊》2016 年第 4 期。

婚登记而同居家庭是 20 万个，2003 年在全省 1976 万个家庭中，近 1% 即 200 万个家庭是没有办理结婚登记的同居伴侣组建的，仅 6 年增加了 10 倍。2001 年有学者作北京全市健康状况调查时，专门设立了婚姻情况项，发现北京市城区（在全市 8 个城区选择了 4 个城区进行调查）人口中已经有 2.1% 选择同居，另有 2.1% 的人口在回答婚姻状况时选择"不详"，可以推断实际非婚同居者比例肯定超过 2.1%。[①] 2010 年 4—6 月，全国妇联在全国范围展开"全国家庭道德状况问卷调查"。有不少人认为"只要当事人自愿，别人就不应该干涉"，持这种态度的人在城市达到 20.1%，在农村也达到 18.1%。由此可发现，这一现象在当事人自愿的前提下，已经被很多人认可了。因为非婚同居引起的社会纠纷也越来越多，除了通常的财产分割和子女抚养纠纷，甚至会引起恶性刑事案件。很多学者呼吁将其纳入法律规制的范围。

在同性伴侣法律规制问题上，大致需要从"两个度"综合考量，即"群体自身诉求强度""大众接受度"：第一，"群体自身诉求强度"往往从社会多元性别教育、多元性别社群发展、权利受侵害的事实、诉讼案例的增多等几个侧面反映。第二，"大众接受度"不能单纯从高值、低值或平均值作为立法依据，可借鉴国外选取接纳度高的地区做充分调研，尝试做试点作为立法回应。可比照同样保守的日本、意大利的相关立法进程。

（二）我国婚姻、家庭新趋势之国内原因

新型伴侣家庭和非典型婚姻的规模生成有着深刻的自然先验性的原因和社会历史唯物主义的原因。我国传统婚姻、非典型性婚姻和新型伴侣家庭并存的现象是历史的当下阶段性与怀旧因袭性的并蒂结出的果实。如城乡格局、人口男女比例、社会文化等方面均造就了当下婚姻家庭法律与现实状况角力的现状。当新型伴侣家庭和非典型性婚姻对主流婚姻价值观进行现实拷问时，我国婚姻家庭制度内容却诸多留白。早在先秦时便留与我们的"仁容礼治"思想，或许可以帮我们作出选择，到底是直视现实并作出积极回应，还是鸵鸟式回避。

以家庭和血缘为核心的儒家伦理的统治地位、西方文明中个体本位的价值观的渗透、我国法制文明中后进的私法价值理念等是造成我国现代婚姻家庭模式多元性的复合因素。而最本质的原因是我国社会正处于发展变

---

① 参见傅立群《非婚同居现象的社会学研究》，《杭州研究》2011 年第 3 期。

革期，作为社会组织的微模式婚姻、家庭必然及时反映出这种变革，但是家庭对社会发展变革的适应往往晚于社会变革本身。所以当我国社会发展变革之时，婚姻家庭承载的变革会显示出保守性与滞后性。另外目前已有很多研究很细致地从生理因素、经济因素、政治因素、社会因素、文化、道德习俗、宗教、法律等方面对我国婚姻家庭的新变化作出解释，这里我们就不一一阐释了。

（三）我国处于伴侣家庭入法之世界潮流

经过观察世界范围内伴侣家庭法律地位确立的过程，可以发现：同性家庭是伴侣家庭中的核心矛盾，而异性共居家庭法律规制是同性家庭法律规制的副产品。也就是说伴侣家庭的"斗争先锋"是同性家庭，同性伴侣为家庭权利斗争争取的胜利果实，往往会分一杯羹给异性伴侣，虽然异性伴侣通常不会像同性伴侣那样暴力式争取权利。

从 1989 年 10 月 1 日丹麦同性登记伴侣法令正式生效起，近 30 年间，有众多国家和地区出台类似法案。丹麦用时间和事实证明了"恐同派专家"预测的失误，丹麦没有形单影只，同性家庭法律规制风暴席卷全世界，成为自由、民主和平等法律改革的世界潮流。反对派的反扑斗争还在进行，但这似乎是螳臂挡车，历史的车轮只会向前，如果倒退，所产生的负面效果将更具有摧毁性。在未来的 10 年中，将有更多的国家有望承认和保护同性伴侣权益。

在同性婚姻合法化的国家和地区，过去的将近 30 年里以无可置疑的事实证明了同性家庭制度不会摧毁现代社会文明，不会带来道德沦丧，不会导致社会混乱。在同性家庭得到法律认可和保护的国家与地区中，社会秩序如以前一样井然有序，社会文化越发开明、宽容和多元，同性伴侣的精神面貌得以改观，其社会生活更加宽松、自由，同性家庭规范促使艾滋病防控工作更加有效，同性婚姻带动的"彩虹经济"甚至成为这些国家新的经济增长点，带动了婚庆业、旅游业和娱乐业的持续繁荣。

对于中国同性伴侣来说，虽然目前我国暂时没有立法规制同性家庭，但身处这股世界潮流①，中国对同性结合问题作出回应是未来立法者要迎

---

① 2013 年，冰岛女总理偕夫人访华的消息在中国社会引起了热议。

接的工作。①

此外，从人口老龄化、女性地位提高等普适性人类社会发展特征上讲，中国不可能独善其身，同样要经历诸如此类变化的考验，为了解决这些世界性"通病"，我们完全可以辩证学习国外成熟经验。

三　我国伴侣家庭类型化法律调整阙如与进路

（一）准备立法回应

1. 立法基本方向是应该对现实问题作回应

哈耶克在其著作《法律、立法与自由》曾阐述观点："文明应该已经教会我们绝不能摧毁个体互动中自生自发的秩序。不要臆想我们可以经由主动为之的思考去左右未来发生的一切……"

在非宗教国度里的主流中国人与西方人同样不喜欢异端，这引用李银河的"大概率价值观"学说可以解释得更加接地气，大概率人群产生（替代）价值观，意思是说中国人总是喜欢"少数服从多数"的问题解决办法。无论大概率人群还是小概率群体都喜欢将自己淹没在"绝大多数"中，这让他们感到安全，也符合社会的价值观。

从概率学上分析，"小概率"价值群体所占比例很微小，而且世界上目前为止没有任何有力的证据证明这个少数派群体对于主流群体是有害的、有威胁的，所以，一个公平且正义的社会和国家也应该提供相配套的社会系统来服务该群体，而不是直接忽略掉。新型伴侣家庭由于生存发展需求，所以其生命力旺盛和充满韧性，虽然生存空间被挤压，但是依然保持争取生存的势头，正如一位哲人所言，弱势群体权利的攫取不能寄望于强者的怜悯与同情。

大概率价值观与尊重个性、宽容多元的价值体系完全相悖。此种文化恰是背叛传统文化中"仁"的伦常概念，无论儒教或是佛教均讲究以"仁"心包容异己，而并非如其他宗教中的卫道士一定要消灭异端一般。存在就应该被理性地面对与反思，且以"礼"治，这本就是立法者的"仁容礼治"之道。"和合之道"尽管在进取性方面显得不足，但在处理

---

①　2010年9月，《福布斯》杂志曾公布他们对于2011—2020年可能发生的重大事件的预测，其中包括中国将于2019年开始鼓励同性婚姻。这一预测可不可能成为现实呢？就让我们拭目以待（http://blog.sina.com.cn/s/blog_ 788d47f90102wfos.html）。

"关系"时的有效性也是经过实践验证的。所以，新型伴侣家庭模式和传统婚姻的协调发展应该应用"仁容礼治"之道。两者磨合发展也可能促使传统婚姻模式更好地适应社会变革与自身的变革。

婚姻、家庭模式的多样化给以传统婚姻为主要调整对象的婚姻法带来了非同寻常的挑战，现有婚姻法针对这一系列涌现出来的新型伴侣家庭模式的调整完全呈现出滞后与空白的尴尬困境。填补这种空白有一种符合现代私法领域最有效率和"自由意志"之体现的工具就是契约工具，当然婚姻法领域内的契约工具适用必然有其特殊性，不能完全照搬财产性契约法的应用。我们在新型伴侣家庭立法过渡阶段，必须重视契约调整，学者们应为当事人们提供规范的范式契约。

然而契约并非万能钥匙，可以填补一切空白。家事法律在事实婚姻、同居、同性家庭问题上的留白与实践中强烈诉求的对比已经引起有关专家的注意，立法专家在近年的各种学术碰撞与交流中逐渐达成共识，应该立法对现实问题加以回应。对此，全国婚姻家庭法研究学会会长夏吟兰教授多次在全国婚姻家庭学术交流会议中表示应该留出一定的"口子"，以备将来立法之需。

2. 立法视角应及时从"婚姻"归复为"家庭"

中西方两种社会的法律传统在婚姻、家庭领域有不同调整视角。西方以"家庭"为法律调整视角，我国以"婚姻"为法律调整视角。两种不同的法律调整视角导致双方在婚姻、家庭领域的法律调整名称、内容、体系和结构有诸多不同：第一，我国现行《婚姻法》名称中未提及"家庭"二字，西方则多采用《家庭法》的名称。第二，部分现有内容不符合我国传统家思想，也与世界通行做法不同，如近亲属范围过窄、离婚过于自由。第三，结构上缺少亲属通则，所以内容上缺失亲属种类、亲系、亲等及计算方法。缺少关于非婚家庭和同性家庭等家庭类型的相关规定。

罗马法中的姘居经历了一个漫长的从事实到法律的过程，终于在帝国时期发展成为完备的法律制度。在罗马法传统直接影响下的欧洲国家，即使在漫长的中世纪的宗教统治之后，仍然能够轻松地接受"非婚家庭"，尽管不同的国家路径和发展速度会有所不同，但都纷纷对其进行了法律上的规制。

而中国从古代社会以来对婚姻制度特别重视，对伦理道德严格控制，不关注婚姻之外的两性结合，也几乎不存在对非婚同居现象的法律规制。非婚家庭虽然与中国传统不符，但越来越多的"事实家庭"存在，法律上不给予回应、规制，只会造成国家和社会控制、管理的弱化。

具体来讲，从罗马法以来，欧洲的法律一直采取一种"家庭"的视角。承认能够构成社会单位的不同结合方式，罗马法中除了婚姻，还有典型的"姘居"制度。虽然婚姻也在罗马法规范的范围内，但婚姻更多是作为家庭的基础受到规范，它和嫁资、监护与保佐制度一起，构成家庭法律制度的一个组成部分。在罗马法的原始文献以及罗马法学家的著作中，从来没有出现过"婚姻法"这样的字眼，"婚姻"总是作为"家庭法"的一部分，与父权、嫁资、监护等内容并列。

虽然时代赋予了罗马家庭特定的内涵，但是建立在合法婚姻之上能够产生"父权"的罗马家庭并不是古罗马唯一的社会基本单位。从共和国末期之后，随着伦理道德的放松和法律改革，婚姻之外的共同生活方式——姘居在社会上大量出现，成为一种司空见惯的社会现象。虽然姘居形成的"家庭"与婚姻基础上的家庭不完全相同，但它也逐渐得到了法律的承认。到了优士丁尼时期，关于姘居的当事人双方以及父母子女之间的权利和义务，已经形成了一套完整的法律制度。姘居成为与婚姻并行的男女结合方式，在此基础上形成的社会单元与传统罗马家庭一起构成社会的基本单位，构成了更加广义上的家庭。另外姘居也可以向合法婚姻转变，姘居基础上的"家庭"也可以向传统的罗马家庭转变。

欧洲各国在继受罗马法的过程中，也继受了这种"家庭"的视角，欧洲各国几乎都能够轻松地接受婚姻之外的两性关系，将其纳入法律规范的范围。欧洲很多国家都采取了类似于"伴侣家庭"的名称，因为法律对这些关系的规制更多地出于对家庭的规制，而不论这种"家庭"是否建立在传统的"婚姻"之上。"现代家庭的基础，已经不限于婚姻，与之相联系的是家庭这个概念的颠覆和更新。"

总之，在古罗马社会，家庭是法律规制的重点，婚姻制度只是作为家庭制度的形成基础接受调整，一旦姘居成为形成社会基本单位的基础，就也被纳入了法律规范的范围。这种视角延续至今，欧洲至今采用"家庭法""亲属法"等名称，并从家庭的视角出发，不论家庭是建立在婚姻之上，还是婚姻之外的关系之上，都一律给予调整。

我国古代历来重视"家"，在中国古代社会中，存在着与近现代社会截然不同的政治社会制度。① 中国古代的家族、家庭在社会上发挥了不可忽视的作用，对家族、家庭的调整，特别是家族、家庭内部关系的调整，主要是依靠伦理道德及在此基础上形成的家法族规，以及引礼入法之后体现在国家法律中的内容。国家的成文法也始终对婚姻进行着严格的控制和规范。也就是说，在家庭法领域，法律规范的主要出发点和落脚点是对"家庭"的调整。

我国在 20 世纪 50 年代婚姻家庭制度改革运动以来，婚姻家庭立法视角迅速从"家庭"限缩为"婚姻"。20 世纪 40 年代，从战争硝烟中建立起来的新中国，挟带着由革命根据地积累下来的婚姻家庭关系的规范成果，试图使其能够应付新时代的要求。在这场由新政权引发的自上而下的大规模的婚姻家庭改革运动中，党和政府的意图非常明显，是在全中国强制推行新的婚姻制度和观念，塑造一个崭新的婚姻家庭生活。破除封建残余糟粕的革命首先就是指向婚姻家庭。看到成绩的同时，我们也要深刻地反思革命带来的另一个后果。由于 20 世纪 50 年代起的革命主义思潮主要是以"封建糟粕代表的家庭"为革命对象，然过犹不及，中国的法制现代化是在过度解构"家"的意义上进行的，淡化甚至排斥亲属的立法风格与社会现实构成了强烈的反差，由此导致了法律文本与现实世界之间呈现出巨大的张力。由于针对"封建家庭旧制"的斗争进行得过于彻底，甚至将具有中国特色的家文化传统也一并彻底割除，所谓"过犹不及"，导致婚姻家庭法视角从"家庭"限缩为"婚姻"，亲属规定缺失，家庭视角湮灭。我国近现代以来，法律一直把注意力放在"婚姻"制度上，与"家"关系最为密切的单行法，不仅名称上体现为《婚姻法》，而且现有法律规范的出发点和落脚点是"婚姻"。婚姻是唯一合法的家庭基础，所以婚姻之外任何两性结合方式一直都得不到法律的承认。

随着中国传统政治型社会的解构、家庭观念复归、传统文化的复兴，重塑中国当代家庭法规范显得越发重要和必要。我国现代婚姻家庭法律调整需转换视角，从"家庭"的角度来构建我国的"家庭法"。正如前文所述，需要从法律调整名称、内容、体系和结构等方面作出努力。"家庭"立法视角归复下的家庭法重建已经成为立法者不能回避的责任。

从"家庭"的角度审视同居关系为我们找到了解决问题的出路。随

---

① 张晋藩：《中国法律的传统与近代转型》，法律出版社 1997 年版，第 10 页。

着传统家庭概念的颠覆，非婚同居关系一样可以构成家庭，甚至同性结合也可以组成家庭。而家庭作为社会的基本单位，对其规制无疑是法律的重要任务。

虽然我国缺乏相应的法律传统，但是也许我们也应该顺应社会的需要，使我国的非婚同居走出一条从事实现象到法律制度的道路。如果依然对同居家庭采用不鼓励、不禁止、不理会的立法态度，加之同居现象的逐渐增长趋势，必然造成国家对于"家庭"管理和控制的式微，反而造成更多的社会问题。

除同居家庭外，还有同性家庭以及搭伴养老的非"性"联系家庭等法律规制问题，这与人类社会发展中的普遍性问题有关，例如男女地位平等化、人权（性权利、家庭权）的兴动、人口老龄化等原因，这些并非中国独有的社会现象，是具有人类社会普遍性的社会问题。所以在这些问题的法律规制上科学借鉴国外已有成熟经验十分必要。

（二）立法进路中的世界性与民族性之争

婚姻、家庭发展是人类社会历史传统的重要载体，同时，任何一个国域的婚姻、家庭制度都有其自身之特殊性，该种特殊性既源于国家意识形态方面的价值选择，也源自社会发展所带来的进步、革新。同时，该种特殊性既源自传统文化上的制约，也源自现代婚姻、家庭制度自身承载的理念表达。当我们回顾与考察当代中国婚姻家庭制度流变的思想基调与观念逻辑、婚姻家庭制度在世界上的共识性、我国婚姻家庭制度现代化进程中的价值选择等问题时，会发现中国的婚姻、家庭制度流变的思想脉线暗含在中国的经济政治发展中，并且国家的社会发展为婚姻家庭制度流变铺垫了特有的现实基础，那么在该种发展模式下的婚姻家庭制度的思想基线，首要体现的必定是与一定经济基础联系的政治性。尽管我们一直在世界的潮流中，但自国的民族性、地域性还是排在第一位的。

中国五千年文明史中自奴隶社会就施行不平等婚姻制度，主要体现有三：阶级不平等、两性地位严重不平等、一夫一妻多妾制合法存在。[①] 清朝末期开始修律，我国婚姻制度才有可能开始摆脱封建制度的羁绊而进入现代文明。下面我们主要基于我国近代婚姻法流变看婚姻法的开放性与封

---

① 参见方砚《近代以来中国婚姻立法的移植与本土化》，博士学位论文，华东政法大学，2014年。

闭性。始于清朝末期的立法活动与"西风东渐"的文化传播，以现代化核心家庭结构与"一夫一妻"制度为目标的婚姻制度在清朝末期民国初期开始被传播到中国。1949 年，我国开始在法制建设的理论与实践、民法学、法律思想和法学教育等方面照搬苏联的经验，对新中国全盘法学建设影响甚深。新中国成立初期颠覆性的婚姻家庭制度改革与妇女解放运动如火如荼。1950 年的《婚姻法》是新中国颁布的第一部法律。妇女社会与家庭地位一夜间成了半边天的位置，离婚率开始飙升，旧式（封建）婚姻遭到毁灭性打击，站在巨人的肩膀上的当时的中国三步并作一步跑，中国的婚姻立法完成了向现代的转身。学者们不骄不躁总结出经验与教训，为 1980 年第二次婚姻法修订提供了理论储备。从 1979 年中国改革开放肇始，婚姻法竟然仍作为独立部门法而游离在民法系统之外。1980 年我国通过了第二版《婚姻法》，但是苏联模式的影响使中国的婚姻家庭在很多方面感到不适。直到 2001 年版《婚姻法》得以颁行，没有桎梏于任何国家之家事法的立法模式，广泛借鉴了他国成功立法经验。

中国近代以来婚姻立法经历了百余年发展与变迁，文明现代化程度和经济基础的自身特点使得国人的婚姻观和家庭观一直在和世界性的现代化婚姻、家庭理念进行一场不动声色的"对抗性融合"。特别是进入 21 世纪后，伴随我国社会、经济结构开始全面与国际系统逐渐接轨，婚姻家庭微模式也跟着开始融入现代化体系，终于，现代核心家庭理论开始具备完全融入中国本土的机会。于是，我们看到了中国婚姻家庭制度步入现代化婚姻家庭体系的希冀。婚姻立法是开放性的，与世界核心婚姻家庭体系有着不可回避的映照关系，中国的婚姻立法不可能无视世界婚姻家庭的变化潮流，所以当某一婚姻家庭内部的变化从式微变得强烈时，中国婚姻立法不可能对某一世界性问题长期"闭关锁国"。

当然，尊重婚姻法立法问题上"开放性"的同时，区域性的"封闭性"也是我们要尊崇的，毕竟各国自有的政治经济条件各不相同。在世界发展的洪流中，我国婚姻家庭法被迅速推上现代化台阶，但在现代化平台上的具体制度设计还要跟随我国经济基础之上的上层建筑的构建脚步，这样的家事法必然带有明显的国域性特点，与其他国域产生区别，这就是婚姻、家庭法的封闭性。

所以我们就要具体考量那些特别的、新生的伴侣家庭模式在我国到底有没有生存的土壤与条件。若结果是否定的，那么工作就变得简单，维持家事法的稳定与些微调整即可。若答案是肯定的，那么家事法的完善与变动就有大量工作等着家事法专家们去做。显然，对于婚姻家庭新问题作出立法回应已经成为专家的共识，所以面对国域内部和国域外部在婚姻家庭领域变化的双重夹击，专家也不会搞"闭关锁国"式的封闭研究。

总而言之，立法问题上的"民族"与"世界"之争，我们认为"民族的"是第一位的，"世界的"是第二位的，二者相济而生。经济基础和上层建筑系统都要求国家行为的重点是在经济、政治、民族文化、安全等问题上，对于新型家庭结合模式的入法规制尚需时日，但可以预见我国在将来必然是承认新型伴侣家庭模式的。因为历史向前，任何倒行逆施违背人类社会发展规律的落后与糟粕都将被历史的滚滚车轮碾碎，所以各国社会制度发展都随世界潮流前进，包括婚姻、家庭。

（三）立法进路阻力分析

异性同居家庭往往是同性家庭法律调整斗争成功的副产品，而且异性同居问题在必要性、可行性上已经有较充分的前人研究，在可行性上基本不存在大的阻力，最大的阻力也仅是立法成本问题。所以我们先观察同性法律调整阻力何在。

"同性婚姻"在西方合法化过程中，主要是面临几重阻力，包括政党观点、传统婚姻捍卫、是否合宪、与宗教协调等问题。① 在我国，同样是传统观念、宗教、政治、立法困难和同性恋者的部分负面形象是阻力的主要来源。

第一，传统的思想观念可谓同性结合在我国入法规范的最大阻力。有些保守的民众认为因为同性恋阻碍了传宗接代，不能让家族的血脉延续下去，所以它是一种疾病。并且同性恋与传统婚姻家庭存在重大差异，保守

---

① 这可以由加拿大总理克雷蒂安向最高法审查同性婚姻草案合宪性问题时提出的四个问题来领略：（1）在加拿大国会专属的立法权之内，这份附加在一道法令上的提案是否尊重了某些方面合法的民事婚姻能力？如果不是，在什么方面或细节，以及在多大程度上不尊重？（2）如果问题1的答案是肯定的，那该提案第一节将结婚的主体资格扩展至相同性别的人，是否符合《加拿大权利与自由宪章》的规定？如果不是，在哪一方面或细节，以及在多大程度上不符合？（3）《加拿大权利与自由宪章》第2（a）段所保障的宗教自由，是否保护有宗教信仰的官员不被强迫地要求执行违背他们宗教信仰的两个相同性别的人之间的婚姻？总理保罗·马丁后来在2004年1月增加了第4个问题：（4）异性间对于民事婚姻的需求，是不是由普通法建构的，是否符合魁北克联邦法第5节的规定——民事协调法令第1条是否符合《加拿大权利与自由宪章》的规定？如果不是，在哪一方面或细节，以及在多大程度上不符合？

的中国人在接受同性结合时也应该享受基本人权，享受家庭权问题上需要一个渐进的过程。

第二，同性家庭立法成本也是一个较大的阻力。同性家庭涉及的相关法律（几乎涉及整个法律体系）必须随之修改，因此所要投入的人力、财力和时间成本巨大。

第三，宗教阻力式微。在我国，宗教阻力不会像国外那样成为同性伴侣结合的最大阻碍，相反是阻碍性比较小的因素。

第四，国内政治选择会尊重民意，国际政治选择应谨慎。在我国同性问题不会是政治选举作秀的工具，我国对于同性伴侣的法律规制会比较尊重社会传统的接受度等立法条件的成熟。在该问题上，国内政治的稳定与成熟也无法完全排除世界政治的影响，因为同性伴侣权益保护在世界上慢慢形成两个"人权"阵营。我国在处理该问题时，不可完全回避，应该谨慎处理。

第五，同性恋群体的部分负面形象也是阻碍同性家庭立法一个不可忽视的原因。虽然同性恋并不等于艾滋病，但是同性恋，尤其是男同性恋与艾滋病密切相关。抑制艾滋病在男同性恋人群中快速传播也成为最紧迫的防艾任务。日益严峻的艾滋病发展趋势，使得越来越多的人将艾滋病与同性恋画上等号，从而阻碍推动同性恋婚姻合法化的进程。

（四）立法进路的可行性

在立法进路上，同性婚姻替代制度比同性婚姻立法阻力小很多，一旦立法调整同性问题，异性伴侣问题也会附带受益，这是世界上伴侣家庭立法的普遍经验。首先我们来解读一下同性婚姻替代制度的可行性。

1. 登记伴侣制度和契约在功能上几乎可以覆盖同性婚姻

目前，同性婚姻在我国合法化可能性很小，但是同性家庭立法不必通过"婚姻"取得认可和保护。

第一，同性婚姻是否应该合法化问题，关键在于"婚姻"二字。一般来说，婚姻关系包括以下元素：同居、经济上互相支持、有性生活、分担家务、如有子女则共同承担教养责任，以及对维系关系有认真的承诺。但一段关系要具备以上元素，登记伴侣制和契约便可解决，那么则不需要婚姻。

第二，同性恋者也希望借婚姻得到与异性恋者相等的权利和社会福利，包括政府为已婚夫妇提供的额外权利，如税务优惠、申请公屋优先权、领养孩子资格等。另外，夫妇间权利与义务可得到法律保护，如一方入院或入狱，另一方有探视的权利。一方不幸去世，另一方有权决定殓葬安排。离婚的话其中一方可获赡养费。如果伴侣制度可以满足这些权利和福利上的供给与保护，如果着眼于权益，同性婚姻也不是必需的，登记伴侣制和契约依然可以解决问题，而不需要婚姻。

第三，部分同性恋者希望与异性恋者一样，在公职人员和公众见证下，在庄严场合公开宣告自己的婚姻，宣示彼此间的爱和承诺，并获得一段有法律效力的关系。官方的确认，正代表了社会对新人（不论同性还是异性）的确认和尊重。可以说，同性婚姻并不单单确认同性恋者在不妨碍别人的前提下追求自己生活方式的权利，还更进一步要求社会确认他们所追求的跟异性婚姻一样有意义和值得尊重。这一点才是同性婚姻最大的争议所在——究竟同性伴侣组织家庭是否值得鼓励和保护呢？反对同性婚姻者（不一定反对同性恋）认为默许同性恋的同居关系，已是最大的宽容，政府不应以法例公然认同这种价值。但支持者认为，拒绝确认和支援同性关系正是赤裸裸的歧视，是将他们视为二等公民，剥夺他们参与婚姻这个神圣制度的权利。不过，即使政府接受同性婚姻，也不一定要诠释为对同性恋者的认同和祝福，在多元社会中，不同价值取向者向来不是互相认同，而是互相包容，默许对方存在。和平共存不代表一方要赞许另一方，而只是要求双方承认对方有存在的价值并给予生存空间。所以同性婚姻也不一定能满足同性伴侣的期待，即获得官方认同和鼓励。为了减少立法阻力，还是暂时通过登记伴侣制和契约来解决同性结合的问题为宜。

同性伴侣群体追逐婚姻平权的本质目的并非一纸婚姻证书，笔者在访谈中发现同性群体最在乎的是主流社会的接纳与融入，期望首先通过婚姻平权取得法律的先行认可与保护，再逐渐成为社会主流群体的构成部分。所以，如果可以实现社会对同性家庭高度宽容与接受的话，同性伴侣们也不会急于追求同性婚姻合法化，这就解释了为什么德国多年来关于同性婚姻问题的斗争与争论并不激烈的原因，人们并不刻意追求伴侣还是配偶的定位。如果社会对同性婚姻接受度高，登记伴侣制和契约依然可以解决问题，而不需要婚姻。

2. 我国同性法律规制的总体判断

从我国目前各方面发展情况来判断，从客观公正的角度出发，我们认为伴侣家庭核心矛盾同性婚姻，不用通过进入传统异性婚姻范畴来彰显公平与正义，立法者为其专门开创一种新制度，而且新制度与婚姻地位完全平等，这才是真正的对小概率群体的重视，彰显了社会的公平与正义。

但是实践中，少数派几乎只认同同性婚姻合法化，希望站在婚姻的圈圈里，从而体现自己与异性配偶是地位平等的。但在我国目前阶段，婚姻仍是人们生存发展和保障的最重要阵地，无论是从政治层面还是市民社会层面都不太可能允许和接受婚姻被高度异化，所以为同性伴侣创设新制度，应该是我们适合的发展路径，也就是说我国大概处于从第一个类型谱向第二个类型谱发展迈进的进程中。在我国，同性伴侣法律规制不太可能实现一步到位，即实现同性婚姻，我国也会和世界上大多数国家一样，第一步以同性婚姻替代制度着手，接下来是否进入同性婚姻，则要看各方面的条件。我国到底应该选择何种具体的同性婚姻替代制度，我们需要在世界范围内伴侣家庭现实考察和域外立法镜鉴的基础上，并结合我国实际，在最后一章具体分析。

四　我国各地区伴侣家庭类型化法律调整情况

（一）大陆地区

关于事实婚姻，即"没有配偶的男女，未进行结婚登记以夫妻关系同居生活，群众也认为是夫妻关系的"，其规范上以 1994 年 2 月 1 日为界。最高人民法院的司法解释经历了从"有条件承认"到"不承认"再到"补正承认"三个阶段。2001 年的《最高人民法院关于适用〈婚姻法〉若干问题的解释（一）》［以下简称《婚姻法司法解释（一）》］对于未进行结婚登记而以夫妻名义同居生活者采取了效力待定的态度，"男女双方根据婚姻法第八条规定补办结婚登记的，婚姻关系的效力从双方符合婚姻法所规定的结婚的实质要件时起算"。换言之，即补正有效，凡补办结婚登记的婚姻效力可以追溯，实质上也是有条件地承认符合结婚实质要件的同居关系经过补办结婚登记程序具有法律效力；没有补办婚姻登记的，则属于非婚同居关系。但实践当中补充婚姻登记的案例比较少，所以总体上同居伴侣可以通过事实婚姻得到保护的越来越少，形成了较大的立法漏洞区。

在非婚同居关系上，同样以 1994 年 2 月 1 日为界，最高人民法院的司法解释则经历了从"宽容相待"到"一律视为非法同居"再到"态度中立地视为同居关系"三个阶段。2001 年婚姻法修订之后，《婚姻法司法解释（一）》对于未认定为事实婚姻的男女双方不再视为非法，一律视为同居关系。2003 年《最高人民法院关于适用〈婚姻法〉若干问题的解释（二）》［以下简称《婚姻法司法解释（二）》］则进一步规定，人民法院应当受理当事人因解除同居关系而产生的财产分割或者子女抚养纠纷。自此之后，司法实践中对于非婚同居关系的定性从否定性的"非法同居关系"改为中立的"同居关系"，对于符合结婚实质要件的事实婚姻，则以补办结婚登记为救济途径。故此，也可以认为，我国现行法律规范对同居关系既不禁止也不制裁。总体上，适用一般性财产法律，人身关系方面也仅仅是在子女利益上做些保护，将非婚生子女与婚姻子女的法律地位等同，因同居而产生的纠纷除财产分割和子女抚养问题外主要由伦理道德、风俗习惯、社会舆论调整。不过值得注意的是 2016 年 3 月 1 日出台的《反家庭暴力法》规定：家庭成员以外共同生活的人之间实施的暴力行为，也参照该法规定执行，这意味着"同居暴力"也纳入其中。同居暴力在《反家庭暴力法》中加以规定，这也是一种正向信号，说明在考虑家庭的法律问题时，同居家庭也被考虑进来了。

同性家庭法律调整在我国属于空白。不过近年我国公共新闻中经常有关于同性伴侣举办婚礼的报道，① 在司法领域关于同性恋问题的行政诉讼越来越多。2015 年 7 月，中山大学本科女生秋白因不满歧视同性恋教材向北京市第一中级人民法院提起诉讼，以行政不作为为由状告教育部。2015 年 8 月 14 日，北京第一中级人民法院受理起诉，决定立案审理。2015 年 9 月 8 日同性恋导演范坡坡创作的同性恋纪录片在视频网站全部下架，遂将广电总局告上法庭。2015 年 9 月 14 日北京市第一中级人民法院正式立案。案子至今还未判。2016 年 1 月 5 日，长沙同性恋人士孙文麟诉芙蓉区民政局不受理其与同性伴侣婚姻登记一案，称为"同性恋婚姻维权第一案"。其中以 2016 年孙文麟诉芙蓉区民政局不受理其与同性伴侣婚姻登记一案为里程碑案件，称为"同性恋婚姻维权第一案"，入选2016 年"十大宪法案例"。

---

① 据一般研究，不论社会文化背景，在性成熟时期人口数中，同性恋（包括双性恋）的人数比例为 4%—6%。有专家测算我国的同性恋人口达 3900 万—5200 万人。据专家调查，我国近90%的成年同性恋者因受到各方压力被迫结婚，这种畸形婚姻通常都以悲剧收场。按我国每个家庭平均 3.7 人计算，受影响的人口总数达 1.4 亿—1.9 亿人。

（二）台湾地区

在事实婚姻上，法律规定只要伴侣双方举办了"民法"要求的具有公示性的仪式，即使当事人没有登记，其婚姻关系也有效成立。在我国台湾地区，虽然结婚应当进行登记，但结婚登记并不是婚姻成立的形式要件，仅产生推定婚姻之效力，如果当事人已经举行了"民法"所要求的公开仪式，即使没有办理结婚登记，其婚姻仍然有效成立；反之，如果有足够的证据证明当事人不具备民法所规定的公开仪式，即使已经办理了结婚登记，其婚姻关系也无从成立。结婚登记的效力仅为程序上举证责任的转换，对法律所规定的结婚形式要件并无影响。

据 2011 年的一项调查，高达八成同居人赞成通过相关法规保障非婚同居，其中同性恋者赞成比例接近 100%。台湾伴侣权益推动联盟自主起草了"伴侣制度修正草案"。在"同婚"议题上，台湾一直在东亚地区扮演先锋角色。

2013 年 8 月，台湾有关当局经过专案会议讨论，决定承认一起跨性别同性婚姻有效，收回原先予以撤销的决定。2015 年是同性恋法制化运动收获的一年，"同性伴侣注册登记"在台湾众多市县"合法化"，实现受理伴侣家庭注册。2015 年 5 月 20 日，高雄市政府受理户政系统"同性伴侣"注记。此后，台北市于 2015 年 6 月 17 日，台中市政府于 2015 年 10 月 1 日，皆开放受理。台南市、桃园市、新北市、嘉义市、彰化县、新竹县、宜兰县、嘉义县也陆续在 2016 年跟进。此措施不具法律效力，但会发放证明公文，可做医疗法关系人认定或关系证明之用。2016 年开春，台南市政府与新北市政府在同一天开放同性伴侣注记，其中台南市还将其分为"系统注记"及"纸本注记"。系统注记是将其登记于户政系统中，但纸本注记除了登记于户籍系统外，还会登记于户口名簿，是台湾史上首个将同性伴侣关系登记在户口名簿的城市。也在当天，桃园市及嘉义市宣布正在更新户政系统，更新完成后即将推出同性伴侣注记服务。

在政党内部政策上，2016 年在民进党内部，通过"中央党部党务工作人员服务办法"，如果民进党党工同其伴侣在县市户政记录中标记"同性伴侣关系"，可通过"服务办法"适用以享有"配偶""家庭成员"等权利。

多元家庭"民法修正草案"于 2016 年 11 月，在国民党及民进党均同意下于"立法院"通过一读，法案进入司法委员会。2016 年 11 月，台湾智库发布民调，对目前"立法院"提出"民法"修正案推动婚姻平权法案，47.8%民众支持，41.7%不支持。年龄越轻越支持，20—29岁支持度最高为71.2%，之后每增加十岁的级别，支持度降低约10个百分点，显示年龄越高越保守；教育程度越高越支持，大学及以上有71.8%的支持度，小学及以下仅为18.1%；在政党倾向影响上，国民党和民进党支持者无明显差别，倾向"时代力量"者，则有71.8%的支持度。

2017年5月24日台湾大法官"释宪"宣布：禁止同性结婚是违反"宪法"。使台湾成为亚洲第一个同性婚姻合法化的地区。大法官释字第748号解释："民法"第4编亲属第2章婚姻规定"使同性别二人间不能成立法律上婚姻关系"的条文内容对婚姻的规定排除了同性，这与"宪法"规定的"人民婚姻自由"及"人民平等权"相违背。因此"立法院"等有关机关应在两年内依照大法官解释的意旨完成相关法律修正或制定。这意味着台湾在同性婚姻合法化进程中又迈进了一大步。积极推进"民法"修正案的国民党人士许毓仁在Facebook上公开发文称："台湾婚姻平权议题能够走到释宪这一步已经值得骄傲。"但先前争议的"修法"内容——立"专法"或修"民法"的疑问，以及"修法"时间表等则还没有定论。

（三）香港地区

对于事实婚姻，香港没有相关法律对其进行调整。

在同居问题上，有学者指出长远或要修订法例以"应付"愈来愈普及的非婚同居。2011年香港政府作出一项新决定，在交通津贴计划上将同居伴侣等同为"家庭成员"，这等于重新解读阐释了传统家庭概念，同居伴侣在政策层面首次获得官方认可。且新计划对"家庭"也有新定义，只要"同居而犹如夫妻"的亲密关系，都可视为等同家庭。

在反家暴法中，对异性同居伴侣与同性同居伴侣加以保护。早在1991年，香港就实现了男男同性恋的非刑事化。2006年，男男同性性行为的同意年龄也从原来的21岁并轨至和男女性行为相同的16岁。2010年的《2009年家庭暴力（修订）条例》中就将同性伴侣、前同性伴侣纳入保障范畴。但在宗教团体的反对下，条例更名为《家庭及同居关系暴力条例》。

近年在香港总会有同性婚姻合法化问题引起争议的诉讼。2018年7月4日，香港终审法院最终裁定一对在伦敦注册民事结合的同性伴侣有配偶签证权，也就意味着同性伴侣可以像配偶那样以抚养人身份留在香港。国际特赦组织（Amnesty International）高级法律顾问 Jan Wetzel 认为是"香港的里程碑，也是'亚洲各地同性恋权利'的分水岭时刻"。但是，香港法律界人士认为这次裁决只是为了鼓励外籍人士来香港工作和生活，与香港是否认可同性恋婚姻无关。尤其本案法官在判词中一再重申，一夫一妻制的婚姻制度在香港的"宪制"地位不容挑战。2018 年香港大学比较法及公法研究中心发布了 2017 年最新研究报告，结果显示 50.4% 的香港市民赞成同性婚姻（这个数据在 2013 年只有 38%），对同性恋者表示"非常接受"和"中等接受"人数达到 60.7%，"完全不接受"只占 21.9%，78% 的人都认为同性伴侣应当享有部分适用于异性伴侣的权利。参与这项调查的香港大学法学院副教授凯莉·洛珀表示，这一转变符合国际趋势。在数据面前，香港法庭和法官以后很难再像从前那样，在裁决论述中称"多数香港市民坚决反对同性婚姻"。香港高级入境处事务主任梁镇罡就没这么幸运了，2014 年香港人梁镇罡与英籍男子亚当斯在新西兰正式注册结婚。香港公务员的待遇非常好，比如医疗和牙科福利、教育津贴、房屋津贴等，根据公务员事务局的规定，公务员的合法配偶也享有这一福利。但事务局拒绝让梁镇罡将婚姻状况更改为"已婚"，不承认他的同性伴侣为合法配偶，也不提供这些福利。为争取香港已婚公务员的福利和税务优惠，梁镇罡申请司法复核，高等法院裁判梁镇罡的伴侣可以享受公务员配偶福利，裁决书中说，申请人在国外法律制度下合法结婚，享有公务员婚姻福利是合法的，保障其福利不会改变当前的婚姻制度和家庭制度，因此判其胜诉。为了让公务员事务局有充足时间安排福利，裁决将延后生效。对于合并报税申请，裁决书称《税务条例》规定婚姻关系必须获得香港法规的承认，但同性婚姻在香港不合法，所以驳回合并报税申请。梁镇罡一度乐观表示，这项裁决"矫正了原则性不公平"，令他和家人感到鼓舞。他指出："我们展开诉讼，不是要求特别待遇，只是要求公平和有尊严的对待。"但随后公务员事务局表示对判决不服，并在提出上诉后获得胜诉。在前一个案子中，入境处没有以保护香港的婚姻观念为论点，而是集中讨论"已婚"或"未婚"的伴侣，是否享有同样移民待遇。法庭认为两位同性伴侣是获合法登记的伴侣，当然不应有差别对待。而"梁镇罡案"却恰恰相反，公务员事务局以保护香港的婚姻观念为论点，认为公务员同性配偶福利是对社会传统婚姻观念的挑战，所以两案同样的三位法官给出了不同判决。

在非性联系家庭上，香港的同性恋机构希望香港政府能够修订该条例，甚至在将来的修订中能够对同居的长者和同居朋友也进行保护。

在立法禁止性倾向、性别认同及双性人身份歧视问题上在香港仍存争议。学界和香港平等机会委员会促请政府应尽早就禁止"性倾向歧视"专门立法。性倾向歧视在《基本法》第 25 条、第 39 条和《香港人权法案条例》第 1 条、第 22 条之下属违法，所以专门立法必不可少。香港政府 2017 年《施政纲领》中曾提及推行"不歧视性小众约章"。平等机会委员会与香港中文大学亚太研究所性别研究中心发表联合声明，认为社会对性小众的歧视已达临界，呼吁政府尽快就禁止性倾向、性别认同及双性人身份歧视进行公众咨询和立法，有逾 70 间机构及学者支持。但社会上对立法禁止性倾向、性别认同及双性人身份歧视仍存争议。

在家事法冲突法问题上，香港禁止在英国领事馆登记同性婚姻，不承认在其他国家或地区登记的同性婚姻。据 2014 年生效的一项英国法律，同性伴侣可以在 23 个国家（包括中国大陆地区）的英国领事馆登记结婚。但这一情况在 2017 年有所改变，即上文提及的"梁镇罡与同性伴侣亚当斯案"，因为在梁镇罡最初申请司法复核时，高等法院法官裁定公务员福利申请胜诉，只驳回合并报税申请。虽然最后公务员事务局提出上诉后获得胜诉，但最初诉讼中司法所体现出的松动已经说明同性伴侣冲突法问题开始有转机。

在官方机构政策上，2016 年 6 月，在经过一段时间的磋商之后，香港政府政务司长办公室发出外交通知，容许派驻到港的领事馆官员，其持外交或官方护照的同性配偶和伴侣，可以一直留港至其任期届满为止。

在非官方机构政策上，香港某些公司在政策上对"同志"友好，同性婚姻伴侣可享与异性婚姻伴侣同等的福利。

在宗教阻力上，有关同性婚姻合法化的议题，实际上也一直在法律的框架内和政府层面被公开讨论。林郑月娥在出席一项选举造势活动时，曾被问到对婚姻平权的看法。她当时回应，自己虽然是虔诚的天主教徒，但不会用信仰决定政策立场。她说，在此议题上，政府是调解员、仲裁者的角色，因社会上对这些事有两极意见，每一次提及都会引来宗教反对。她认为若能让两种意见不同的人走近一点，政府政策可能有出路，她称不排除会就修改婚姻法进行咨询。

在性别多元化世界性活动上，世界"同志"运动会联合会（Federation of Gay Games）① 大会在旧金山投票选出 2022 年第 11 届世界"同志"运动会主办城市的最终三个决选名单，中国香港入围，其他两个城市是墨西哥的瓜达拉哈拉（Guadalajara）和美国华盛顿（Washington，D. C.）。申办竞逐获得香港政府旅游发展局和独立的法定机构平等机会委员会的支持。香港最终斩获主办权，这将是世界"同志"运动会首次在亚洲城市举办。

总的来说，香港的"同志"运动表面上看不是轰轰烈烈，但它正像香港这个社会本身运转的模式一样，正在扎扎实实地推动。香港"同志"社群相当发达，有着很多高质量、历史悠久的活动，其中不乏一批有国际视野的权利争取者。近年在香港，总会有同性婚姻合法化问题引起争议，曾有一宗本地居民要求政府确认，其海外注册的同性婚姻的司法复核个案正排期处理，进一步引起香港对同性恋婚姻合法化的争议。民建联正促请平等机会委员会尽快展开性倾向歧视立法咨询，保障同性恋者就业等权益。

（四）澳门地区

事实婚姻方面，原"澳门民法典"第 1471 条将事实婚界定为：两人自愿在类似夫妻状况下生活者，其相互关系即为事实婚关系。1472 条规定：具有事实婚关系者要产生法律效力须符合三个条件，一是双方均为十八岁以上，二是无明显精神错乱以及因精神失常而导致禁治产、无配偶、非直系血亲关系及二亲等内旁系血亲关系，三是在类似夫妻状况下生活至少二年。1472 条 2 款规定：如开始同居时，事实婚关系之一方或双方尚未成年，则有关期间须自年龄较轻之一方成年之日起计算。如事实婚关系中之任一方为已婚，则有关期间须自其与配偶事实分居起计算。新"澳门民法典"也明确规定：两人自愿在类似夫妻状况下生活者，其相互关系即为事实婚关系，受法律保护。

异性同居方面，《反家暴法》规定现有或曾有同居关系属于家庭成员，可以依法进行维权。

同性家庭方面，没有特别保护。有研究者希望澳门以"亲密关系"作为界定"家人"的基础，从而解决家庭暴力等问题。议员高天赐曾提出"民事结合法案"，但是最终被澳门立法会否决。部分议员认为民众个

① 世界"同志"运动会（Gay Games）创办于 1982 年，每四年举办一次，旨在通过体育运动传达多元和包容的理念。

体的性权利应当自由决定，应当被尊重。但是也应该全面考虑历史传统文化制约，同性家庭法律调整应当循序渐进。只有当各方面社会因素成熟，法律制度相对完备时，同性家庭的权利才有机会进行法律规范，否则必然会影响社会公共秩序的稳定与和谐。

第二节　我国伴侣家庭类型化法律调整现实选择

一　法律漏洞的确认与补充的方法

一个生活事实被正义地评定为不属于法外空间的事项，即属于法律应予规范的事项。如法律有下列情形之一，则对该生活事实，法律便有漏洞存在：（1）对之无完全规范。（2）对之所作规范互相矛盾。（3）法律虽对与之类似的案例已作规范，但对之还是根本未作规范。（4）对之作了不妥当的规范。在法律漏洞的认定上，重要的是一个应该被规范的生活事实根本未被规范，或未被作妥当规范。①

制定法和习惯法之外的法源，被承认为法源的意义在于法院得将之引为补充法律的材料，使其在这种情形下，候补于制定法或习惯法，在容许法律补充之领域，作为裁判的规范依据。②

法源在法源论上为一切得为裁判之大前提的规范总称，在民事法上即指制定法、习惯法、契约、产业自治规约、家族自治规约以及团体自治规约、事实上之习惯、法理。③ 现行法之表现形式，及于制定法以外之规范，系指承认制定法以外之规范，亦得为法源。

引用判例、判决先例、实务见解或学说、法理来解答或处理问题，构成法律漏洞之补充。④

契约、产业自治规约、家族自治规约以及团体自治规约在法律的授权下，补充了一些法律所未规定的事项，甚至修正了一些法律容许修正的任意规定。不过，这些情形通常不认为属于法律的补充。⑤ 但我们不得不承

---

① 黄茂荣：《法学方法与现代民法》，法律出版社 2007 年版，第 440 页。

② 同上书，第 472 页。

③ 同上书，第 467 页。

④ 同上书，第 470 页。

⑤ 同上书，第 469 页。

认通过当事人之间的意思自治，确实可以形成法律规定之外的作用于当事人之间的规范效果。

　　法律上平等主体地位的主体，为规范其间事务，可以利用意思表示的合致来形成规范，即契约或协议。契约或协议对于参与意思表示者有规范上的约束力，因此，契约或协议也是一种法源。不过，在主权国家下，因国家主张对于其主权领域内的法律活动得为规范，所以契约或协议的法源地位应受法令的限制。①

二　我国"非婚同居"的法律救赎——同居协议

　　A 女在 2003 年与离异的 B 男没有办理结婚手续同居，没有子女。同居期间，B 男名下购买铺面两间、房屋一套，现金由 B 男支配。由于双方不和，B 男让 A 女搬走并不给补偿。A 非常生气，认为做了十多年"夫妻"是一种事实婚姻，自己照顾家庭、扶养 B 男的孩子，为家庭作出了许多贡献，财产应当一人一半。A 女遇到这种情况应该如何从法律上救济自己的权利？

　　在 1994 年 2 月 1 日后，法律上已不再承认和保护"事实婚姻"，皆按同居处理，即双方是非婚状态。具体可参见最高人民法院《关于适用〈中华人民共和国婚姻法〉若干问题的解释（一）》（2001 年 12 月 24 日最高人民法院审判委员会第 1202 次会议通过）第 5 条："未按婚姻法第八条规定办理结婚登记而以夫妻名义共同生活的男女，起诉到人民法院要求离婚的，应当区别对待：（一）1994 年 2 月 1 日民政部《婚姻登记管理条例》公布实施以前，男女双方已经符合结婚实质要件的，按事实婚姻处理。（二）1994 年 2 月 1 日民政部《婚姻登记管理条例》公布实施以后，男女双方符合结婚实质要件的，人民法院应当告知其在案件受理前补办结婚登记；未补办结婚登记的，按解除同居关系处理。"

　　依据我国法律，同居有两种情形：一种有配偶者与他人同居，一种是无配偶者同居。做这种分类的目的在于针对两种不同类型的同居模式，其在法律上处理方式有所区别。第一种同居模式是《婚姻法》明令禁止的行为，当事人请求人民法院解除这一同居关系时，人民法院当然应当受理，并依法解除同居关系；而对于上述案例中这样的第二种同居关系，并

---

　　①　黄茂荣：《法学方法与现代民法》，法律出版社 2007 年版，第 14 页。

非法律上保护的社会关系，若双方不成立夫妻关系，分手时担心对方纠缠，诉至法院仅请求解除同居关系时，人民法院不予受理。但是，双方当事人就同居期间的财产分割和子女抚养问题提起诉讼的，则属于法律调整的民事法律关系，人民法院应当受理，并平等地保护子女和当事人的合法权益。

同居状态下的财产分割与合法夫妻的财产分割的法律后果差异很大。在同居关系中，财产登记在谁的名下，就认定其是所有者。另一方有相反意见，则必须拿出充分证据证明该财产为其所有。在具体分割财产时，一般情况下应照顾妇女、儿童的利益，考虑财产的实际情况和双方过错程度而妥善分割。同居生活期间双方共同所得的收入和购置的财产，按一般共有财产处理。同居生活前，一方自愿赠送给对方的财物可比照赠与关系处理。这是分割财产的基本原则。

现实中为了共同生活，双方往往会共同购置或拥有一定财产。常见的有家具、家用电器、房产、汽车、银行存款、股票、期货、债券、艺术品、古董、名贵宠物和花卉等。在共同购置这些财产时，如果双方当时没有作任何约定，从理论上讲，应该这样确认产权：以谁的名义登记、落户的，产权就归谁（如房产、汽车、银行存款、艺术品、古董等）。如果不需要登记的，原则上由谁购买、使用、照顾、保管就归谁。如果是双方共同购买、使用或照顾、保管，而且是不可分割的（如家用电器、家具、宠物等），则应通过协商，决定由一方完整地获得该财产，而另一方则获得相应的价值补偿（可以是现金，也可以是债权、股权、期权、其他财产的所有权、实物等）。不适用上述原则的，则由双方协商解决。

由此可见，非婚状态的同居是被抛弃在婚姻法保护之外的，但现在社会的发展又给予了同居更多的宽容和松绑，现实中存在的大量的同居是一种极不稳定的社会关系，一旦这种社会关系解体之后的，没有相关法律的调整，仅靠援引财产性法条处理同居期间的共有财产的分割，当事人双方的权益就变得动荡不安。如果两人未婚同居的话，倘若能签署一份同居协议或者同居期间财产协议就可以有效定纷止争。根据我国法律的规定，同居协议是双方真实意思的表示，其中不违反国家法律法规，并且具有可操作的部分有法律效力，对于违反国家法律法规和公序良俗或缺乏合理可行的部分不受法律保护。

三　同居协议的桎梏与关系契约的突破

（一）同居协议的财产性与类婚姻的身份法性之背离

同居协议在本质上属于契约、协议、合同，受合同法调整。合同法属于财产性法律，被援引进家庭领域时，也仅仅限于调整平等主体之间的财产性关系，对于纯粹人身关系则不能涉及。但是，类婚姻关系和婚姻关系一样，是以身份关系为基础的家庭关系，包括人身关系、财产关系、亲子关系。仅仅采用同居协议明显无法覆盖类婚姻中的各种关系，必然无法满足类婚姻关系调整。

（二）关系契约理论对婚姻、类婚姻契约贡献评断

关系契约理论范式重塑了现代契约安排的观点。关系契约理论范式反对古典契约理论认为契约是一次性或短期的交换，利己主义、理性的当事人的唯一目的是最大化他们的财富的观点。关系契约理论范式认为商业关系不仅是由契约合意所调整，而且是还受到多种多样规范的影响，包括社会规范和关系自身的规范。关系契约以承认将来偶发事件的不确定性为特征，认识到当事人不能在契约形成之初就清楚地确定重要的条款，契约当事人经常用弹性条款来弥补契约的不完全。当事人的目的在于保有关系和拥护社会规范，而不仅仅是单纯地追求财富和效率的最大化。关系契约理论范式自麦克尼尔提出后在法学界引起了巨大的轰动。不仅是契约法学，其他部门法包括婚姻法也受到关系契约理论范式的深刻影响。婚姻契约中的诸多特征都与关系契约相吻合，并且若以关系契约的视角来看待很多基于古典契约理论而对婚姻契约说的质疑和批判都将得到有效回应。从法律的角度来看，用关系契约来解释婚姻将是最符合婚姻现实和特征的理论模型。那么关系契约对与婚姻类似的类婚姻契约也有如上贡献，法国的PACS 就是最有利的现实证明。

关系契约理论范式的优势在于关系契约关注双方当事人的收益和损失，不是作为对另一方配偶的对抗，而是作为联合努力的结果。关系契约理论范式关注关系在过程中的互动和变化，将妇女的经济弱势界定为关系的结果，对此结果妇女自身也起了作用，而不是男人单方面造成的。关系契约更少将妇女视为受害者，没有极端地谴责其经济上的不确定状态。这样一种界定将妇女看作从其失败的事业中要求返还她的投资，而不是谋求男人的财产，其重点是关系本身的收益和损失。

　　婚姻家庭领域内的契约本身应该是财产和身份关系的混合协议，与合同法领域的纯粹财产性契约并不一样，我们应重塑婚姻家庭领域内契约的构制，使之有一套自己独立的逻辑，区别于财产契约。

四　类婚姻契约

（一）与婚姻契约的梯度分析

　　类婚姻在受保护程度上是低于或等于婚姻的，按照类婚姻类型的不同，其受保护程度亦不同。但是类婚姻契约中对双方权利义务的规制程度取决于当事人的合意，只要不违反我国法律强制性规定与公序良俗原则就不会影响类婚姻契约的效力，那么双方当事人的约定就受到法律保护。所以，类婚姻契约与婚姻契约的梯度并不明显，完全取决于当事人受限制的自由合意。在某些情况下，不排除可能出现类婚姻契约对双方当事人的保护程度比婚姻还要周全。

（二）类婚姻范式合同与推广途径

　　类婚姻契约内容同样主要包括人身关系、财产关系、子女关系三部分。所以在范式合同的拟定中主要围绕人身关系、财产关系、子女关系三方面进行。可参见法国的 PACS 来拟定类婚姻范式合同，区别于一般的同居协议。范式合同应该由学者和实务专家共同拟定出范本。

　　类婚姻范式合同可由民政机关、居委会、村委会或其他组织或部门负责推广和发放，可以在目前现有的相关部门和组织的普法或管理工作中进行，实际可行性和操作性都较好。

第五章

我国伴侣家庭类型化法律调整立法设计

前文中我们在做伴侣家庭各项梳理研究时，已经阐述过主要以"性别"和"性"为类型化标准的理由，主要是社会变革往往是以"性"方面的变革为先锋或先导，每种新型伴侣家庭出现之初，主要是在"性别"和"性"的方面出现新的发展特征。虽然在做伴侣家庭各项梳理研究时，是以"性别"和"性"加以分类后进行，但最终落脚到各种伴侣家庭制度体系设计统筹时，不能再是以"性别"和"性"为类型化标准，我们必须将不同"性别"尽可能同等看待，才能科学统筹、平等设计各种伴侣家庭制度，从而减少社会矛盾。解决了问题的第一步，尽可能平等地对待"性别"和"性"问题，一般意味着同时调整异性、同性伴侣，采用"共治"立法理念，我们赞同适用"性别中立"的表述，使"共治"立法理念范围更开阔一些，未来可以包括中性人伴侣等。第二步就需要在两个梯度上设计伴侣家庭制度。

我国伴侣家庭制度体系统筹与安排，总体上是以伴侣家庭类型谱二和国外法律调整规律为指导。上文中我们已经论述过婚姻法在与其他非婚伴侣家庭协调和完善方面需要注意一些问题，但由于婚姻法的完善不是本书研究重点，下面主要就类婚姻中"登记伴侣家庭""同居家庭"这两个梯度的伴侣家庭立法调整进行论述。

第一节　登记伴侣家庭法律调整立法设计

遵循类婚姻法律调整需要两个层次的国外经验，设立性别中立的伴侣家庭法适用于异性、同性伴侣等，作为事实婚姻和同性婚姻的替代制度，权利、义务设置几乎等于婚姻，立法可参照婚姻制度构架与法条设计。同性在收养子女方面需谨慎。立法模式上可以选择世界上通常的做法，即统一立法模式。

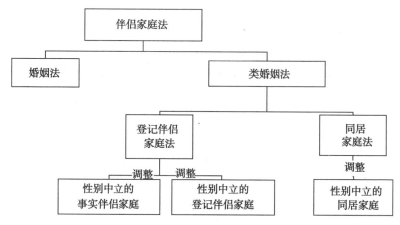

图 5-1　我国伴侣家庭类型化法律调整立法设计

　　同性婚姻在我国近年合法化进程并不会过快，同性婚姻替代制度即民事结合或登记伴侣家庭法是最佳立法模式，原则上要求登记。但是这里面事实婚姻是否要合并进民事结合或登记伴侣家庭法是个需要仔细思考的问题。笔者认为，事实婚姻完全可以合并进来，成为登记伴侣家庭法的组成部分，称为"事实伴侣家庭"，而不再称为"事实婚姻"①，事实伴侣不需要登记，从而起到立法体系严谨清晰的效果。假如将事实婚姻并入婚姻范畴，如果同性伴侣有事实婚姻的情况，在同性婚姻不合法的情况下，就无法得到保护。并且登记伴侣家庭法同时适用于同性伴侣和异性伴侣，平等对待，免去设立新制度后续的新生的矛盾。阿根廷的民事结合法规定："两位伴侣勿论性别和性倾向的自愿结合，在义务、权利、福利上与婚姻平等对待。"通过这种阐述可以了解到阿根廷的民事结合包括同性婚姻替代功能，而且包括异性事实婚姻。徐国栋教授在《绿色民法典草案与现代性》的讲座中曾解释过为什么世界上很多国家如此做，与本书的研究结论不谋而合。但是徐国栋教授在"绿色民法典"中关于"民事结合"的描述是同性婚姻，即仅仅包括同性伴侣，对于这种法律名称和法律关系主体的阐释与本书结论存在较大差异。

　　本书强调"性别中立"，而没有用同性或异性，是因为"性别中立"

---

　　①　事实婚姻本来就源于同居制度，事实婚姻的存在一直有削弱婚姻的形式要件的法律要求威严的嫌疑，改称为"事实伴侣家庭"就可以免去这种尴尬，又可以保护事实状态的伴侣家庭。

词义更开放一些，给日后其他的性少数派（如跨性别、第三性别等）得到法律认可时留下空间，免去修法过于频繁的弊端，这是从北欧学到的立法经验。

一　名称选择与统一的立法模式

设立"登记伴侣家庭法"，在法律名称上本书主张采用"登记伴侣家庭法"的称呼，虽然"民事结合"在国外采用者很多，但在我国不是十分适合，在国外"民事婚姻"一般指普通婚姻，"民事结合"一般指非婚伴侣关系（有的包括同性和异性，有的只包括同性），强调"民事"是因为要与宗教婚姻及结合加以区分。世界上部分国家婚姻形式要件需要固定仪式，而仪式往往在教堂里由相应的神职人员主婚，相当于由教会来执行。如果是"民事"问题的话，即不需要由教会来参与。在我国，这个问题没有那么突出，显然用带有"民事"字眼的"民事结合"等称呼就不必要，所以用"登记伴侣家庭"来做称谓比较合适，也更易于得到普通百姓的接受和理解。我们认为"登记伴侣家庭法"更能体现出双方互为伴侣组成家庭，从而享受家庭权和承担相应的家庭义务的内涵。

如果选择统一立法模式，本部分制度设计可完全参照婚姻制度体系与法条设计，因为登记伴侣家庭中的权利义务设定基本接近婚姻。但是在制度细节上仍与婚姻有些许区别，具体体现在：

第一，制度总体结构上，分为总则、关系成立、伴侣关系（即法律效力）、关系终止、救助措施与法律责任、附则。

第二，总则中，要明确登记伴侣家庭法或登记伴侣家庭的概念、基本原则等。登记伴侣家庭指无配偶的性别中立的双方，未经婚姻登记，经过伴侣登记，以长期共同生活为目的的自愿结合，在经济、情感、生活上相互承担与婚姻配偶几乎一样的权利、义务的稳定的、持续的生活共同体伴侣家庭。

基本原则与婚姻法基本一致，可表述为实行伴侣家庭自由，禁止包办买卖原则；实行一人一伴侣，禁止重侣及其他破坏一人一伴侣的行为的原则；实行配偶平等原则；保护妇女、儿童和老人，禁止家庭成员间的虐待原则；计划生育、优生优育原则。注意称谓在法条中的表述，例如将"夫妻""男女双方""父母""养父母""继父母"等异性伴侣用语，修改为性别中立的"配偶""伴侣双方""双亲""养亲""继亲"等。

第三，"登记伴侣家庭关系成立"一章中，问题主要集中在成立实质要件与形式要件（登记）问题上。伴侣家庭法应该要求登记。事实伴侣，即事实婚姻，则不要求登记。相关登记条例也要辅之修改。

第四，"登记伴侣家庭法伴侣法律关系"一章中，问题主要集中在继子女与继亲、养子女与养亲关系是否成立的问题上。亲子关系确立与否问题在同性、异性伴侣家庭与事实伴侣家庭中均需要法律加以明确。近亲属的抚养义务也需要谨慎考虑。

第五，"登记伴侣家庭法关系终止"一章中，解除关系需要登记或诉讼解除。需要注意的是事实伴侣家庭关系的解除也需要登记或诉讼解除。关系解除难度可些微低于婚姻，比如体现在无须经过调节程序、"冷静期"等。

第六，"救助措施与法律责任""附则"两章，参照婚姻法即可。

二 关系的成立

"登记伴侣家庭法"调整的是符合一定条件的伴侣家庭关系，包括非婚姻关系状态下处于类婚姻状态的事实伴侣家庭关系和登记伴侣家庭关系。两种类型关系成立均要符合一定条件。

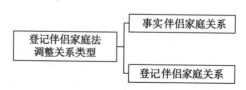

图 5-2 我国登记伴侣家庭调整关系类型

（一）登记伴侣家庭关系成立之实质要件

1. 主体需要是两位无结婚障碍的成年人，但同性的结婚障碍除外，所以同时包括同性与异性伴侣。具体讲，伴侣人数为两人，年龄限制与结婚年龄一致，我国结婚年龄近年争议较大，正值民法典编纂之际，基于男女平等和人口老龄化等原因，结婚年龄修改的可能性是比较大的，但无论如何，登记伴侣家庭关系的成立年龄应当与结婚年龄一致。在结婚障碍方面只吸收禁婚亲属关系和禁婚疾病，排除同性禁婚障碍。

2. 主观上双方自愿结合。

3. 伴侣双方均无配偶和其他类型伴侣关系。这其实就是一夫一妻制原则在"伴侣家庭法"领域的再体现。

（二）事实伴侣家庭关系之实质要件与认定标准

参照司法实践中关于事实婚姻的认定标准的成熟经验，但注意同性事实伴侣家庭关系也包括在内。事实伴侣家庭关系指无配偶和其他伴侣关系的未办理结婚或伴侣登记，符合结婚的实质要件（包括同性），并且以配偶名义共同生活，所形成的伴侣家庭。事实伴侣家庭关系的成立也必须满足上一点中论及的三个条件。此外，要求伴侣双方应该持续地公开地共同生活一定期间。这属于公示方面的体现，也是这种稳定的伴侣家庭需要被法律调整的重要依据。这里面要注意"持续的""公开的"和"期间"几个关键词。

1. "持续"要求经过的合理期间，中间不能有较长断隔，应该是较为连贯的时间经过。那么假若存在断隔，多久即视为"不持续"？这一问题还需要进一步细化，留给法官自由裁量的空间，依据具体情况，例如与在一起的时间比较，两人在一起 20 年，中间断隔 3 年，是否构成不连续？两人在一起 5 年，中间断隔 1 年，是否构成不连续？

2. "公开"要求伴侣双方以公开的共同生活方式，周围的不特定人都知道二人共同生活的状态，双方对外以婚姻名义，有结婚意愿。[①] 尽管如此，法律仅能以事实的登记伴侣家庭关系进行法律规制，而不是通过婚姻的路径进行法律规制，这样做也是维护婚姻的权威性，没有进行结婚登记，所以还是要有所区别。

3. "期间"如果假定为 5 年，那么双方如果生育共同子嗣则期间可缩短为 3 年，[②] 以彰显儿童利益最大化原则。

（三）形式要件之登记问题

登记伴侣家庭，顾名思义需要登记的法定程序方能成立，本质上是为同性登记伴侣实现同性婚姻的一样制度功能。需要注意的是，异性登记伴侣家庭应该是占比最少的，因为其与婚姻极为相似，给人重复与多余的感觉。如同前文所述，为了避免新问题的产生，这种制度安排也是平衡利弊后的权宜之计，并且异性登记伴侣家庭关系解除比婚姻容易，所以其依然有存在的价值和空间。

---

① 参见王薇《非婚同居法律制度比较研究》，人民出版社 2009 年版，第 446 页。

② 如果共同生活的法定期间过短，不能反映法律所要调整的非婚同居关系的持续性、长期性，如果法定期间过长，又难以保护一些同居关系中的弱势方权益。参见巫昌祯《婚姻法执行状况调查》，北京中央文献出版社 2004 年版，第 100 页。

事实伴侣家庭则不需要登记，保护同性与异性间的事实伴侣家庭关系，但要承担在某些情况下举证不利的后果与风险。

此外，由于我国的婚姻登记机关的登记业务增加了一部分，所以相关的登记条例也应及时作出修改。

三　法律效力

（一）人身关系

对内效力：（1）登记伴侣家庭与事实伴侣家庭需要像夫妻那样负有扶养义务、忠实义务、同居义务。（2）双方之间像夫妻那样有家事代理权，当一方存在滥用代理权的情况下，虽然其实施的代理行为无效，但无法阻却善意第三人。（3）双方在姓名权、人身自由权等方面与配偶无异。

对外效力：（1）登记伴侣家庭法原本是同性婚姻与事实婚姻的替代制度，登记伴侣家庭与事实伴侣家庭的成立应该产生姻亲关系，但现实中同性结合与事实婚姻可能有很多是在家人不知情的情况下建立或存在的，如果立法一开始就强行设定姻亲关系也成立，可能有违当事人意愿，所以宜暂不强制成立姻亲关系。（2）登记伴侣双方可以享有作为家庭成员的大部分权利与利益。尤指登记伴侣可以凭借"登记伴侣"身份享受公共机构或者是单位给予配偶或家庭成员的某些待遇，如探病、探监、假期、人事调动、在购物和旅行方面的优惠等。需要注意的是，事实伴侣关系由于没有"登记"这一公示程序，无法享受相关待遇，就需要承担在证明不能时的不利后果。（3）向有关单位或机关寻求救助的权利。例如可以适用《中华人民共和国反家庭暴力法》。①

（二）财产关系

对内效力：（1）财产制，应与婚姻的架构类似，采用关系成立后所得共有制为主，约定财产制优先。（2）关系解除时可主张经济补偿请求权、经济帮助请求权、损害赔偿请求权。（3）遗产继承权利方面，伴侣之间可以相互继承遗产。

对外效力：（1）同居期间的个人之债由个人承担，共同之债由双方共同承担连带责任。需要注意的是，同居期间因共同生活而产生的债务由

---

① 《中华人民共和国反家庭暴力法》第 37 条："家庭成员以外共同生活的人之间实施的暴力行为，参照本法规定执行。"

伴侣双方承担连带偿还责任。"共同生活需要产生的债务"中的"共同生活需要"是指共同生活所必要的衣食住行、日常用品、合理医疗保健、正常文化娱乐等方面的支出。（2）伴侣死亡，另一方享有针对第三人的侵权损害赔偿请求权。（3）存活伴侣可享有对曾经共同居住房屋主张"继续承租权"①。

（三）亲子关系

即将修订的婚姻法非常有可能吸收《儿童权利公约》中的"儿童最大利益优先原则"②，在伴侣家庭法中也应吸收这一原则。（1）非婚生子女法律地位。取消"婚生"与"非婚生"的用词。婚姻法中将来若完善亲子关系推定与否认制度，同样应适用于伴侣家庭。伴侣一方与另一方子女之间成立继亲与继子女的关系，但可以通过登记排除这种关系。如果通过协议排除，是否可以？协议是否需要公证程序？这是需要进一步研究的问题。不过比照目前我国《民法总则》中意定监护的相关规定，并没有仿照日本《关于任意监护契约的法律》中要求监护合同必须以公证的形式订立，主要是因为我国国情复杂，地区差异较大，强制的效果可能会阻碍意定监护的发展，所以仿照遗嘱公证效力优先的相关规定。那么亲子关系的约定可能不必要将公证作为其成立的要件。也可以通过另一种立法模式，伴侣一方与另一方子女之间不当然成立继亲与继子女的关系，但可以通过登记来确认这种关系。两种立法模式中前者更有利于保护未成年人的利益，后者在事实婚中就因为登记缺少，造成继亲子女关系无法成立。我们认为在家庭中一起生活，应该倾向尽早确认继亲子女关系为好，以实现更好地抚养和教育未成年人。排除亲子关系的规定是为了给非婚伴侣家庭中被强制性认定为继亲子女关系一些回旋余地，避免"一刀切"，体现出与婚姻的细微差别。（2）收养。类似于配偶收养程序与条件规定。根据世界各国立法经验与立法步骤，开始立法阶段可以暂时不放开同性伴侣收养子女与人工生育子女的权利。（3）人工生育。同性伴侣在人工生育方面开始的立法进程中应该限制。尽管同性伴侣在收养和人工生育方面在

---

① 通过限制出租人的合同解除权，为非承租人一方非婚同居者提供了最基本的住房保障。

② 1959年，《儿童权利宣言》提出"应以儿童最大利益为首要考虑"的国际指导原则。1989年时联合国《儿童权利公约》倡导"儿童利益最大优先原则"。参见陈苇、谢京杰《论"儿童利益最大优先原则"在我国的确立——兼论〈婚姻法〉等相关法律的不足及其完善》，《法商研究》2005年第5期。

立法初级阶段会被限制，但最后仍会步入世界的潮流，逐步放开同性伴侣在亲子关系方面的诸多限制。

四　关系的终止

（一）登记伴侣家庭关系终止

1. 如双方合意终止，并就财产分割、子女抚养等问题达成协议，双方可以共同到登记机关进行解除登记，登记伴侣家庭关系终止。关系解除难度低于婚姻。

2. 如双方合意解除，但就子女和财产等问题无法达成合意或者是单方想要终止关系，则需要诉讼解除关系。所以民政机关的相关登记条例与民事诉讼法都应作出对应的调整。

（二）事实伴侣家庭关系终止

双方符合登记伴侣家庭法定条件，长期共同生活或共同生育抚养子女，已经形成稳定家庭关系的，虽然没有办理结合登记，但是不得自行解除，亦不允许同时与他人登记结婚或形成伴侣家庭关系。应在对子女和财产问题作出妥善处理前提下到登记管理机关办理解除登记。登记管理机关应予受理，并可以做调解工作，调解和好的，则可办理结婚登记或补办伴侣登记；若调解无效，则登记解除关系。如双方合意解除，但就子女和财产等问题无法达成合意或单方欲解除的，则需要诉讼解除关系。

此外，双方或单方死亡、登记结婚都是伴侣家庭关系终止的原因。

第二节　同居家庭法律调整具体设计

一　名称选择与分散的立法模式

称作"同居家庭"，是因为该种伴侣家庭为"同居"状态，符合一直以来我国对该类群体的描述，再落脚到"家庭"，以彰显其权利来源为"家庭权"。在同居家庭的法律调整上最好采用统一立法的模式，但如果立法成本与立法技术存在过大困难，也可以从分散立法起步。

设立性别中立的同居家庭制度适用于异性、同性伴侣等，尊重同居伴侣适度自由原则，给予底线规制，权利、义务配置少于婚姻。具体设计分为关系成立、法律效力、关系终止三部分。同居家庭制度在登记问题上，不要求登记。不强制登记是衡平公正与限度自由，但要承担相应风险，例如举证风险。鼓励同居伴侣签订同居契约。婚姻家庭法修改草案中，对同居的法律调整非常简单，仅仅规定有约定从约定，无约定时财产按份共有。这种粗陋的法律规定，还远远不能满足同居家庭的权利诉求。

二　关系的成立

"同居家庭法"调整的是符合一定条件的同居关系，包括同性同居、异性同居。

图 5-3　我国同居家庭法调整关系类型

（一）同居家庭关系成立之实质要件

1. 主体需要是两位无结婚障碍的成年人，同性结婚障碍这一条件除外。伴侣人数为两人，年龄限制与结婚年龄一致。其成立在结婚障碍方面只吸收禁婚亲属关系和禁婚疾病，排除同性禁婚障碍。

2. 双方主观上有自愿共同稳定生活的意愿。

3. 伴侣双方均无配偶和其他类型伴侣家庭关系。

（二）同居家庭关系成立之形式要件——不登记

为尊重同居关系的自由与自治，同居关系不需要登记，但要承担在某些情况下举证的负累。双方可自主签订同居协议，以形成有效率的合法的意思自治。如想要在登记机关进行登记备案也可以（同居协议可以备案），这样做最大的好处就是方便举证同居关系成立，可借鉴法国 PACS 的相关规定。

（三）同居家庭关系与事实伴侣家庭关系

二者主要区别体现在对外公示中，即是否以配偶名义共同生活。同居家庭中双方不希望缔结婚姻或者登记为伴侣关系，从而保证自身的相对自由与独立。所以，如果双方没有以配偶名义共同生活，或者签订同居协议等，即可以判断，当事人为同居关系。总之要综合看当事人主张与举证。

三　法律效力

（一）人身关系

对内效力：（1）同居关系不强制像夫妻那样负有忠实义务、同居义务。在成立要件中忠诚义务与同居义务是实质要件，但倘若同居家庭关系存续中违反两项义务，则无法像配偶或登记伴侣家庭那样获得损害赔偿。（2）双方之间的家事代理权比配偶家事代理权范围小，限于一定范围的普通的日常生活的家事代理权。当一方存在滥用日常家事代理权行为时，虽然代理行为无效，但不阻却善意第三人。（3）双方在姓名权、人身自由权等方面与配偶无异，拥有较大自由与独立性。

对外效力：（1）同居关系不成立相应姻亲关系，不承担近姻亲属之间的扶养、赡养、抚养义务。（2）双方可以享有作为家庭成员的部分权利与利益。在举证可以的情况下，可以凭借"同居伴侣"的身份享受公共机构或者是单位给予配偶或家庭成员的部分待遇，如探病、探监、购物和旅行的优惠等。（3）向有关单位或机关寻求救助的权利。参见《中华人民共和国反家庭暴力法》附则中第 37 条。①

（二）财产关系

对内效力：（1）财产制，约定财产制优先。以尊重当事人意思自治为首要原则；在当事人无另行约定的情况下，为按份共有财产制，从而避免双方财产混同，也是尊重当事人想要保持相对独立的意思。同居家庭期间双方共同劳动所得和共同出资购置的财产由双方按份共有；同居期间为共同生活的需要购置或积累的财产由双方共同所有，排除房产等价值特别大的财产，其资金来源是否为共同劳动所得，是单方还是共同出资都是共同共有，在同居家庭关系解除时就成为经济弱势方的基本生活保障；同居家庭关系终止时，法院可依据双方财产和其他综合实际状况，作适当分割。因为同居家庭中的女性常常因承担家事劳动而减少社会工作收入，导致其为"同居家庭"输入的家事劳动价值无法从财产中分割出来，并且我国缺少英美法系那样的衡平法救济措施。所以法官可以综合考量同居家庭关系的存续时间、财产分布、子女或家人的抚养等各方面因素，在分割

---

① 《中华人民共和国反家庭暴力法》，第 37 条："家庭成员以外共同生活的人之间实施的暴力行为，参照本法规定执行。"

财产时适当照顾非直接经济贡献或有特殊困难或无过错的一方。这也是照顾同居家庭关系中弱势群体利益和追求公平价值的体现。反映出同居制度法律上的底线保障与救济。（2）经济帮助请求权。原则上没有类似于配偶间的扶养权利义务关系，但是可基于公序良俗，在同居家庭关系解除时，确有困难一方当事人在满足一定条件下有经济帮助请求权。有下列情形之一的，法院在分割财产时可以适当照顾，一方也可向对方请求经济帮助：单方抚养共同子女，确有生活困难；一方在同居家庭存续期间患有严重疾病尚未治愈的；其他原因造成一方无独立生活能力的。双方就经济帮助的数额、方式可以协商，协商不成则由法院依据双方的综合状况确定。经济帮助请求权应自同居家庭关系解除之日起一年内行使。经济帮助请求权消灭原因有：请求经济帮助的一方在同居家庭存续期间曾有严重不当行为，请求经济帮助的一方与他人结婚或形成其他伴侣家庭关系，时效期间届满。（3）遗产继承权利。同居家庭伴侣之间不可以相互继承遗产。在同居一方死亡时，另一方可以行使四项权利，即析产请求权、遗产酌给请求权①、受遗赠权②、住房和家具用品优先购买权③。

对外效力：（1）同居家庭存续期间的个人之债由个人承担，共同之债由双方共同承担连带责任。需要注意的是，同居家庭存续期间因共同生活而产生的债务由双方承担连带责任。"共同生活需要产生的债务"中的"共同生活需要"指在共同生活所必要的衣食住行、日常用品、合理医疗保健、正常文化娱乐等方面的支出，不包括住房贷款。（2）同居伴侣原则上不享有针对第三人的侵权损害赔偿请求权，但是双方有子女的情况下，存活方可代理未成年子女提起损害赔偿请求。目前越来越多的国家、地区承认因第三人侵权行为造成同居家庭伴侣死亡时，另一方有针对第三

---

①　我国《继承法》第14条规定："对继承人以外的依靠被继承人扶养的缺乏劳动能力又没有生活来源的人，或者继承人以外的对被继承人扶养较多的人，可以分给他们适当的遗产。"非婚同居伴侣可以作为"对被继承人扶养较多的人"请求酌给遗产的情形较多，少数情况下也可以作为"依靠被继承人扶养的缺乏劳动能力又没有生活来源的人"请求酌给遗产。从比较法上看，这样的遗产酌给制度似乎过于严格，需要继承法继续完善。

②　我国《继承法》第16条规定："公民可以立遗嘱将个人财产赠给国家、集体或者法定继承人以外的人。"如同居死亡方留有合法有效的遗嘱，且在遗嘱中将自己的财产赠给另一方，另一方当然可接受遗赠。

③　挪威立法中有类似规定，它既照顾了生存非婚同居者的权益，又没有侵占其他继承人的份额。

人的赔偿请求权。但我国还需要些时日解决"侵权法"与"同居家庭法"的融合贯通问题。[①]（3）同居伴侣可享有对共同居住房屋的优先承租权。从比较法上看，有许多国家立法规定"继续承租权"。[②] 在我国为了减少对出租人的苛刻条件，应该将"继续承租权"改为"优先承租权"比较合适，允许存活非承租人在同等条件下优先承租，而非必须可以继续承租。

（三）亲子关系

同样奉行"儿童最大利益优先原则"。（1）非婚生子女法律地位。同样取消"婚生"与"非婚生"的用词。婚姻法中的亲子关系推定与否认制度，同样应适用于同居家庭。同居家庭伴侣一方与另一方子女之间不成立继亲与继子女的关系。（2）收养。承认同居家庭伴侣的收养权。在符合收养条件时，同居伴侣单方可以收养子女，不允许以同居伴侣身份共同收养，因为同居家庭关系较为松散易解体，以"儿童最大利益优先原则"应不允许共同收养，从而区别于婚姻和登记伴侣家庭。（3）人工生育。立法初级阶段不宜作出关于同居家庭伴侣在人工生育方面的规定。

四　关系的终止

同居家庭关系终止。（1）如双方合意终止，并就财产分割、子女抚养等问题达成协议，双方同居家庭关系终止。（2）如单方想要终止关系，或双方合意终止关系，但就子女和财产等问题无法达成合意的，则需要诉讼解除关系。同样，民政机关的相关登记条例与民事诉讼法也应作出对应的调整。

此外，双方或单方死亡、登记结婚或登记伴侣家庭也是同居家庭关系终止的原因。

尽管同居家庭关系较为松散，但也是一种家庭形式，享受部分家庭成员权益，所以在同居家庭关系没有完全解除前，法律禁止双方与他人结婚、登记伴侣家庭等背信弃义行为。

---

① 王薇：《非婚同居法律制度比较研究》，人民出版社 2009 年版，第 455—456 页。

② 通过限制出租人的合同解除权，为非承租人一方非婚同居者提供了最基本的住房保障。

第三节　其他问题法律调整立法设计

一　其他类型伴侣家庭法律调整

（一）涉中性人家庭

在婚姻法、登记伴侣家庭法、同居家庭法中都强调"性别中立"，而不使用同性和异性或两性等表述，是因为"性别中立"词义更开放一些，给日后其他的性少数派（如跨性别、第三性别等）得到法律认可时留下空间，免去修法过于频繁的弊端，这是从北欧、加拿大等学到的立法经验。

前文我们已经探讨过，虽然目前对于涉中性人家庭法律几近空白，但是对中性人法律地位的认可是近年国际上的热点之一，澳大利亚、新西兰、尼泊尔、泰国、英国、印度、德国、美国等国家通过立法、法院裁定、行政管理、设立中性设施等方式认可中性人的法律地位或社会地位。由于跨性别或中性人是近年国外立法比较前沿的一个问题，从理论上讲赋予其法律上的认可，科学的法律关系主体定位是未来法律的趋势。我国可学习国外实践，在立法初级阶段先从出生证明、护照等领域尝试认可第三性别，未来如在家庭法上进入实质立法阶段可参照同性家庭做制度安排。

（二）非"性"联系家庭

中国同世界一样正处于人口老龄化加速发展的考验中。曾有专家预测：2030 年空巢老年家庭将占老年家庭的 90%。我国老龄办相关数据表明：我国 1/2 的老年家庭属于"空巢家庭"或"类空巢家庭"，空巢、独居老者近 1 亿人，这一数字会在 2030 年翻一番达 2 亿人。"失独""失偶"和"单户"问题导致的独居之殇成为我国沉重的现实问题。大量中年人在 50 岁上下就可能步入"空巢家庭"，假设依照中国 2015 年平均寿命 76.34 岁计算，"空巢家庭"会持续 20—30 年漫长的时间。无子女老人、与子女异城老人、与子女同城异居老人、老人独身户（丧偶、离异或未婚老人）、老年夫妇家庭等空巢和单户的家庭生活存在诸多困难。

所以实践中有部分人会与朋友、同事、亲属等搭伴，在物质、生活等方面相互照料，形成共济的生活共同体，这在国外比较常见，是当事人面对空巢家庭、单户家庭和人口老龄化时的自救行为。所以我国在该问题上也应该重视起来，不应该只把空巢问题当作国家和社会的责任，如果当事人之间能形成有效的共济体家庭，也许是最行之有效的解决问题之道。

实践当中，遗赠扶养协议在功能上部分与非性联系家庭重合。但非性联系家庭作为稳定的生活共同体家庭，与遗赠扶养协议还是有很大区别的。遗赠扶养协议的当事人之间不必然形成紧密的生活共同体，协议关注的焦点是扶养与遗赠，只要承担相应的扶养义务就可以，而不必要与被扶养人共同居住，也不必在经济、情感、生活方面形成共济。

我们认为稳定的非性联系伴侣家庭更有助于当事人实际问题的解决。在实际操作中，笔者主张主要以认可签订合法契约的方式调整，只要不违反法律强制性规定与公序良俗即合法有效。

二　婚姻、登记伴侣家庭、同居家庭三种模式间转换

原则上，几种伴侣家庭形式之间的转化，必须经过登记来实现。同居家庭向登记伴侣家庭转化，同居家庭向婚姻的转化，登记伴侣家庭向婚姻的转化，只要当事人自愿履行登记手续就可以。

但逆向的转变，婚姻向同居家庭的转化需要通过离婚程序。婚姻向登记伴侣家庭的转化原则上不可变更登记（因为二者法律效果类似，防止当事人通过这种转换，达到简易离婚目的），但是特殊情况可以变更登记，例如婚姻存续期间一方实施变性手术，通过双方合意可变更登记为登记伴侣家庭。登记伴侣家庭向同居家庭转化需要经过登记伴侣家庭关系解除程序。

有一个需要注意的问题就是，当婚姻中的一方变性的话，原来的婚姻应该是什么状态？目前我国司法审判中，当发生这种状况时，婚姻消灭，即使变性一方再婚，也不构成重婚。这种处理极为不妥，有失公允，类似于离婚，却缺少合意。登记伴侣法出台后，该如何衔接处理这一问题？我们认为即使变性，之前的财产关系和人身关系也不应"断崖式"随变性产生实质性改变，以避免产生过于震动的变化，法院应该催促当事人尽快就之前的人身与财产关系作出处理，在婚姻关系方面应采用离婚程序。如果将这种变性后家庭关系自动转为登记伴侣家庭关系的话，是否合适？需要再深入探讨。

三　伴侣家庭法律调整方式鼓励家事契约

鼓励签订家事契约的目的是让家庭伴侣或者配偶自治权发挥作用，以

弥补法律保护不周延带来的漏洞。

　　首先需要明确，我们统筹设计下的同居伴侣、登记伴侣与配偶关系究竟存在哪些差异？差异如表 5-1 所示。

表 5-1　　　　　　同居伴侣、登记伴侣与配偶关系主要差异

	同居伴侣	登记伴侣	配偶	备注
夫妻忠实义务	×	√	√	同居伴侣可约定
自愿	√	√	√	
年龄限制	√	√	√	
登记	×	√	√	登记伴侣中的事实伴侣不需登记
平等	√	√	√	
姓名权	√	√	√	
共同财产制	√	√	√	同居伴侣是按份共有，约定优先
扶养的义务	×	√	√	同居伴侣可约定
继承权	×	√	√	同居伴侣有析产请求权、遗产酌给请求权、受遗赠权、住房和家具用品优先购买权。可约定
债务共同偿还	×	√	√	同居伴侣可约定
离婚/解除关系登记	×	√	√	登记伴侣中的事实伴侣也需登记解除
保护军婚	×	×	√	
继子女关系	×	√	√	同居伴侣可约定
共同收养	×	√	√	同居伴侣可以单独收养
法定代理权	×√	√	√	同居伴侣也有一定的日常家事代理权，诉讼代理除外。可约定
人身投保权	×	√	√	同居伴侣可约定
器官捐献权	√	√	√	同居伴侣也应允许器官捐献
死亡求偿权	×	√	√	同居伴侣可约定
回避义务	√	√	√	同居伴侣也应在很多法律关系中适用回避
特定情况的社会保障	√	√	√	同居伴侣可享受公共机构或者是单位给予配偶或家庭成员的部分待遇，如探病、探监、购物和旅行的优惠等
强制戒毒探视权	√	√	√	举证证明为"同居伴侣"则可以

　　我国法律对于结婚的夫妻赋予了相互间较多的权利，同时也赋予了较多的限制，体现了权利义务相一致的原则。同居关系虽然看起来权利比较少，但相对也自由，而且大部分都可以通过家事协议调整得跟夫妻关系一

致，以期符合当事人的真实意思。

关于家事契约的专项研究是十分复杂的，这也是日后笔者将继续深入研究的，篇幅所限，本书就不作更为细致的论述了。

四 伴侣家庭冲突法

婚姻家庭法由于地域性差异，在很多具体规定上差异巨大，然而人类世界正伴随全球化过程实现全方位联系。若干世纪以来，交通科技的发达极大地方便了各国公民的交往，跨国婚姻的数量急剧增多，传统的婚姻、家庭冲突法已无法处理跨国婚姻家庭关系。新的国际伴侣家庭多元化趋势对传统婚姻、家庭冲突法提出了更高要求。经过对域外伴侣家庭冲突法的梳理，我们发现由于政治、经济、文化等差异，国家地区间对涉外伴侣家庭的具体规定也各不相同。

我国正在加快的国际化脚步使中国与其他国家和地区交流更为紧密，跨国或涉外婚姻数量急剧增多。身处新型伴侣家庭立法的世界潮流中，导致我国在现实中遇到了诸多法律冲突问题。然而我国在涉外婚姻、家庭法律方面有很多规定不明确、不完善的地方。[①]《国际私法示范法》的面世也未能完全弥补《民法通则》及其司法解释在婚姻冲突法上的不足。这与世界人口流动和中国开放的发展现状十分不符。

在我国伴侣家庭立法设计时也应该考虑对伴侣家庭冲突法的及时完善。伴侣家庭冲突法问题可能还是要以涉外婚姻、家庭法律的完善为基础，伴侣家庭冲突法基本规定中的形式条件与实质条件都可以参照涉外婚姻、家庭法律。

除了参考符合涉外婚姻、家庭法律，伴侣家庭冲突法方面的法律规定需要注意以下几方面：（1）伴侣中至少一方必须是中国公民和中国居民；（2）双方当事人必须已经在中国居住四年；[②]（3）有任何其他类似注册伴侣关系的法律的国家，该国公民的伴侣关系在我国予以承认，享有与我国公民一样的待遇；（4）外国人在国外登记的同性婚姻在我国无效，但

---

① 参见《民法通则》第142条、第146条、第147条、第148条、第150条等，《涉外民事法律关系适用法》第21条、第22条，《中国公民同外国人办理结婚登记的几项规定》等。

② 《外国人在中国永久居留审批管理办法》规定，"已连续任职满四年、四年内在中国居留累计不少于三年且纳税记录良好的"，才可以提出永久居留申请，但是必须"在中国担任副总经理、副厂长等职务以上或者具有副教授、副研究员等副高级职称以上以及享受同等待遇"。

可享受登记伴侣待遇。不得在我国成立其他类型伴侣家庭，不得违反"一人一伴侣"原则等。在国外有固定伴侣，如果在中国登记新的伴侣关系或形成新的事实伴侣关系，为法律禁止；（5）中国公民在国外登记的同性婚姻在国内无效。

绝大多数国家在本国登记伴侣关系都有居住权方面的限制，但是在葡萄牙、荷兰登记民事结合时，在加拿大登记同性婚姻时，外国国籍的同性伴侣不需要居留权限制，这不适合我国。

五　伴侣家庭立法进程

我国伴侣家庭体系的立法进程不应操之过急和冒进。一步一台阶需要时间的逐步推进，可能会需要若干年，但伴侣家庭未来的发展趋势一直在前方，只待立法一步一步地稳妥走过去。

第一，登记伴侣家庭与同居家庭两种制度都有立法的紧迫性，但笔者认为登记伴侣家庭可以先进入立法进程，这部分人群需要法律保护，却没有得到法律保护。同居家庭在法律上应该给予规范，但基于对当事人意识自由的考虑，其立法的紧迫性并没有登记伴侣家庭群体那样强烈，而且其立法内容主要倾向于鼓励当事人签订同居协议，鼓励当事人自治。"性别中立"的表述就已经为日后其他性少数群体入法做了准备，减少了立法障碍，降低了修法概率。

第二，立法过渡阶段鼓励各种新型伴侣们签订伴侣契约。制订伴侣家庭范式合同，并探索范式合同推广途径。

第三，走循序渐进的立法进程，同性问题在国际上涉及人权冷战阵营问题，不适宜同性婚姻合法，更不适宜对现实问题不回应。国内经济文化由于幅员辽阔而差异悬殊，考察大众接纳度时不能取高值、低值或平均值。目前大面积同性伴侣家庭制度合法化并不适宜，可效仿国外选择上海或深圳一个区做试点，对现实需求做回应。

第四，不强迫军队、宗教等特殊领域对同性家庭的认可，由其自身系统作出价值选择。

第五，值我国民法典编纂之际，可选择在民法典的"婚姻家庭编"中设专章对伴侣家庭做回应，也可制定单行法，并且做好与民法典各部分的融合与衔接。

结　论

　　人类的发展是伴随社会发展而成长完善的，寻找现代化婚姻、家庭模式，既是人类的发展需要，也是社会的发展需要。挖掘婚姻、家庭发展规律，有助于立法者更有效地统筹、设计各种伴侣家庭制度。[①]"伴侣家庭"类型化位阶概念体系厘定于国内可以总结既有，并演进新知。方便家事法律文献研究时的鸟瞰，推动类婚姻伴侣合法权益得到救济。推进家事法发展。也期盼得到国内外研究者们的回应与批判，从而完善本书，为将来婚姻、家庭领域或可出现的立法、司法实践难题做理论上的储存、铺垫。有效解决家事法的发展困惑，促进家事制度结构的平稳演进。最终实现国家、社会对"家庭"单位的管控。

　　第一，法律调整性别中立的登记伴侣家庭，适用于异性、同性伴侣等，作为事实婚姻和同性婚姻的替代制度，权利、义务配置几乎等于婚姻，立法可参照婚姻制度构架与法条设计。同性在收养子女方面需谨慎。

　　第二，法律调整性别中立的同居家庭，适用于异性、同性伴侣等，尊重同居家庭适度自由原则，给予底线规制，权利、义务配置少于婚姻。同居家庭不要求登记。不强制登记是衡平公正与限度自由，但要承担相应风险，例如举证风险。鼓励同居伴侣签订同居契约。

　　第三，立法进程要循序渐进。首先，登记伴侣家庭与同居家庭两种制度都有立法的紧迫性，但笔者认为登记伴侣家庭可以先进入立法进程，这部分人群需要法律保护，却没有得到法律保护。同居家庭在法律上应该给予规范，但基于对当事人意识自由的考虑，其立法的紧迫性并没有民事伴侣群体那样强烈，而且其立法内容主要倾向于鼓励当事人签订同居协议，

---

　　① 刘蓓：《以法的本质为起点对法学研究步骤及内容之管见》，《延边大学学报》（社会科学版）2017年第7期。

鼓励当事人自治。其次，立法过渡阶段鼓励各种新型伴侣们签订伴侣契约。再次，走循序渐进的立法进程，同性问题在国际上涉及人权冷战阵营问题，不适宜同性婚姻合法，更不适宜对现实问题不回应。国内经济文化由于幅员辽阔而差异悬殊，考察大众接纳度时不能取高值、低值或平均值。目前大面积同性伴侣家庭制度合法化并不适宜，可效仿国外选择上海或深圳一个区做试点，对现实需求做回应。最后，正值我国民法典编纂之际，可选择在民法典的"婚姻家庭编"中设专章对伴侣家庭做回应，也可制定单行法。并且做好与民法典各部分的融合与衔接。

第四，"伴侣家庭"调整方式可尝试倚重契约性调整。家事法的立法理念正发生重大转变，立法重心由人身关系转移到财产关系，利益衡量由共同利益向个体利益倾斜，立法基调从强调管制转向尊重私权，价值追求从形式平等转向实质平等。家事契约概念是伴随类婚姻诞生的概念，目前存有婚姻契约、同居协议。家事契约是未来调整家事关系的重要手段，况且类婚姻入法尚需时日，作为现实的选择，类婚姻契约是直接有效的手段，但研究者必须给出类婚姻契约范式合同以引导公众。

第五，关于国内外"伴侣家庭"类型化法律调整现状、共性规律、类型谱的系统梳理是经过大量信息的处理、整合和归纳的研究工作来完成的。其本身对于相关研究也是一种学术供给。

参考文献

一 论文

[新西兰] 比尔·阿特金:《让家庭来决定:新西兰对家庭问题的新探讨》,郭伟译,《环球法律评论》1992年第2期。

陈苇、谢京杰:《论"儿童利益最大优先原则"在我国的确立——兼论〈婚姻法〉等相关法律的不足及其完善》,《法商研究》2005年第5期。

陈苇、王薇:《我国设立非婚同居法的社会基础及制度构想》,《甘肃社会科学》2008年第1期。

陈苇、王歌雅:《改革开放三十年中国继承法制建设回顾与展望》,《杭州师范大学学报》(社会科学版)2009年第5期。

蔡华:《婚姻制度是人类生存的绝对必要条件吗?》,《广西民族学院学报哲学社会科学版》2003年第1期。

陈一筠:《同居关系会替代婚姻吗——美国的最新研究报告》,《国外社会科学》1999年第1期。

方乐:《法律实践如何面对"家庭"》,《法制与社会发展》2011年第4期。

方朝晖:《法治中国同样需要礼教文明重建——从中西方制度文明的比较展开》,《人民论坛·学术前沿》2014年第11期。

何丽新:《论事实婚姻与非婚同居的二元化规制》,《比较法研究》2009年第2期。

蒋月:《改革开放三十年中国离婚法研究回顾与展望》,《法学家》2009年第1期。

李洪祥:《亲属法规则财产法化趋向论》,《求是学刊》2016年第4期。

李洪祥：《论我国民法典立法之亲属法体系构建的价值取向》，《社会科学战线》2016 年第 12 期。

李洪祥：《我国亲属法应当回归未来民法典》，《吉林大学社会科学学报》2011 年第 3 期。

林菊枝：《论美国婚姻法上之同居关系及其合同契约》，载《亲属法专题研究》（二），台北五南图书出版公司 1997 年版。

黎尔平：《同性恋权利：特殊人权还是普遍人权——兼论大赦国际对同性恋权利的保护》，《法学杂志》2005 年第 10 期。

刘卫国：《论涉外非婚同居的"自体法"》，《湖北社会科学》2006 年第 9 期。

马忆南：《中国婚姻家庭法的传统与现代化———写在婚姻法修改之际》，《北京大学学报》（哲学社会科学版）2001 年第 1 期。

马忆南：《婚姻家庭法领域的个人自由与国家干预》，《文化纵横》2011 年第 1 期。

马忆南、邓丽：《当代英美家庭法的新发展与新思潮》，《法学论坛》2011 年第 2 期。

孟令志：《同居制度之立法研究》，《法学》2001 年第 1 期。

［德］M. 克斯特尔：《欧洲同性恋立法动态的比较考察》，邓建中译，《比较法研究》2004 年第 2 期。

［南］佩特·沙切维奇：《婚姻外的同居关系：南斯拉夫的经验》，谢怀栻译，《法学译丛》1983 年第 2 期。

秦志远：《"反射性"立法中的非婚同居域外法规制》，《河北法学》2006 年第 5 期。

钱叶卫：《非婚同居性行为损害赔偿问题研究》，《中华女子学院学报》2009 年第 3 期。

孙涛：《性或非性之民事契约——二人世界共同生活制度的另类演化》，载葛洪义主编《法律方法与法律思维第 2 辑》，中国政法大学出版社 2003 年版。

孙建江、吴亚晖：《民事结合制度对传统婚姻家庭制度的冲击》，《法学》2005 年第 10 期。

巫昌祯、夏吟兰：《改革开放三十年中国婚姻立法之嬗变》，《中华女子学院学报》2009 年第 2 期。

王歌雅:《中国婚姻法:制度建构与价值探究之间———婚姻法与改革开放三十年》,《中华女子学院学报》2009 年第 5 期。

王旭霞:《多层次家庭规制体系之一———非婚同居的历史考察及重构》,《州大学学报》2009 年第 2 期。

王波:《解析美国的同性恋政治》,《世界知识》2012 年第 3 期。

魏清沂:《不婚同居的法理学分析》,《甘肃政法学院学报》2005 年第 1 期。

夏吟兰、何俊萍:《现代大陆法系亲属法之发展变革》,《法学论坛》2011 年第 2 期。

夏吟兰:《事实婚姻的承认与保护》,《中国妇女报》2001 年第 1 期。

徐国栋:《〈色民法典草案〉人身法二题》,《福建师范大学学报》2005 年第 1 期。

徐国栋:《家庭、国家和方法论:现代学者对摩尔根、恩格斯———对〈古代社会〉、〈家庭、私有制和国家的起源〉之批评百年综述》,《外国法制史研究》2002 年第 00 期。

薛凝兰:《一夫一妻制是人类社会的文明选择——学习恩格斯〈家庭、私有制和国家的起源〉札记》,载"中国社会科学院党校第 33 期进修班中国社会科学院党校办公室赴广西壮族自治区边境地区国情调研文集"(第 6 集),2009 年 1 月。

熊金才:《同性结合法律认可之法社会学分析》,《甘肃政法学院学报》2010 年第 5 期。

熊金才:《民事伴侣关系法律认可的现状及其立法模式》,《河北法学》2007 年第 5 期。

熊金才:《他国民事伴侣关系效力之中国认可与公共秩序保留》,《太平洋学报》2008 年第 4 期。

熊金才:《同性伴侣关系法律认可立法模式比较——以英国〈民事伴侣关系法〉及加拿大〈民事婚姻法〉为例》,《太平洋学报》2007 年第 7 期。

杨立新:《论准婚姻关系》,《中州学刊》2005 年第 6 期。

杨立新:《完善我国亲属法律制度的六个基本问题》,《浙江工商大学学报》2008 年第 6 期。

苑国华:《论"实利婚姻"——以韦斯特马克的〈人类婚姻史〉为

例》，《长春工业大学学报》2006 年第 1 期。

张文显：《人权保障与司法文明》，《中国法律评论》2014 年第 2 期。

张学军：《事实婚姻的效力》，《法学研究》2002 年第 1 期。

张民安：《非婚同居在同居配偶间的法律效力》，《中山大学学报》1999 年第 2 期。

Acobe Jill, "NSW Law Reform Commission Discussion Paper on Property and Domestic Relationships", *Australian Journal of Family Law*, Vol. 16, July 2002.

Andrew J. Cherlin, "The Deinstitutionalization of American Marriage", *Journal of Marriage and Family*, Vol. 66, No. 4, 2004.

Anne Barlow and Grace James, "Regulating Marriage and Cohabitation in 21st Century Britain", *The Modern Law Review*, Vol. 67, No. 2, 2004.

Anne Barlow, "Regulation of Cohabitation, Changing Family Policies and Social Attitudes: A Discussion of Britain within Europe", *Law & Policy*, Vol. 26, No. 1, 2004.

Anne-Marie Hutchinson, "The European Picture of Cohabitation", *International Family Law*, Nov. 2001.

Bill Atkin, "The Rights of Married and Unmarried Couples Radical New Laws on Property and Succession", *Child and Family Law*, Vol. 15, No. 2, 2003.

Brian A. Schnurr, "Claims by Common Law Spouse and Same-sex Partners against Estates", *Estate and Trusts Journal*, Vol. 16, 1996.

Claude Martin and Eirne Thery, "The PACS and Marriage and Cohabitation in France", *International Journal of Law Policy and the Family*, Vol. 15, Issue 1, 2001.

Claudina Richards, "The Legal Recognition of Same-Sex Couples-The French Perspective", *International and Comparative Law Quarterly*, Vol. 51, No. 2, 2002.

Constanza Tobio, "Marriage, Cohabitation and the Residential Independence of Young People in Spain", *International Journal of Law Policy and the Family*, Vol. 15, Issue 1, 2001.

Craig A. Bowman and Blake M. Cornish, "A More Perfect Union: A Legal and Social Analysis of Domestic Partnership Ordinces", *Columbia Law Review*, Vol. 92, 1992.

Cynthia Grant Bowman, "Legal Treatment of Cohabitation in the United States", *Law & Policy*, Vol. 26, No. 1, 2004.

David Bradley, "Politics, Culture and Family Law in Finland: Comparative Approaches to the Institution of Marriage", *International Journal of Law, Policy and the Family*, Vol. 12, 1998.

Eva Steiner, "The Spirit of the New French Registered Partnership Law-Promoting Quarterly, Autonomy and Pluralism or Weakening Marriage?", *Child and Family Law*, Vol. 1, No. 1, 2000.

二　著作

［加］伊丽莎白·阿伯特：《婚姻史》，孙璐译，中央编译出版局2014年版。

［英］F. R. 艾略特：《家庭变革还是继续?》，何世念等译，中国人民大学出版社1992年版。

［英］克莱尔·奥维、罗宾·怀特：《欧洲人权法原则与判例》，何志鹏、孙璐译，北京大学出版社2006年版。

［南］米兰·波萨纳茨：《非婚姻家庭》，张大本译，中国社会科学出版1990年版。

［美］理查德·A. 波斯纳：《超越法律》，苏力译，中国政法大学出版社2001年版。

［美］理查德·A. 波斯纳：《性与理性》，苏力译，中国政法大学出版社2002年版。

［美］E. 博登海默：《法理学：法律哲学与法律方法》，邓正来译，中国政法大学出版社2004年版。

［美］加里·斯坦利·贝克尔：《家庭论》，王献生、王宇译，商务印书馆2005年版。

［美］加里·斯坦利·贝克尔：《人类行为的经济分析》，陈琪、王业宇译，上海三联书店1993年版。

陈苇：《中国婚姻家庭法立法研究》，群众出版社2010年版。

陈苇：《外国婚姻家庭法比较研究》，群众出版社2006年版。

陈苇：《家事法研究》，群众出版社 2006 年版。

陈礼勇：《中国同性恋调查》，香港天马图书有限公司 2003 年版。

[德] K. 茨威格特、H. 克茨：《比较法总论》，潘汉典等译，法律出版社 2003 年版。

[德] 恩格斯：《家庭、私有制和国家的起源》，中共中央著作编译局编译，人民出版社 1999 年版。

丁文：《家庭学》，山东人民出版社 1997 年版。

董云虎：《人权大宪章》，中共中央党校出版社 2010 年版。

但淑华：《我国非婚同居的二元法律规制研究》，法律出版社 2007 年版。

[美] 西斯·福山：《大分裂：人类本性与社会秩序的重建》，刘榜离等译，中国社会科学出版社 2002 年版。

付红梅：《天伦之变：中国婚姻伦理的历史变迁和未来走向》，中国人口出版社 2008 年版。

黄茂荣：《法学方法与现代民法》，法律出版社 2007 年版。

何丽新：《我国非婚同居立法规制研究》，法律出版社 2010 年版。

[德] 黑格尔：《法哲学原理》，范扬、张企泰译，商务印书馆 1961 年版。

[美] 马克·赫特尔：《变动中的家庭——跨文化的透视》，宋践、李茹等译，浙江人民出版社 1988 年版。

蒋月：《婚姻家庭法前沿导论》，科学出版社 2007 年版。

蒋月：《婚姻家庭法：案例评析与问题研究》，中国法制出版社 2009 年版。

焦燕：《婚姻冲突法问题研究》，法律出版社 2007 年版。

[法] 热内·居伊昂：《性与道德》，李迈等译，国际文化出版公司 1998 年版。

[英] 安东尼·吉东斯：《亲密关系的变革》，陈永国、汪民安等译，社会科学文献出版社 2001 年版。

林耀华：《中国大百科全书·民族卷》，中国大百科全书出版社 1992 年版。

[英] 马特·里德利：《性别的历史》，刘茉译，商务印书馆 2014 年版。

［美］葛尔·罗宾等：《酷儿理论西方 90 年代性思潮》，李银河译，时事出版社 2000 年版。

［美］路易斯·亨利·摩尔根：《古代社会》（上），杨东莼等译，商务印书馆 2012 年版。

［德］马克思：《摩尔根〈古代社会〉一书摘要》，中国科学院历史研究所翻译组编，人民出版社 1965 年版。

［奥］迈克尔·米特罗尔、雷音哈德·西德尔：《欧洲家庭史：中世纪至今的父权制到伙伴关系》，赵世玲、赵世瑜译，华夏出版社 1991 年版。

［英］巴里·尼古拉斯：《罗马法概论》，黄风译，法律出版社 2004 年版。

［美］道格拉斯·诺斯：《制度与制度变迁与经济绩效》，杭行译，格致出版社 2014 年版。

［加］切尔：《家庭生活的社会学》，彭铟旎译，中华书局 2005 年版。

史尚宽：《亲属法论》，中国政法大学出版社 2000 年版。

裔昭印：《西方妇女史》，商务印书馆 2009 年版。

［美］凯特·斯丹德利：《家庭法》，屈广清译，中国政法大学出版社 2004 年版。

［德］迪特尔·施瓦布：《德国家庭法》，王葆莳译，法律出版社 2010 年版。

［日］上野千鹤子：《近代家庭的形成和终结》，吴咏梅译，商务印书馆 2004 年版。

［法］弗洛朗斯·塔玛涅：《欧洲同性恋史——柏林、伦敦、巴黎 1919—1939》，周莽译，商务印书馆 2014 年版。

巫昌祯、扬大文：《走向 21 世纪的中国婚姻家庭》，吉林人民出版社 1995 年版。

巫昌祯、夏吟兰编：《婚姻法执行状况调查》，中央文献出版社 2004 年版。

王礼仁：《婚姻诉讼前沿理论与审判实务》，人民法院出版社 2009 年版。

王薇：《非婚同居法律制度比较研究》，人民出版社 2009 年版。

王森波：《同性婚姻法律问题研究》，法律出版社 2012 年版。

王洪：《从身份到契约》，法律出版社 2009 年版。

［芬兰］E. A. 韦斯特马克：《人类婚姻史》（第一、二、三卷），李彬、李毅夫等译，商务印书馆 2015 年版。

［日］我妻荣、有泉亨：《日本民法亲属法》，夏玉芝译，工商出版社 1996 年版。

夏吟兰：《美国现代婚姻家庭制度》，中国政法大学出版社 2001 年版。

熊金才：《同性结合法律认可研究》，法律出版社 2010 年版。

李银河：《同性恋亚文化》，内蒙古大学出版社 2009 年版。

杨遂全：《婚姻家庭法新论》，法律出版社 2003 年版。

杨遂全：《第三人侵害婚姻家庭的认定与处理》，法律出版社 2001 年版。

杨遂全：《中国之路与中国民法典：不能忽视的 100 个现实问题》，法律出版社 2005 年版。

杨堃：《原始社会发展史》，北京师范大学出版社 1986 年版。

［日］野野山久也：《美国的离婚、再婚和同居》，杜大宁等译，新华出版社 1989 年版。

周枏：《罗马法原论》（上册），商务印书馆 1994 年版。

张栓林：《亚文化现象：关于"同性恋"的学术探讨》，线装书局 2013 年版。

郑也夫：《文明是副产品》，中信出版社 2015 年版。

A. Booth and A. C. Crouter, *Just Living Together*: *Implications of Cohabitation on Families*, *Children*, *and Social Policy*, *Mahwah*, NJ：Erlbaum, 2002.

Altaman Dennis, *Homosexual*: *Oppression and Liberation*, New York：New York University Press, 1972.

David M Halperin, *One Hundred Years Of Homosexuality*, London：Routledge, 1989.

Stevi Jackson and Sue Scott, *Feminist and Sexuality*: *a Reader*, New York：Columbia University Press, 1996.

H. Moors and R. Palomba, *Population*, *Family*, *and Welfare*, Oxford：Clarendon Press, 1995.

Sherry B. Ortner and Harriet Whiteheads, *Sexual Meanings：The Cultural Construction of Gender and Sexuality*, Cambridge：Cambridge University Press，1981.

Probert Rebecca，*Gretney's Family Law*（5th Edition），London：Sweet & Maxwell，2003.

McRae. S.，*Cohabiting Mothers*，London：Policy Studies Institutes，1993.

Lawrence Stone，The *Family*，*Sex and Marriage in England* 1500－1800，New York：Harper & Rows Press，1979.

Richard Troiden，*Gay and Lesbian Identity：A Sociological Analysis*，New York：General Hall，1988.

Jeffrey Weeks，*Sex*，*Politics and Society：the Regulation of Sexuality since* 1800，London：Longmans，1989.

Wu Z.，*Cohabitation：An Alternative Form of Family Living*，Oxford：Oxford University Press，2000.

Richard Wall，*Family Forms in Historic Europe*，Cambridge：Cambridge University Press，1983.

三 学位论文类

方砚：《近代以来中国婚姻立法的移植与本土化》，博士学位论文，华东政法大学，2014年。

马钰凤：《同性结合者家庭权法律保护研究》，博士学位论文，西南政法大学，2013年。

秦志远：《非婚同居法律规制比较研究》，硕士学位论文，西南政法大学，2005年。

朱丽娟：《当代婚姻家庭制度演变的观念基础》，博士学位论文，吉林大学，2011年。

张德坤：《南非婚姻法律制度研究》，硕士学位论文，湘潭大学，2012年。

四 法律法规类

1. 中国法

《中华人民共和国宪法》（2004年修正）

《中华人民共和国民法通则》（1987 年施行）

《中华人民共和国收养法》（1998 年修正）

《关于贯彻执行〈中华人民共和国收养法〉若干问题的意见》（2000 年生效）

《中华人民共和国婚姻法》（2001 年修正）

最高人民法院《关于适用〈中华人民共和国婚姻法〉若干问题的解释（一）》（2001 年施行）

最高人民法院《关于适用〈中华人民共和国婚姻法〉若干问题的解释（二）》（2004 年施行）

最高人民法院《关于适用〈中华人民共和国婚姻法〉若干问题的解释（三）》（2011 年施行）

《中华人民共和国继承法》（1985 年施行）

《最高人民法院关于贯彻执行〈中华人民共和国继承法〉若干问题的意见》（1985 年颁布）

《中华人民共和国妇女权益保障法》（2005 年修正）

《计划生育技术服务管理条例》（2004 年修改）

《中华人民共和国人口与计划生育法》（2002 年施行）

《人类辅助生殖技术管理办法》（2001 年施行）

《人类精子库管理办法》（2001 年施行）

《人类辅助生殖技术规范》（2003 年修订）

《人类精子库基本标准和技术规范》（2003 年修订）

2. 外国法

《德国民法典》（第 3 版），陈卫佐译注，法律出版社 2010 年版。

《法国民法典》，罗结珍译，北京大学出版社 2010 年版。

Act on the Children and Parents Code 1949 (reprinted in Swedish Code of Statutes 1995).

Acts Amendment (Lesbian and Gay Law Reform) Bill, Australia, 2001.

Adoption Act, Tasmania, Australia, 1988.

Artificial Conception Act, Australia, 1985.

Civil Marriage Act, Canada, 2005.

Cohabitees (Joint Homes) Act (Swedish Code of Statues 2003).

Danish Executive Order on Adoption, 2009.

Danish Executive Order on Approval of Adopters, 2009.

Divorce Act, Canada, 2005.

Dutch Civil Code, 1999.

Family Law Act, Australia, 1975.

Family Law, UK, 1996.

Human Reproductive Technology Act, Australia, 1991.

HumanFertilisation and Embryology Act, UK, 2008.

Inheritance Code (reprinted in Swedish Code of Statutes 1981).

Interpretation Act, Australia, 1984.

LOI no 99-944 du 15 novembre 1999 relative au pacte civil de solidarité (1).

Marriage Code, Sweden, 1987.

Marriage Equality Act, Massachusetts, 2011.

Marriage Equality Act, New York, 2011.

Marriage for Civil Purposes Act, Canada, 2005.

New York Code, Domestic Relations, http: //codes. lp. findlaw. com/ny-code/ DOM.

Registered Partnership Act (Swedish Code of Statues 1994).

Relationship Act, Tasmania, Australia, 2003.

Social Security Contributions and Benefits Act, UK, 1992.

Spanish Civil Code, 2005.

The Administration of Justice Act, UK, 1982.

The Adoption Act, Saskatchewan, Canada, 1998.

The Danish Adoption (Consolidation) Act, 2004.

The Danish Adoption (Consolidation) Act, 2004.

The Formation and Dissolution of Marriage Act, Denmark, 1999.

The Inheritance (Provision for Family and the Dependents), UK, 1975.

The Vermont Statutes, Adoption Act, http: //www. leg. state. vt. us/stat-utesmain. cfm.

The Vermont Statutes, Domestic Relations, http: //www. leg. state. vt. us/statutesmain. cfm.

The Family Code Of The Philippines.

附　录

世界"伴侣家庭"立法概况一览表

欧洲

国家	年份及说明	法律名称及合法化方式	适用对象	备注
1 丹麦	1968	《正式同居及其解除》	异性伴侣 同性伴侣	与婚姻等同，不能收养
	1989.10.1	《登记伴侣关系法》	同性伴侣	与婚姻等同，除收养、人工辅助生育外。1999年，同性伴侣可以领养他们配偶的子女，但当时还不能领养伴侣关系以外的小孩
	2012.6.7 通过 2012.6.12 御准 2012.6.15 生效	《同性婚姻法案》	同性伴侣	允许同性结婚
2 挪威	1993.4.30 颁布 1993.8.1 生效	《登记伴侣关系法》	同性伴侣	与婚姻等同，除收养、人工辅助生育外
	1999	《联合家庭法》	异性伴侣	持续两年以上的同居者将依法获得财产、社会保障等方面权利
	2008.6.18 通过 2009.1.1 生效	《中性婚姻法案》。	同性伴侣	同性结婚。允许同性伴侣共同收养小孩以及人工辅助生育
3 瑞典	1987	《联合家庭法》	异性伴侣 同性伴侣	可以依法获得财产、社会保障等方面权利。从1988年到2003年，瑞典有两部法律，一部给异性，一部给同性，后来合并为一部法律
	1994.6 通过 1995.1.1. 生效	《登记伴侣关系法》	同性伴侣	与婚姻等同。允许共同收养小孩，不允许人工辅助生育。2005年允许女同性恋伴侣人工授精
	2009.4.1 通过 2009.5.1 生效	《性别中立婚姻法案》	同性伴侣	允许同性结婚

续表

国家	年份及说明	法律名称及合法化方式	适用对象	备注
4 冰岛	1996.6 生效	《登记伴侣关系法》	同性伴侣	与婚姻等同，不允许收养、人工辅助生育
	2010.6.12 通过 2010.6.27 生效	同性婚姻的法律	同性伴侣	允许同性结婚
5 芬兰	2001.10 通过 2002.3.1 生效	《登记伴侣关系法》	同性伴侣	基本与婚姻等同，不允许领养孩子（北欧中最保守）
	2014.11 通过 2017.3 生效	《婚姻平等法案》	同性伴侣	允许同性结婚
6 荷兰	1997.12 通过 1998.1.1 生效	《登记伴侣关系法》	异性伴侣 同性伴侣	类似婚姻关系的同性或异性同居者登记为伴侣关系，承担类似婚姻的权利义务
	2000.12 通过 2001.4.1 生效	《开放婚姻法》	同性伴侣	允许同性结婚，可领养孩子，完全等同婚姻（可收养子女也是第一例）
7 比利时	1998	《建立法定同居关系法》	异性伴侣 同性伴侣	除分担生活费用和共同债务，以及家庭住宅等方面的法定义务外，由当事人约定
	2002.11. 通过 2003.1.3 生效	同性结婚法案	同性伴侣	允许同性结婚，不可以领养孩子
	2006.4	国会通过一项法案		准许已婚的同性伴侣领养小孩
8 法国	1999.10 通过 2000.1 生效	"紧密关系民事协议"（PACS）	异性伴侣 同性伴侣	除实际的帮助及对第三人的债务等少数法定效力外，由当事人约定权利义务。不允许同性伴侣收养小孩和人工辅助生育
		民法典		民法典：如不提交经登录在身份登记薄的婚姻证书，不得要求具有夫妻之名义及民事上婚姻之效果
	2013.4.23 通过 2013.5.17 颁布	《344 法案》	同性伴侣	允许同性伴侣拥有正式结婚和共同领养儿童的权利
9 卢森堡	2004.7 通过 2004.11 生效	民事伴侣关系法案（以法国 PACS 为标准制定）	异性伴侣 同性伴侣	获得社会福利和财务优惠等，不允许联名领养子女
	2014.6.1 通过 2015.1.1 生效	同性婚姻法案	同性伴侣	允许同性结婚和领养的权利
10 英国	2002	《收养和子女法》	异性伴侣 同性伴侣	允许形成长久关系的同性、异性同居伴侣收养子女

国家	年份及说明	法律名称及合法化方式	适用对象	备注
	2004 通过 2005.12.21 生效	《民事伴侣关系法》	同性伴侣	与婚姻等同
		《继承法（家属和受抚养者条例）》《家庭暴力与婚姻程序法》《死亡事故法》《家事诉讼和治安法院法》《住房条例》《法律改革法继承》《家庭法条例》等	异性伴侣 同性伴侣	无须登记，由法院认定（像夫妻一样同居 2 年以上）。继承、家庭暴力、家庭住宅、抚养等方面的权利
英格兰和威尔士地区	2013.7 通过 2014.3.2 生效	婚姻平权法案	同性伴侣	允许同性结婚，允许变性后继续保持婚姻关系
苏格兰	2014.2.4 通过 2014.12.1 生效	《婚姻和民事伴侣关系（苏格兰）法案》		
北爱尔兰地区		尚不认可同性婚姻		
11 爱尔兰	2010.7.1 通过 2011.1.1 生效 （与同性婚姻间隔仅 5 年）	《民事伴侣关系法案》	同性伴侣	与婚姻几乎相等，不允许收养子女。和英国一样也称为 Civil Parternership，但权利要少于英国的民事伴侣法
	2015.5.24 公投通过，世界上第一个通过全民公决把同性婚姻合法化	同性婚姻合法化	同性伴侣	允许同性结婚
12 西班牙	1998.6.30 加泰罗尼亚自治区	《稳定伴侣结合法》	异性伴侣 同性伴侣	异性同居需 2 年或有子女，有契约，登记。规定了收养权、无遗嘱继承权以及少量法定权利义务可由合同约定同性伴侣需登记。无收养权、遗嘱继承份额不同以及少量法定权利义务可由合同约定。部分地区允许收养子女

续表

国家	年份及说明	法律名称及合法化方式	适用对象	备注
	1999.3.12 阿拉贡省	《非婚姻的伴侣法》	异性伴侣同性伴侣	异性同居需 2 年或有子女,有契约,登记。规定了收养权、无遗嘱继承权以及少量法定权利义务可由合同约定同性伴侣需登记。无收养权、遗嘱继承份额不同以及少量法定权利义务可由合同约定。部分地区允许收养子女
	一些城市或地区(如马德里)		异性伴侣同性伴侣	成立与终止均需登记,无实质性权利义务,仅在行政或司法程序中作为伴侣共同生活的证据
	2005.6.3 通过2005.7.2 生效	同性婚姻合法化议案	同性伴侣	允许同性结婚,允许领养子女
13 葡萄牙	2010.2.1 通过2010.3.1 宪法法院认定合宪2010.5.1 生效(一步到位同性婚姻)	同性结婚法案	同性伴侣	享受除了收养之外的其他所有民事权利和福利
	2015.11.21 葡萄牙议会批准	允许同性伴侣收养儿童	同性伴侣	之前世界上共有 23 个国家通过相关法案,这些国家主要分布在欧洲
14 摩纳哥		不保护同性结合		阿塞拜疆、俄罗斯、亚美尼亚、乌克兰和摩纳哥等国是同性结合支持率排名最低的国家
15 德国	1998	《德国民法典》第 1310 条第 3 项事实婚姻	异性伴侣同性伴侣	民法典第 1310 条第 3 项:户籍官员已接受婚姻双方的一项家庭法上的、以存在婚姻为其生效前提的声明,且婚姻双方已为此而被颁发一份在法律上有规定的证明,婚姻双方此后以夫妻身份共同生活 10 年或者共同生活至婚姻一方死亡——在此情形下至少共同生活 5 年,视为婚姻(原联邦德国婚姻法 17 条 2 款:男女双方共同生活 5 年或一方死亡前共同生活 3 年以上者,只要在同居期间无任何一方提出过无效之诉,该项婚姻视为自始有效)

续表

国家	年份及说明	法律名称及合法化方式	适用对象	备注
	2001.8.1	《生活伴侣登记法》	同性伴侣	与婚姻配偶等同，除税收和社会福利方面外（没有社会福利和社会保险）。注册同性伴侣享有财产继承权。后经过多年的修改，在税务、继承等方面已与夫妻基本相同，但不能共同收养小孩，只能单独收养
	2017.6.30	平等婚姻法案	同性伴侣	议会决议通过修改民法，对同性伴侣来说最大的进步就是能够共同收养小孩
16 瑞士	2007.1.1	民事结合法案	异性伴侣同性伴侣	保护纳税、社会保障和工作福利等方面的配偶待遇。不能收养小孩。不能用共同的姓、无共同的公民权、不能申请简易入籍。现在瑞士国民院通过了一项法律草案——与瑞士人登记伴侣关系的同性伴侣，也可以通过简化入籍程序入籍
	2018.1.1 实施	收养法	异性伴侣同性伴侣	注册的伴侣关系和事实婚姻中的一方，均可收养对方子女为继子女
17 捷克	2006.7.1	同性伴侣关系法案	同性伴侣	规定同性同居伴侣可以登记注册为民事伴侣关系，但只有周二和周四可以登记，其他时间是结婚登记时间
18 匈牙利	1959 实施 2009 年 10 月份修改的习惯法婚姻法	民法典关于习惯法婚姻的基本条款	异性伴侣	内容包括习惯法婚姻的定义，同居配偶的经济状况，同居配偶的抚养，同居配偶的继承权问题，习惯法婚姻与子女，习惯法婚姻的社会福利，同居配偶居所的使用等
	1996	同居伴侣关系法	异性伴侣同性伴侣	在同居期间享受部分社会福利，同居 10 年以上的伴侣一方死亡以后，另外一方可以享受政府发放的养老金

国家	年份及说明	法律名称及合法化方式	适用对象	备注
	2007.12.7 通过 2008.12 宪法法院废除 2009.2.12 新起草议案（立法过程波折）	民事结合《伴侣关系登记法》	同性伴侣	承认同性民事伴侣关系，但被禁止领养孩子和通过人工受孕生育子女 同性情侣和异性情侣均可通过在市政部门注册来确定他们的民事结合关系，除了收养权和姓名权之外，他们享受与异性恋婚姻基本等同的权利，包括税收优惠、健康保健、继承权、社会保险、养老金和共有财产的处分权。重新起草议案只适用于同性伴侣。但匈牙利禁止同性婚姻（保守宪法）
19 奥地利	2010.1.1	同性伴侣合法登记法案	同性伴侣	依法享有财产继承、社会福利、养老金、纳税方面的权利义务，无法领养子女
	2017.12.5 最高法院裁定	2019 年起可登记结婚	同性伴侣	最高法院称，对同性恋婚姻的限制最迟将在 2018 年年底前取消。法院当天还推翻了此前一项限制同性婚姻的法案，称其有歧视性
20 列支敦士登	2011.9.1	民事结合法案	同性伴侣	允许同性伴侣登记，并可以收养子女
21 意大利			异性伴侣	双方住在一起满三年，就可以视同配偶。非婚生子女，同样得到法律保护
	2016.5.11 通过（西欧、欧盟最后一个保障同性伴侣）	民事结合法案	同性伴侣	与异性婚姻具有同等权利。不允许收养同性伴侣亲生子女。成为欧洲第 27 个通过同性民事结合法案的国家，自此，西欧所有国家的同性伴侣关系均得到法律保障
22 马耳他	2014.4.1 通过	民事结合法案	同性伴侣	允许同性伴侣收养儿童，允许注册为"生活伴侣"，享有与异性配偶近似的权益（议会以 37 票支持，0 票反对通过法案，30 名反对派成员及马耳他国民党成员投了弃权票）。欧洲第 22 个承认同性结合的国家，也是欧洲第 10 个准许同性伴侣收养儿童的国家

续表

国家	年份及说明	法律名称及合法化方式	适用对象	备注
	2017.7.1 国会表决	同性婚姻法案	同性伴侣	欧盟最小国马耳他，成为欧盟第15个同性婚姻合法化成员国（绝大多数人信仰天主教，2011年才将离婚合法化，堕胎依然属非法行为）
23 以色列	2006	承认既有同性婚姻		立法反对性倾向歧视
24 希腊	2008	民事结合法案	异性伴侣	希腊在2008年通过法律允许异性形成这一协议，同性恋排除在外
	2015.12.22	民事结合法案	同性伴侣	不允许同性伴侣结婚或收养孩子，也并未在养老金、税收和医疗方面给他们同样的权益，同性恋权益活动者称，将争取完整权利
25 波兰				保守天主教国家，2015年，波兰天主教会给各教区传达过指示，不鼓励也不排斥同性恋。绝大部分教民仍排斥同性恋。立法反对性倾向歧视
26 安道尔	2005.3	《稳定伴侣法》	异性伴侣 同性伴侣	
27 梵蒂冈				教皇：应宽容同性恋
28 斯洛文尼亚	2006.7.23	同性伴侣登记	同性伴侣	不能享有税务、社会保障及医疗保险奖金的权益，其他与婚姻伴侣一致
	2015.3.3（中欧地区第一个同性婚姻合法化国家）	婚姻和收养权平等法案		以"两人结合，不分性别"定义婚姻，取代"一男一女结合"，给予两人领养小孩、继承遗产、税收优惠等法律权利
29 克罗地亚	2014.7.15	民事结合法案	同性伴侣	承认同性之间的同居关系，不予正式登记注册。宪法仍然表示保护同性伴侣的财产分割权、财产继承权、联合医疗保险权，与异性伴侣一视同仁
30 爱沙尼亚（东欧）	2014.10.9 通过 2016.1 生效（第一个立法承认同性伴侣关系的苏联加盟共和国）	民事结合法案	同性伴侣	允许同性伴侣登记为民事伙伴。宪法禁止同性结婚
31 俄罗斯			异性伴侣	事实婚姻退出历史舞台
		1993年承认同性恋不违法	同性伴侣	全国一直普遍反对赋予同性恋与异性恋相同的权利

续表

国家	年份及说明	法律名称及合法化方式	适用对象	备注
立陶宛、拉脱维亚、塞尔维亚、玻利维亚、乌克兰、斯洛伐克、马其顿、保加利亚、罗马尼亚、黑山、阿尔巴尼亚、波黑、科索沃地区等				立法反对性倾向歧视

美洲（多例靠法院裁定合法）

国家	年份及说明	法律名称及合法化方式	适用对象	备注
1 美国旧金山、纽约、西雅图等城市	1997	同居伴侣关系法令		对非婚同居者有条件地给以保护
美国夏威夷州	1997	《互惠法》	同性伴侣及部分异性	依法不能结婚的伴侣登记为互惠关系，从而获得继承、医疗等方面权利
美国新泽西州	2004.1	《家庭伴侣关系法》	同性伴侣及部分异性	同居伴侣依法享有所得税、医疗护理、健康保障等相关的权利
美国加利福尼亚州	2005.1.1	《家庭伴侣权利义务法》	同性伴侣及部分异性	除了不能合并申报个人所得税之外，享有与婚姻配偶等同的权利义务
			同性伴侣	美国概况 同性婚姻（16 州+1 特区） 马萨诸塞州 2004 康涅狄格州 2008 艾奥瓦州 2009 佛蒙特州 2009 新罕布什尔州 2010 华盛顿哥伦比亚特区 2010 纽约州 2011 华盛顿州 2012 缅因州 2012 马里兰州 2013 加利福尼亚州 2013 特拉华州 2013 罗得岛州 2013 明尼苏达州 2013 新泽西州 2013 夏威夷州 2013 伊利诺伊州 2014 民事结合（3 州） 内华达州 2009 俄勒冈州 2008 科罗拉多州 2013

续表

国家	年份及说明	法律名称及合法化方式	适用对象	备注
美国	2015.6.26 最高法院裁决	同性婚姻合法	同性伴侣	同性伴侣今后可在全美 50 个州注册结婚
	2017.6 最高法院裁决	一州承认同性伴侣在另一州做第二家长收养的效力	同性伴侣	绝大多数州都允许同性伴侣收养儿童
2 加拿大	1999 最高法院裁决		异性伴侣 同性伴侣	现行法律依据《宪章》，应该扩大对配偶的界定，"配偶"可以被使用在婚姻、异性同居、同性同居中，同性伴侣应享有同异性同居伴侣相同的权利
	2000	《C23 法案》	异性伴侣 同性伴侣	法案给予同性同居和异性同居同样法律地位，同居家庭开始包括同性同居
加拿大英美法系地区	2000	《遗嘱变更法》	异性伴侣 同性伴侣	继承、养老金、扶养等方面的权利（通常与婚姻有关的大部分的合法利益都已经从 1999 年起就被延伸至同居的同性伴侣）
加拿大大陆法系地区	2002 加拿大的魁北克省和新斯科舍省	《魁北克民法典》：民事结合	异性伴侣 同性伴侣	登记后可获得与婚姻等同的权利义务。《魁北克民法典》规定，魁北克地区有三种家庭结合形式：婚姻、事实结合与民事结合。但法律并没有对事实结合与民事结合的个体性别作出明细的规定
	2003 加拿大的安大略省和英属哥伦比亚省	同性婚姻法案	同性伴侣	2003 年 6 月 10 日，安大略上诉法院作出了一份立即将安大略的同性婚姻法化的裁决，因此安大略成为加拿大第一个实现同婚法制化的省
	2003 阿尔伯塔	成年人互相依存的情侣关系的法律	异性伴侣 同性伴侣	情侣关系为互相依存的成年人，提供特殊的经济利益，包括建立血缘关系。继亲收养于 1999 年被法制化，2007 年联合收养合法

续表

国家	年份及说明	法律名称及合法化方式	适用对象	备注
加拿大	2005.7.20 生效（5年内迅速升级同性婚姻）	《民事婚姻法案》（《C-38法案》）	同性伴侣	允许同性结婚，可收养。从 2003 年开始就已经有几个省陆陆续续以法院判决的方式实现了同婚法制化。在联邦承认同性婚姻之前，10 个省中间的 8 个省和 3 个自治区中的一个自治区已经以法院判决的方式采用了同性婚姻，这些地区的全体居民人数大概占了加拿大总人口的 90%
3 墨西哥科阿韦拉州	2007.1.11	民事结合	异性伴侣同性伴侣	类似于法国的公民契约法案
墨西哥城	2009.12.21 通过2010.3.4 生效2010.8.5 最高法院裁定合宪	同性婚姻法案	同性伴侣	异性、同性同居伴侣均可向法院申请禁制令，免受骚扰
	2010.8.10 最高法院裁定	同性婚姻必须在墨西哥全境被强制承认	同性伴侣	
4 阿根廷4 个司法管辖区	2002.12.13－2009	《民事结合法》	异性伴侣同性伴侣	同居双方可依法登记，但领养法只适用于异性稳定伴侣［布宜诺斯艾利斯的自治市（2002 年）、内格罗河省（2003 年）、卡洛斯帕斯市（2007 年）、里奥夸尔托市（2009 年）］
	2008.8.19	阿根廷政府宣布	异性伴侣同性伴侣	同居 4 年以上的同性伴侣有权领取已故伴侣养老金，这是非注册同居或同性伴侣的权利第一次在全国范围内被认可
	2015.8.1	《民事结合法》	异性伴侣同性伴侣	在全国范围内被法制化
	2010.7.1 通过2010.7.2 生效（少有的一步到位直接允许收养和人工辅助生育的国家）	同性结婚法案	同性伴侣	与婚姻平等权利，允许领养孩子。2012 年 7 月 27 日，布宜诺斯艾利斯的男同性伴侣 Alejandro Grinblat 和 Carlos Dermgerd 出生的孩子叫 Tobías，是其中一人亲生子，代孕所生。他成为阿根廷第一位出生证明上列入两名父亲的人

国家	年份及说明	法律名称及合法化方式	适用对象	备注
5 乌拉圭	2007.12.19 通过 2007.12.27 总统签署 2008.1.10 政府公报发布 2008.1.20 生效	民事伴侣关系法案	异性伴侣 同性伴侣	必须至少同居 5 年。进入民事结合的伴侣享有提供给已婚伴侣的大部分权利，包括社会保障权、遗产继承权和财产共有权。同性伴侣不能收养小孩。是拉丁美洲第一个在全国范围内实施民事结合法的国家
	2009.9.18 法案被总统签署成法律（拉美第一个同性可共同收养的国家）		同性伴侣	2008 年春由政府背书的允许同性伴侣收养小孩的法案在国会中进行讨论，时任总统巴斯克斯支持，但天主教会强烈反对。2009 年 8 月 27 日众议院以 40 比 13 票通过法案，参议院以 17 比 6 的票通过。2009 年 9 月 18 日法案被总统签署成法律
	2013.4.10 通过	《平等婚姻法》	同性伴侣	允许同性伴侣与异性伴侣一样享有赡养费、继承权、退休金等福利
6 巴西	2011.5.5 巴西最高法院裁决	民事结合合法	异性伴侣 同性伴侣	被授予了婚姻中的大部分权利，包括收养小孩、福利津贴、养老金、遗产税、收入所得税、社会保险、健康保险、移民、共同财产所有权、医院和监狱的探视权、体外人工受孕和代孕
	2013.5.15 巴西联邦司法委员会裁决 2013.5.16 生效 2017.3 参议院的宪法及司法委员会通过修改《民法典》法案	同性结婚法案	同性伴侣	允许同性结婚，2013 年 5 月 1 日国家司法委员会以 14 比 1 票通过判决同婚法制化。民事结合可转换成婚姻，2017 年参议院的宪法及司法委员会通过修改国家《民法典》法案，目的是认可相同性别的"稳定结合"，并可转换成婚姻。法案改变了家庭主体的定义，将"一男一女的稳定结合"改成了"两个人的稳定结合"，并保留了这个条款中其余的原始文本。这项法案需要在参议院和众议院都通过才会成为法律
7 厄瓜多尔	2009.9	民事结合法案	同性伴侣	允许获得继承、养老金、出生及死亡津贴的权利
	2015.4	批准同性婚姻	同性伴侣	

续表

国家	年份及说明	法律名称及合法化方式	适用对象	备注
8 哥伦比亚	2009.1.29	民事结合法案	同性伴侣	授予了同性伴侣很多与异性夫妇一样的权利，允许同性登记结合、共同申请贷款、继承遗产等等。2015 年 11 月 5 日才允许收养子女
	2016.4.28 宪法法庭裁决	同性婚姻合法		与婚姻相同权利
	2017.6		三人同性家庭	哥伦比亚麦德林，三位男青年组成一个同性婚姻家庭。作为哥伦比亚同性恋婚姻合法化后第一个被承认的同性多角婚姻家庭，三人想采取行动来验证他们家庭的合法权。律师和同性恋权利活动家佩尔菲迪（German Rincon Perfetti）说道：在哥伦比亚有很多这样的三人家庭，但是普拉达家庭是第一个获得法律认可的，这是对其他相同类型家庭的一种承认
9 智利	2015.1.28 通过 2015.10.22 生效	民事结合法案	异性伴侣 同性伴侣	包括继承伴侣的财产和领取年金等福利。同居伴侣一方死后，另一方可直接继承财产，并可通过简易程序获得两人孩子监护权。类似婚姻法律地位，赋予等同于夫妇的权利（如债务责任、继承权、抚养权等）
	2017.8.28 总统签署	婚姻平等法案	同性伴侣	条例规定：婚姻是两个人之间的定义，包括同性恋和双性恋。可以收养子女
10 哥斯达黎加	2018.8.10	最高法院裁定同性恋婚姻禁令不合法		最高法令立法者在 18 个月内出台同性婚姻立法
11 委内瑞拉				立法反对性倾向歧视
12 秘鲁				立法反对性倾向歧视
13 古巴			异性伴侣	法律规定：非正式婚姻当事人"具备单身和稳定的条件"，在得到有关法院的承认之后，即产生正式婚姻的效力
				立法反对性倾向歧视

大洋洲

国家	年份及说明	法律名称及合法化方式	适用对象	备注
1 澳大利亚西澳大利亚州	1984—2002	《事实伴侣关系法》	异性伴侣同性伴侣（有的限于异性，部分同性）	重点调整同居关系结束时的财产分割、扶养、继承、侵权损害赔偿等问题
首都行政地区（ACT）	2005.5.11	民事结合关系（civil unions）法案	同性伴侣	首个在澳大利亚国内通过的认可同性结合法律权利的地区法案
2 新西兰		《事实结合关系法案》	异性伴侣同性伴侣	在同居关系终止时，像夫妻一样分割财产
	2004.12 通过2005.4.2 生效	《民事结合》需要登记	异性伴侣同性伴侣	
	2013.4.1 通过2013.4.1 御准2013.8.19 生效	《婚姻补充法案》	同性伴侣	允许同性结婚

亚洲

国家	年份及说明	法律名称及合法化方式	适用对象	备注
1 日本		民法典厚保第 3 条 2 款、国公灾第 16 条等	异性伴侣	民法典第 739 条："婚姻，因按户籍法规定所进行的申报，而发生效力。"否则，夫妻财产契约便无从登记，不产生得以对抗第三人的效力。第 742 条："当事人不进行婚姻申报时，婚姻为无效。"同居关系解除时分割同居财产的权利、请求损害赔偿、享有社会保障的资格。在判例上承认未经结婚登记而事实上处于与婚姻同样关系的人有准婚姻效力
	2015.3.30	涩谷区：《推动男女平等及尊重多样化社会条例》	同性伴侣	承认同性恋者的"民事伴侣关系"，承认其等同于婚姻关系，保证了同性恋伴侣权利，如医院探视权与公寓租住权等。2015 年 10 月 28 日开始可领取"伴侣证书"。此外世田谷区、札幌市、宝冢市、伊贺市、那霸市等地区议会通过条例承认同性伴侣注记

续表

国家	年份及说明	法律名称及合法化方式	适用对象	备注
2 菲律宾	1987 年	《菲律宾共和国家庭法》	异性伴侣	非婚同居伴侣拥有与婚姻等同的权利义务
3 泰国				宿务市、安吉利斯市、奎松市立法反对性倾向歧视
				立法反对性倾向歧视
	2019 年 2 月该法案预计正式生效	民事伴侣关系（CivilPartnership）	同性伴侣	将立法合法化同性婚姻——以民事伴侣关系的形式，将享受绝大多数异性夫妻可以享受的权利，比如遗产继承权，医院探望权等。基于"同性伴侣关系"的歧视行为也将正式成为泰国法律明令禁止的违法行为。成为继中国台湾之后第二个承认同性伴侣关系的国家和地区
4 印度		2010.3.24 最高法院裁决，未婚夫妇有权生活在一起。夫妻权利同样适用于被确定发生性关系而结成的夫妻	异性伴侣	自英国统治以来，同居被视为禁忌。21 世纪后一些大城市的年轻人逐渐打破禁锢。2005 年保护妇女法案规定未婚同居女性受法律保护，享有相应经济权利（参见 http：//www.ltaaa.com/bbs/ thread - 209981 - 1 - 1. html，印度法庭裁决男女发生性关系就自动变成合法夫妻，如果发生性关系就得上法庭离婚。男子在第二个儿子的"婴儿安全出生报告"上签署名字，从法律角度他们是夫妻。男子被判给该妇女每月 500 卢比生活费以及两个孩子生活费）。印度政府没有提供同居统计数据
5 越南	2015.11.24	法案将承认跨性别人士（Transgender）的身份和相关权利	跨性别者	解决跨性别者的婚姻状况、医疗服务等一系列问题。报告中说："应满足一些公民群体改变性别的要求。"越南国民大会近 90%代表投票赞成跨性别者合法化。据越南官员估计约 50 万人面临性别认同问题

国家	年份及说明	法律名称及合法化方式	适用对象	备注
	2013 2015.1.1生效	废除举办同性婚姻罚款 废除同性婚姻禁令		可以举行同性婚礼，但政府、法律不予承认。没有真正保障同性伴侣的法律权利。但国家越来越接受同性恋，越南努力定位自身为宽容且安全的国家
6 尼泊尔				立法反对性倾向歧视
7 中国香港地区	2009	《家庭及同居关系暴力条例》	异性伴侣 同性同居	不但考虑了同居，而且将前配偶（同性、异性）也纳入法律保护范围
中国澳门地区		《反家暴法》	异性伴侣	规定现有或曾有同居关系属于家庭成员，可以依法进行维权
		澳门新"民法典"	异性伴侣	也明确规定：两人自愿在类似夫妻状况下生活者，其相互关系即为事实婚关系，受法律保护（原"澳门民法典"第1471条将事实婚界定为：两人自愿在类似夫妻状况下生活者，其相互关系即为事实婚关系。第1472条第1款：具有事实婚关系者要产生法律效力须符合三个条件，一是双方均为十八岁以上；二是无明显精神错乱以及因精神失常而导致禁治产、无配偶、非直系血亲关系及二亲等内旁系血亲关系；三是在类似夫妻状况下生活至少二年。第1472条第2款：如开始同居时，事实婚关系之一方或双方尚未成年，则有关期间须自年龄较轻之一方成年之日起计算。如事实婚关系中之任一方为已婚，则有关期间须自其与配偶事实分居起计算）
中国台湾地区	2010.6.18	"家庭暴力防治法"	异性伴侣	规范同居关系
	2015	同性伴侣注册登记	同性同居	在台湾众多市县合法化

非洲

国家	年份及说明	法律名称及合法化方式	适用对象	备注
1 埃塞俄比亚	1998	《埃塞俄比亚民法典》	异性伴侣	无法定继承权。生活保持义务和共同财产制，对某些生活必需债务承担连带责任
2 南非	1997	新宪法中禁止歧视性取向		成为世界上第一个立法禁止歧视性取向的国家
	1998 颁布	《习惯婚姻承认法》事实婚姻	异性伴侣	一夫一妻制或一夫多妻制，未进行习惯婚姻登记的不影响婚姻效力
	2005.12 宪法法院裁决	婚姻法违宪，下令对歧视性取向的条文进行修订，世界首例	同性伴侣	2002 年一对女性的婚姻被区法院否决，同性恋团体提出释宪要求
	2006.11.14 通过 2006.12.1 生效	《民事结合关系法》（世界第 5，非洲第 1）	异性伴侣 同性伴侣	开始不包括异性，后来修改。与婚姻等同。从 1998 年至 2006 年间，同性伴侣通过判例获得医疗保险的福利、移民福利、工资及退休津贴、收养小孩、同性伴侣索赔的权利、继承权利等

注：数据统计截至 2017 年 12 月，主要统计同性、异性伴侣家庭法律调整，涉中性人家庭和非性联系家庭未做统计，可阅读书中相关总结与梳理。限于能力与材料来源，难免错漏，请各位师友指正。

后　记

文至尾声，心志些许舒缓。荏苒时光若流水，匆匆四载寒暑行文终见曙光。研究期间几经转身，学术自信经历了从"无"至"有"，再至"疑"，再至"有"的成长过程，几度历经学术爬坡的"考验"，于此时方得些许"告慰"。"铁杵磨成针"的意志伴随左右，勤能补拙是良训，一分辛劳一分才，掩卷回首，那些个不眠不休、疯癫成魔的读书码字的日夜仍然历历在目。专著的写作过程使我渐渐学会如何做法学研究，虽然技艺不精，落笔之余亦有诸多遗憾，但对于汲取知识确是甘之若饴的满足。

感谢恩师孙学致教授！学生有幸拜于门下，撰写专著四年来的每一分成长都离不开导师的教诲与启发。导师学识渊博、思维严谨、见解独到令学生折服，永远是我治学的楷模。师门门风严格，人才辈出，令学生倍感压力，唯恐学艺不精，有负导师厚望。求索之路，迂回荆棘。导师为我等心忧，感激胜于言表。

感谢马新彦教授多年来的授业、解惑和关爱，取道良师是学生硕士、博士阶段的巨大收获。

感谢李洪祥教授，为师虚怀若谷、品性高洁，不吝对学生指导与帮助，研究的选题、构思与完成尤其倾注了您的心血与智慧。

感谢孙良国教授和李国强教授，两位师兄的学识和幽默令本人深受感染、获益良多。感谢李海平教授、霍海红教授，各位老师对专著提出的宝贵建议不仅能够开阔视野、贯通思维，更是提升了本人对学术研究的敬仰和自我要求的高度。

路漫漫其修远兮，吾将上下而求索！

感谢同窗宿辉、金丹，两位哥哥姐姐既是良师，也是益友，你们的优秀是我努力的最好鞭策，你们的鼓励是我前行的隽语箴言。感谢吉林功承律师事务所律师王磊，长春工业大学卞程程博士、孙昊老师等对研究过程中资料收集方面的鼎力相助。感谢杨华、班娟等同事时常给我鼓励、宽慰。感谢长春工业大学陈天文等硕士在外文文献的翻译、校对方面给予我的无私帮助。

海内存知己，字句传万里！

感谢父母的养育、支持、理解以及一切女儿一生都无法报答的爱；感谢我的爱人和儿子给予我最大的心灵支撑，一直宽容着我不期而至的写作"情绪"，正是你们在我心里种下的牵挂，陪伴我走过这一段苦乐参半、昼夜紊乱却又无比难忘的研究历程。

刘　蓓

2018 年 8 月 19 日